突破

我的科学人生

[美国] 卡塔林・考里科 ______ 著
李敬 梁贵柏 ______ 译

BREAKING THROUGH

My Life in Science

译林出版社

图书在版编目（CIP）数据

突破：我的科学人生 /（美）卡塔林·考里科（Katalin Karikó）；李敬，梁贵柏译.
—南京：译林出版社，2024.7
（医学人文丛书 / 梁贵柏主编）
书名原文：Breaking Through: My Life in Science
ISBN 978-7-5753-0105-3

Ⅰ.①突… Ⅱ.①卡… ②李… ③梁… Ⅲ.①卡塔林·考里科－自传 Ⅳ.①K837.126.2

中国国家版本馆CIP数据核字（2024）第063266号

著作权合同登记号 图字：10-2023-442号

突破：我的科学人生 ［美国］卡塔林·考里科／著 李敬 梁贵柏／译

责任编辑 王笑红 黄 洁
装帧设计 韦 枫
校 对 王 敏 梅 娟
责任印制 单 莉

原文出版 Crown, 2023
出版发行 译林出版社
地 址 南京市湖南路1号A楼
邮 箱 yilin@yilin.com
网 址 www.yilin.com
市场热线 025-86633278
排 版 南京展望文化发展有限公司
印 刷 苏州市越洋印刷有限公司
开 本 850毫米 ×1168毫米 1/32
印 张 10.5
插 页 8
版 次 2024年7月第1版
印 次 2024年7月第1次印刷
书 号 ISBN 978-7-5753-0105-3
定 价 78.00元

目录

前言 i

序曲 1

第一章　屠夫的女儿 5

第二章　一段极简的科学插曲 67

第三章　使命感 73

第四章　体制内的局外人 135

第五章　苏珊的妈妈 227

第六章　改变了的世界 285

尾声 326

致谢 329

前言

二年级的最后一天，我女儿苏珊从费城郊区的公立学校放学回到家，坐在桌边，打开背包，拿出一支铅笔和一张纸，开始写字。她皱着眉头，努力又专注。在她的成长过程中，我一次又一次地看到这样的神情。

我问苏珊在写什么。她头也不抬地答道："我要感谢威尔逊夫人今年教了我这么多东西。"

我凝视着她。苏珊一直盯着纸页，仔细地拼写着单词。她的手稳稳地写下一行字，然后开始写新的一行。

我意识到，**我以前没有这样做过**。

我从来没有这样做过，我从来没有给我的任何一位老师写过感谢信。

所以，我希望这本书能够作为一封迟到的感谢信。借此告诉所有花时间教导过我的人——从我早年在匈牙利的老师和导师，一直到那些闻名世界的心脏病学家、神经外科专家和免疫学家，我有幸在他们身边工作，他们所做的一切都很重要。

从这些老师那里，我学到了基础知识，那是我的根基。

从他们那里，我学会了如何迈出下一步：提问、琢磨、探索和独立思考。

从他们那里，我学会了如何超越这一切，用我所学去做出自己的贡献。

正是他们的教导，让这个战后匈牙利两名工人的孩子理解了这个世界……然后，以她自己的方式，帮助改变这个世界。

一个在农业社区长大的人，一个成长为生物学家的人，不可能不对种子怀有深深的情意。种子是潜力，是承诺，是寄托；种子决定未来是荒凉还是丰沛。无论何时，播下一粒种子都是播下信念，播下希望。

所以，我要感谢我的老师们，感谢世界各地的教育工作者，你们正在播种。

序曲

一位女士坐在实验室台前。从外面看，这幕场景也许没什么特别。她坐的圆凳是便宜货，轮子有点吱吱作响，正在坚硬的地板上滚动。实验室的台面由坚固耐用的材料（也许是钢或环氧树脂）制成，上面盖着纸，以吸收溢出的液体。她旁边有一些仪器设备——一台台式离心机、一摞方形塑料分析托盘、一个涡旋混合器、一个加热板，还有一个培养箱。在没有受过专业训练的人眼里，这些东西可能跟大多数美国家庭厨房柜台上的普通电器很类似：**有的用来加热，有的用来冷却，有的用来冰冻，有的用来混合，还有的则用于清洁。**

也许旁边的一扇窗户透进了一些自然光，也许没有。在这位女士的头顶上方，荧光灯嗡嗡作响。这幕场景没有任何独特之处。

也许这位女士是第一个到的。时间还早，太阳刚刚从地平线上升起。她伸手拿起一根移液管和一个试剂瓶。她开始工作了。

她会一坐几个小时而不起身。她可能就这样坐了四十年。

如果从外面观察这幕场景，你很快就会感到无聊。谁能责怪你呢？**她只是坐在那里**。但从内部来看，情况就截然不同了。

这位女士的身体也许没做什么动作，但她的头脑在不停地运转，充满了宏大的想法。她从自己正在做的工作中瞥见了一些突破，而这些突破可能会在某一天改变人们的生活。她不知道这些突破将由她自己实现，还是会由别人实现。她也不知道自己能否活着见证这些突破。这些问题都不重要。

她的工作，**这些正在做的事情**，才是最重要的。

这位女士一步一步地把实验向前推进。她测量，移液，倒出，启动离心机；她聚精会神，试图注意到一切。虽然做起来很乏味，但这并不是乏味的工作。事实上，她感觉自己就像侦探，就像可伦坡[1]一样——她的目光即将落在那个微小的细节上，从而彻底破解整个案子。

无论这幕场景在观察者的眼中会留下什么印象，这位女士

1 可伦坡，美剧《神探可伦坡》的主角。——译注（本书页下注均为译注，以下不再一一标明。）

知道，在**这个**——这个不起眼的、有着金属滚动座椅和嗡嗡作响的荧光灯的实验室里，任何一个寻常的日子都充满可能性。

其实，细胞也与我们通常想象的不一样。

如果你上过基础的生物课，你就会知道细胞是什么：生命的基本单位，所有生物的构建单元。你还会了解细胞的大致结构。真核生物（也就是几乎所有你肉眼见过的生物），以及更多需要显微镜才能看到的生物，它们的结构大致是这样的：质膜包裹着一种名为细胞质的凝胶状液体，其中漂浮着各种细胞器。细胞的中心是一个充满 DNA[1] 的细胞核。按照一些教科书介绍细胞的方式，人们很有可能把它想象成后院里的游泳池，有充气的玩具在池水里晃动，就像是在等待着发生什么事情。

这与事实相距甚远。

每个细胞都像一座科幻不夜城，活力澎湃。你体内的几乎所有细胞都有自己的工厂，精密至极，日夜不停的装配线生产着成千上万的产品。迷宫般的交通系统让人类最复杂的高速公路也相形见绌，包装和运输中心比敦豪[2]还要高效，发电厂输出巨量能源，废物处理中心则确保没有不必要的残留，

---

1 DNA，脱氧核糖核酸的英文缩写。

2 敦豪（DHL），美国著名的快递公司。

也没有任何浪费。

在你的细胞内，复杂的代码被加密、封装、传递、解密，然后被分解。只有按下某个特殊的键，才能打开和关闭上锁的大门。监控网络搜寻着入侵者……一旦发现，就展开抓捕。这一切生物活动的规模超乎想象，而它们就在你体内的数万亿个细胞中一刻不停地进行着。

自从你开始阅读这本书以来，你的细胞就一直在泵送、牵引、堆叠、运输、转录、解码、构建、破坏、折叠、阻塞、接收和排出。通过这些活动，你呼吸，消化，并将氧气和营养物质输送到身体的每一个角落。你制造了电力，感知了空气的振动；你思考，感知，收缩肌肉，发现并击退了大量你从未见过的病原体。

换句话说，你活着。

我之所以告诉你这一切，是因为如果想要理解我的故事，理解**我**，你需要首先理解另一些事情：那些在一些人看来似乎静止的事情——那位安静地坐在实验台前的女士，那些漂浮在泳池中的玩具——真相有时恰恰相反。

有时，复杂而令人满意的生活——或者生活本身的复杂性——在其他人看来可能什么都不是。

第一章

屠夫的女儿

我的家人喜欢讲一个故事：一个我已经不记得的时刻。那时我还是个蹒跚学步的孩子，脸颊胖胖的，齐刘海，金色波波头。我站在儿时的院子里，父亲在我面前开始屠宰家里的猪。这是他的工作，他的职业。他是一名屠夫。这是他谋生的方式，也是他养活我们的方式。他从 12 岁起就做这门营生了。

我父亲把宰杀好的猪肚皮朝上放在砖砌的平台上，这样可以防止它沾上泥土。他手持一个类似于喷灯的木制火把烧掉猪毛。他切开这头动物的长长的腹部，把手探进去，小心翼翼地取出内脏，以免弄破。一坨肠子闪着油光。然后他举起斧头，沿着脊椎将这头动物劈开，平分为两半。这时我面前的东西已经不再像动物或者活物，更像是一种产品。最后，他着手把它切成一块块鲜红色的猪肉。

对于比我大三岁的姐姐苏珊（Zsuzsanna）来说，这幕场景太难以承受了。我叫她佐卡（Zsóka），她并不娇气。毕竟，这是战后的匈牙利，娇气是无人能承受的奢侈品，更不用说像我们这样勉强糊口的劳动家庭了。但此时此刻让我着迷的东西似乎没有对我姐姐产生同样的影响。

尽管如此，我还是被迷住了。

想起我当时的样子，我父母常常会笑出声来：我的眼睛睁得大大的，看着面前的一切——动物内部的整个复杂结构。所有这些不同的部分，它们曾长期协同工作，使这个生物得以生存。似乎它们蕴藏着的所有神秘和奇迹，我终于都看见了。

对我来说，一切就是由此开始的。

虽然我已经不记得小时候看着父亲工作的那些时刻，但我清楚地记得那时周遭的世界，记得我儿时的情形。

小新萨拉什（Kisújszállás）位于匈牙利中部，大平原的北部，这里是黏土地带，草原广袤。这是一个中型农业城镇，人口约为一万。这里并不像某些城镇那样与世隔绝，至少我们镇还是铁路沿线上的一站，什么地方都能到。此外，通往布达佩斯的主干线4号公路也穿过我们镇。镇上有几条铺过的路，但我家门前的路是土路。

我们家很简朴也很小。这栋房子实际上就是用周围的泥土建造的：黏土和稻草，压成土坯墙，粉刷成白色，然后盖上厚厚的芦苇屋顶。我记得，芦苇已经晒得褪色了，看起来就像一顶蓬乱的灰色假发套。

我们住在一个房间里。这栋房子当然不止这一个房间，但在一年中的大部分时间里，其他房间都太冷，只能做储藏室。我们都住在有暖气的房间里。

暖气来源于房间一角的锯末炉，这是最便宜的取暖方式。炉子由铁皮制成，直径约半米，就像普通的铁桶，中间是圆柱形的炉膛，填满了锯末。我们从附近的一家木制玩具工厂收集锯末，用马驮回家。到家后，我们把锯末堆放在仓房里，堆得比我父亲还高。夏天，我们必须定期检查，以防这堆东西开始自行产生热量；众所周知，锯末是会自燃的。

锯末炉越烧越热，有时我母亲也用它来煮饭。炉火旺时，外面那层铁皮会被烧红。佐卡和我很早就明白要跟它保持距离，以免烫伤皮肤。不过，我们俩每天早上的任务就是把炉膛用锯末填满。这活儿很难，必须小心行事。就像我们做的许多事情一样，这并不是一件家务事——至少不是今天的人们所说的那种家务事。这不是父母**要求**我们做的事情，也不是我们给家里搭把手而已。这是一件**必须**做的事，如果我们不做，全家人就会受冻。

房间的中央放着一张大桌子。我们在这里做饭和吃饭，有时会召集大家庭聚会，举行热闹的庆祝活动。在这里，姐姐和我一起做作业和读书，一起帮母亲用鸡蛋和面，擀出新鲜的意大利面。

每天晚上，父亲都会站在桌首，给我们每个人分发晚餐。二战期间，他在军队服役，为前线数以百计的士兵做饭，精准地分配食物。直到今天，我仍记得他把意大利面舀进自己的汤碗里的样子。他喊道："战时前线的战士们！"然后，他伸手去拿我母亲的碗："战时后方的战士们！"然后，他拿起我的碗，接着是我姐姐的碗，给我们两个孩子舀了最少的分量。"和平时期的战士们。"他平静地说。

最后，他大笑着给大家都加了点面。当下的日子可能很艰难，但他经历过更糟糕的时候。每个成年人都经历过。

旁边是我们睡觉的床：我的和佐卡的，我们的父母的。几张床挨得很近，夜里，我们伸出手就可以碰到彼此。

外面不仅是我父亲的熏烤房（那里挂着香肠，黏稠的油脂被辣椒粉染成橙色，滴到地板上），也是仓房，那里又养了一头猪，那将是明年的肉。院子里，鸡在啄食，还有几个菜园。大的菜园里种着我们要吃的东西：胡萝卜、大豆、土豆和豌豆。菜园里，什么成熟了，我们就用什么做饭。（用辣椒粉调味，就像做那些香肠一样——总是用很多辣椒粉。）佐卡和我还有一个属于我们自己的菜园。每年春天，我们把种子播撒在地里。我们还很笨手笨脚，但我们干活时很轻柔，轻轻地用土埋住这些种子，然后——几周后——我们看着嫩芽破土而出，向着阳光伸展。我们还种了果树，有苹果树、榅桲树和樱桃树，搭了葡萄架和凉棚。

院子里还有花：蓝色的风信子、白色的水仙花和紫罗兰，连同盛开的玫瑰，让这个简陋的家看上去有点像伊甸园。

几十年后的某一天，遥远的大洋彼岸，在一个我年幼时未曾听过的、名为费城的地方，我会在一条宽阔的郊区街道上安家。在那里，我会找花来种。我努力寻找白色的水仙花，只有到了那时，我才明白：我找的不是某一种花，而是**这些**我还是小女孩时就熟悉的花，这些记忆中我母亲栽培、打理的花。

在镇子外面，有一片我们自己种的玉米，我们用锄头松土，锄掉杂草。我们间苗，把野草拔出来，用牛粪给土地施肥，然后收割庄稼。我们用玉米粒喂养动物，用秸秆在厨房生火。

一切就是这样：什么都不会浪费。我们从树上摇下核桃，吃掉果仁，用剩下的果壳生火。

多年后，塑料才成为我生活的一部分；多年后，我才有了“垃圾”的概念，才明白有的东西毫无用处，可以直接扔掉。

我们没有牛，但邻居有。每天早上，姐姐和我都会提着一个空罐子跑到邻居家，装满刚挤出的仍温热的牛奶，早餐时喝一部分，剩下的做成酸奶。冲洗盛过牛奶的玻璃杯时，我们会把冲洗的浑水倒进猪的食槽，它贪婪地舔得一干二净。

当我们忙忙碌碌，为新的一天做准备时（屋里太冷了，有时我们都能看到自己呼出的水汽），我们会听着小收音机。每天早上，播音员会告诉我们，今天是哪个人名的“命名日”。一年 365 天，每一天都会有一个名字得到庆祝，每一天我们身边都会有一个人得到祝福：2 月 19 日，**苏珊**；11 月 19 日，**伊莉莎白**。收音机里的声音也许会说：**早上好，今天是 10 月 2 日，这意味着今天是佩特拉的命名日。这个名字来**

自希腊语，意思是石头或岩石……然后，当我们到学校时，我们既已知道今天是谁的命名日，就会祝他们快乐。这是很好的传统。我们之中有多少人真的能记住生活中其他人的生日？但如果你知道某些人的名字，那么你就知道了他们的命名日，可以祝福他们一切顺利。

在我人生的头十年里，我们用的一直是户外厕所。晚上，尤其是冬天，我们会在夜壶里小便。我认识的几乎每个人，至少在那些年里，都是这么过来的。

我们家没有自来水。跟那条街上的所有人家一样，我们的院子里有一口井。有时，我会靠在井沿上，探身看着下面的幽暗，感受凉爽、潮湿的空气吹拂着皮肤。到了夏天，这口井就成了我们的冰箱。我们将食物放下去，挨着水边，这样就不会变质。到了冬天，整栋房子都变成了冰箱。（在最冷的月份里，我们会把鸡蛋存放在床下，以防它们冻住。）

我们用井水来饲养动物，浇灌植物。井水的水质太硬，不适合洗澡和洗脸，也不能饮用，所以我父亲每天步行到附近一条街上的公共水泵那里去取水，他用木棍挑着两个水桶，小心地保持平衡。佐卡和我跟着他，用小一点儿的容器运水回家。每周一次，我们将水烧热，倒入浅浅的浴缸，然后在里头洗澡。

在社区水泵那儿，邻居们聊着家长里短，讨论当天的新闻，分享日常生活中的快乐和沮丧。对我来说，这个水泵是最初的饮水机，也是第一个聊天室所在。

偶尔会有一个人骑着高头大马从我家门前经过。他用力敲鼓，把我们都叫到外面去，听他宣讲从当局那里带来的所有公告。这是更官方的新闻来源——一些社区把他称为“信使”或“城镇传令员”。

“下周二，”这名男子会大声喊道，“有一场给鸡接种预防性疫苗的活动！到了那天，把你们的鸡圈在室内，好让每一只都可以接种疫苗！”

我们记下来，然后在去水泵那儿时将这些信息带过去。大家复述着这个公告，以免有人错过这个人带来的消息：**你听到消息了吗？鸡疫苗。是的，下周二。把你的鸡圈在室内。**

果然，到了周二，兽医学校的学生们就走进了我家的院子。佐卡和我把鸡从窝里抓出来，一只一只地递给打疫苗的人——我想这是我第一次参加疫苗接种活动。

科学课无处不在，就在我身边。

我爬树，观察鸟巢。我看着坚硬的蛋变成光溜溜的雏鸟，它们张大嘴巴讨食。幼鸟长出羽毛和肌肉，离开巢穴，开始在地面啄食。我看到鹳和燕子学会飞翔，然后在天气变冷时飞走。春天，它们回到这里，重新开始这个循环。

在熏烤房里，姐姐和我用勺子舀起滴下的油脂，倒入罐中；夏天一到，妈妈就会叫一个女人到家里来。这个年迈的女人传递着祖辈传下来的知识。在她的指导下，我们融化脂肪，按照一个似乎只有她才能掌握的精确比例，把脂肪和纯碱混合在一起。然后，我们将混合物倒入铺了茶巾的木盒中，等待它硬化成肥皂，再用金属丝切成块。我们用肥皂洗澡，又将一些肥皂削成薄片，用来洗衣服。

回首往事，我现在才意识到，当地的“肥皂女士”是我遇到的第一位生物化学家。

还有一堂课。一年夏天，我们的土豆感染了一种害虫，即 Leptinotarsa decemlineata，美国人叫它科罗拉多马铃薯甲虫。这些昆虫产下许多卵，而后幼虫在花园里泛滥成灾，它们吃掉茎，把所有叶子都啃成镂空花边。如果我们不采取行动，它们就会毁掉整批作物。父母给我布置了清除马铃薯甲虫的任务。我搜索植株，一次捉一只虫子，把它们放进罐子里。每只虫子约半英寸长，头部有斑点，背部有引人注目的黑白条纹。这些虫子本身并没有特别困扰我，但如果我漏掉一只，它就会产下一簇簇卵，很快便孵出一群群恶心的粉红色幼虫，蠕动着，看上去黏乎乎的。我也要捉掉那些幼虫。

这份差事很乏味，有时让人反胃。但这为我提供了昆虫学和生态系统方面的早期教育。因为在这里，同样，什么都不会浪费：我用这些害虫喂鸡，鸡很高兴接受这份奖赏。马铃薯甲虫喂饱了鸡，鸡填饱了我们的肚子：这是关于食物链的一课，毫不夸张地说，这堂课融入了我的生活。

家里有干不完的活儿。姐姐和我要给鸡喂水，捡它们下的蛋。偶尔，当我们决定要把其中某只肥嘟嘟的鸡宰杀吃掉时，我们会拿着扫帚追赶那只鸡，然后一把把它抱起来。我们俩自己动手刷碗洗衣服。从我们家步行半小时可到我外祖母家，每周两次，她会从她的花园里剪下一束束鲜花——雪球丛、须苞石竹、玫瑰、大丽花、稻草花、郁金香、唐菖蒲和芍药——拉到市场上去卖。我们帮着她修剪和整理这些准备售卖的花。

即使外祖母没有告诉我这些花的名字，我也会记下来的。五年级时，我得到一本匈牙利植物志，配有匈牙利女植物学家和艺术家薇拉·乔波迪[1]绘制的精美水彩插图。我对这本书很着迷，花了一个小时又一个小时，一遍遍翻看每一页，记住色彩缤纷的绽放的花瓣，从圆形球茎中伸出的细长根须，以及叶子精确的色斑和条纹。

我们那个房间供了一点电，可以点两盏电灯，还能开一台电唱机和一台收音机。我父母都喜欢音乐，妈妈在准

1 薇拉·乔波迪（Vera Csapody，1890—1985），匈牙利植物学家、植物插图画家，以对匈牙利植物志的研究和绘图而闻名。匈牙利自然博物馆收藏着她的11 000 多幅画作。

备晚餐或烘焙时经常放一张唱片来听。没有什么糕点是她不会的，而且她做的蛋糕非常精致：松软，美味，装饰完美。我最喜欢的蛋糕之一是鹅掌蛋糕（lúdláb），这是一种海绵蛋糕，有一层层的奶油馅料和葡萄干，外面包裹着巧克力。

佐卡的厨艺比我好。她在十岁时就可以独立烘焙整个蛋糕了。我对厨房里的事不那么在行，也不太感兴趣。从很早开始，我们就有了各自的分工：我生火，她做饭，然后我刷碗。

父亲也钟爱音乐。他喜欢歌剧男高音伊姆雷·博伊托尔（Imre Bojtor）和匈牙利传统歌曲。我父亲有着美妙的嗓音和颇高的音乐天赋。他唱歌很好听，还会拉小提琴和齐特琴。他总是在高声唱着什么。

他曾多次尝试向姐姐和我传授他的音乐天赋，但我们都没有乐感；我们五音不全，手指在小提琴琴弦上也很笨拙。不过，我们喜欢听音乐。和身边所有人一样，我们也喜欢一支名为 Metro 的乐队，主唱是佐兰·斯捷万诺维提（Zorán Sztevanovity），他有点像匈牙利的罗伊·奥比森[1]。但是，谈到音乐创作，我们可没那个本事。在某个时候，父亲终于放弃了，他继续他的创作，不再操心我们了。

---

1 罗伊·奥比森（Roy Orbison，1936—1988），美国歌手、词曲作者和音乐家，以其独特的声音和充满情感的民谣而闻名。

我父亲还拥有其他方面的天赋。他可以心算两位数的乘法，立即给出正确答案。整个童年时期，姐姐和我一直在考他，他几乎从不犯错。这对我来说也是一堂课，远远超出了数学的范围：智力和教育不是一回事。一个人可能没有声望或文凭，但仍然可以拥有敏捷的头脑。

在一生中的大部分时间里，我一直以为每个人都知道这一点，这个事实如此明显，并不需要特意去了解。直到后来开始在学术界工作时，我才明白情况并非如此。

在我九岁的时候，父母买了一栋有百年历史的破旧泥砖房。它太破败了，无法居住，但可以一块一块地拆开，这些拆下来的部件也许能拿来盖新房子。

整整一个夏天，姐姐、父亲和我都在做这件事。我们收集所有将木板固定在屋顶上的钉子。这些古老的钉子是用青铜制成的，比我们在商店里能买到的那些廉价铝钉坚固得多。姐姐和我把每一根都敲直，这样就可以重复利用。我们还从屋顶上取下瓦片，清理干净，然后整齐地堆放起来，以备后用。我们打磨旧墙板，然后将它们放好。在一个大坑里，我们将黏土与稻草、水混合成泥浆，父亲用其涂抹和平整墙壁。因为我个头最小，所以我爬上屋顶，钻进最难到达的地方。按照父亲向我展示的那样，我钉上天花板，抹平上面的泥浆。

当我们最终搬进这栋房子时，我已经十岁了，对它的每一寸我都了如指掌。

但这一切真的是工作吗？也许这只是生活。

当然，我和姐姐有很多玩耍的时间——在满是泥土的街道上，有许多与我们同龄的孩子。夏天，我们玩开商店的游戏。因为年纪小，我扮演顾客，而我姐姐和其他跟她同龄的女孩则扮演商人。或者，我们玩上学的游戏——她们是老师，我是学生。我认真地完成她们布置的作业，仿佛这是一所真正的学校。

冬天，我们在雪地里玩耍；夏天，下大雨的时候，我们就在街上积满水的沟渠里嬉戏。

但我，还有我认识的每个孩子，大概都无法告诉你在哪一刻工作结束了，玩乐开始了，无法告诉你责任和快乐在哪里分开。界限是模糊的，不明确的。我们既劳作，也享受。我们既贡献，也获益。

在所有培养我成为一名科学家的早期课程中，我认为最重要的是：工作和玩乐可以相互渗透，成为一体，直到刻意将它们区别开来的想法让人感觉毫无意义。

想象一下，在东欧一个古老小镇的中心，有一家小小的肉店。一个冬日的早晨，一群孩子聚集在外面，把脸贴在橱窗的玻璃上。他们在看什么？

你踩在鹅卵石上，向他们走去，想亲眼看看。在店里，有人创造了一个雪景：一幕冬天的场景，就像姜饼屋一样。但这个展示品不是由烘焙食品和甜点制成，而是完全由肉制品做成的。白雪覆盖的屋顶是用猪油做的，栅栏是用香肠串制成的，缓慢滴落的牛油则形成了冰柱。

我的屠夫父亲和店主一起创造了这幕场景。

我自己从未见过这个橱窗，尽管我小时候喜欢想象它的样子。父亲向我描绘了它，告诉我来自小新萨拉什各处的孩子如何凝视它。我可以想象整幕场景，就好像我自己的鼻子正压在窗户上，我呼出的水汽在玻璃上形成半透明的圆圈。

等我去看的时候，商店已经不再做这样的陈列了。

我父亲从 12 岁开始当屠夫学徒。他上了一段时间学，但在 1932 年就完成了六年的义务教育。自那时起，他开始跟一位当地的师父学习屠宰。后来，他离家前往布达佩斯，去更多地了解这个行当。他母亲告诉他，**如果你知道如何为人们提供肉，你就永远不会挨饿。**

这种说法不是夸张，也不是妄想。那是一战之后，饥荒席卷了欧洲大陆。匈牙利是战败国，各方面都遭受了严重破坏。在我父亲的整个童年时期，饥饿如影随形，困扰着每个人。

我父亲叫雅诺什·考里科（János Karikó）。无论如何，这就是我一直知晓的名字，尽管这与他出生时的名字截然不同。考里科是他母亲的娘家姓。她嫁给了一个名叫拉斯洛·巴洛（László Balogh）的人。和许多匈牙利人一样，巴洛参加了一战。1917 年，他离开了小新萨拉什，再也没有回来。他走后不久，我祖母就去了一户有钱人家打工。这个家庭里有一些年轻人，其中有一个儿子，与她年纪相仿。

然后，1920 年，我父亲出生了。

我再说一遍：她丈夫 1917 年去参战，她儿子出生于 1920 年。你可以推算一下。

我祖母的合法婆家巴洛家族不想跟这个让他们丢脸的私生子有丝毫关系。他们认为，无论是母亲还是孩子，都不配得到巴洛这个姓。同样，我父亲的**生物学意义**上的家庭——我祖母的雇主——也不想和这对母子有任何牵连。因此，在我父亲出生十年后，我祖母将我父亲的姓改为考里科。

他已经上学了，朋友和老师都知道他姓巴洛，而且他也是通过这个姓了解自己的，但这些都不重要，他就姓考里科了。

这是我父亲很早就学到的一课：事情可能会突然发生变化，保持灵活很重要。

在布达佩斯，年仅十几岁的父亲学得一手好技艺。18 岁时，他意气风发地回到家乡，在小新萨拉什镇中心一家看起来很完美的肉店找到了工作。

我父亲很喜欢那家店。店主只想为顾客提供最好的——

切好的肉是如此，其他所有东西也是如此。在开店之前，店主曾前往意大利寻找最美丽的手绘瓷砖，他用这些砖装饰商店的墙壁。不管是什么，这个人看一眼就知道其质量，而我父亲的工作质量很高。

二人携手经营一桩红火的生意。他们只选择最好的肉，小心地切割、包装和捆扎产品。他们善待顾客，也赢得了顾客的青睐。我父亲坚持认为那时的情况就是这样：人们为自己的工作感到自豪。当父亲给我讲这些故事时，我能听出那种自豪感。但我也听出了怀旧和伤感。

那是因为，当父亲向我描述这一切时，世界已大为不同了。

1940年，就在匈牙利卷入二战前夕，我父亲不得不加入匈牙利皇家陆军。当他回到小新萨拉什时，一切都变了。

二战结束后的几年里，匈牙利进行了一些短暂的民主实验。到了1947年，政府将制造业、教育、银行和交通系统国有化，将土地集体化。政府没收了那些被认为过于宏伟的房屋，强行驱逐房主，并迁进多个家庭。私营企业变成了公共财产。我父亲工作的肉店，那家他喜爱的商店，被没收了。

所有的工作，所有的心血，一夜之间化为乌有。

二战后十一年的大部分时间里，匈牙利领导人都是拉科西·马加什。那是一段黑暗的日子。拉科西在社区里到处安插秘密警察。他鼓励人们监视邻居，举报他们的罪行。他发起了大规模逮捕、虚假审判和对政治“敌人”的处决。据估计，有十万公民被监禁，还有更多人被送往劳改营。

哦，那时还有一个变化：政府没收了战后剩下的牲畜，严令禁止在家宰杀猪或牛。私自饲养或屠宰肉畜成了犯罪行为，会受到严厉的判决。

肉制品行业，也就是我父亲的行当，现在由国家垄断。

我父亲——社区里的人亲切地称他为“雅诺什叔叔”——开始在当地合作社的肉店工作。全国各地有很多这样的合作社。每个合作社集中周边的土地和劳动力，作为一个共同实体种植和收割农作物（如玉米、小麦或水稻），或者饲养和屠宰动物。集体收获的一部分将在成员之间分配，其他部分则用于交换别的合作社种植的农作物（苹果或甜菜）。

表面上，我父亲现在只为合作社工作。但事实是，合作社并不能满足所有家庭的需求。食物短缺是常有的事。无论规则如何，人们需要吃饭。

不仅仅是小新萨拉什，全国各地的家庭都在继续饲养牲畜，人们偷偷地养。我父亲转入了地下，继续私下屠宰动物。但在战后的几年里，他都是秘密行事，只为信得过的人家干活，通常是在夜色的掩护下。这很危险，必须非常小心，因为你永远不知道会不会有人正在监视你。

为了最大限度地降低风险，孩子们会在街上放风。如果有人靠近，孩子们就会跑去通知大人，以便他们及时藏起证据。

父亲常常通宵工作。他会在夜色最深时开工，这样，到曙光初现时，一切都会复归正常。此时，一天中的非法时间结束，父亲将前往合作社，在那里开始他的**正式**工作。

在那里，在合作社，他遇见了我母亲。

我母亲是一个务实的女人，不感情用事，而这是有原因的。

关于我母亲的家族，我所知道的最早的一件事发生在1934年：她的曾外祖父母被谋杀了。我不能告诉你更多细节了。我无法告诉你是谁干的或者为什么。我只知道，卡罗利·萨斯（Károly Szász）和他妻子的生命突然之间被残暴地终结了，而我们都学会了在不明所以的情况下生活。

把这一代人的故事跳过去。我母亲的外祖父费伦茨·奥罗斯（Ferenc Oros，被谋杀的夫妇的女婿）参加过一战。1916年，他去前线后不久，他的妻子、我的曾外祖母苏珊·萨斯（Zsuzsánna Szász）就收到了他的阵亡通知书。丈夫在远方死去的消息令她绝望，她举枪自杀，留下了5个孩子，大的15岁，小的才8岁。其中一个是我外祖母，当时11岁。

你可以想象，战争结束后，当费伦茨·奥罗斯走进家门，活生生地出现在大家面前时，所有人是何等震惊。事实证明，他的阵亡通知书是个失误。

再讲下一代。我外祖母苏珊嫁给了我外祖父，他们在小新萨拉什郊外的一个小农场上定居下来。他们种庄稼，养鹅，育有三个女儿：我大姨伊丽莎白，出生于1926年；我母亲苏珊（是的，这是我母亲的名字，也是我外祖母、我姐姐、我表姐的名字），出生于1929年；1938年，我的小姨伊洛娜（Ilona）出生了。

但显然，我外祖父**真正**想要的是**儿子**。他太想要儿子了，以至于第三个女儿伊洛娜出生后，他就收拾行李离家出走了。我外祖母成了单亲妈妈，带着三个女儿和一大群鹅。她尽其所能，在农场上勉强维持着生计。她步行一个小时送女儿们去镇上的学校，冬天冷风刺骨，而且常常很危险。不过，我母亲一直坚持上到八年级——对于她这样处境的女孩来说，这已经是很好的教育程度了。1943年，我母亲14岁，在镇上的佐尔迪药房找到了工作。然而，一战结束后，仅仅过了一代人的时间，又一场世界大战爆发了。

1943年秋天，我外祖母卖掉了鹅，举家搬到镇上，想着战时待在人多的地方可能会安全些。不久，德国人入侵了匈牙利。随后，苏联军队抵达，与德国人作战。小新萨拉什位于从苏联到布达佩斯的沿线，因此发生了激烈的战斗。

形势最糟糕的时候，我母亲（仍坚持在药房工作）与她的姐妹和母亲一起躲在邻居家的地窖里。等她们小心翼翼地钻出来时，她们看到自己的新家正在熊熊燃烧。

火被扑灭后，只剩下一间小小的偏房。它原本是给牲畜用的，很脏。但她们搬了进去，尽最大努力把这里改造成了一个家。这是我外祖母度过余生的地方。

嗯……应该说是她余生的大部分时间吧。外祖母的房子被烧毁后不久，苏联士兵告诉她，他们需要一名厨师。当时他们占了镇上的一栋大房子，他们请她搬到那里，为高级军官做饭。我说他们“请”她，可能当时他们的确用了这个词，但这不代表她有选择。那时，没有人会对军队说不。

事实上，苏联军官对她很好。她总是说，他们对她非常非常友善，非常尊重。令人宽慰。当然，历史上充满了类似的故事，每个故事的结局截然不同。

多年后，母亲向我讲述了关于当时情况的一段记忆。她只有 15 岁，正像平日一样去药房上班。她经过一辆被遗弃在街上的破损的苏联坦克，旁边躺着一名死去的士兵。我母亲看着他，发觉这名士兵和她同龄，甚至可能更小。

一个孩子，她会这样说起这名死去的士兵，他代表着一支造成如此巨大破坏的军队，**但他只是一个孩子**。

当然，历史也发生在孩子们的身上。

当我母亲来到那个她和我父亲相遇的农业合作社时，一切都展开了。在合作社，她在办公室里工作，记账，跟踪库存，计算盈余、债务和交易。

我母亲可能在读完八年级后就不再上学了，但她聪明伶俐，也很幽默。她极为细心，有抱负，十分勤奋。她喜欢阅读各种书籍。她从小就对传记和纪实作品情有独钟，而且有强烈的好奇心，这使她能够适应21世纪的巨大变化。(到了80岁，她堪称技术高手。她会给电视做一番设置，可以在观看一个频道的同时录制另一个频道上她喜欢的节目。没有什么是她在网上找不到的，她每天都会给我打电话，告诉我那天我在实验室里工作时世界上发生的所有新闻。)

我父亲注意到了她，她那么聪慧，那么美丽。他很快就深深地爱上了她，以他非凡的能量，做了一番只有他会做的浪漫表白。他从他家的后院中挖出一株巨大的紫丁香灌木，扛到我母亲家。他把这株植物放在门前，堵住了门口，让我外祖母、我母亲和她的姐妹都无法出门。这件事让我父母每每想起来就笑。

我父母在相识几个月后就结婚了。那个年代，求爱时间比较短。我记得父亲开玩笑说，结婚那天，教堂里的每个人都在谈论新郎有多英俊。但当我看到他们的结婚照时，我惊讶于母亲是那样迷人——在她的脸上，我同时看到了温柔和力量。她需要那种力量，还有更多的挑战等在前面。

我父亲不偏向任何意识形态。他生性淡然，无论外面的世界发生了什么，他都会尽其所能地施展幽默，让人欢笑。

在战后的匈牙利，领导人的雕像随处可见。例如，在他工作的合作社肉店里，有一尊拉科西的雕像。拉科西是秃顶。（人们确实称拉科西为“秃顶屠夫”，当然他们并不是指像我父亲那样的屠夫。）考虑到拉科西著名的秃顶，而且合作社肉店总是很冷，我父亲曾用印花头巾做了一顶帽子，就是那种人们会给孩子做来玩的东西，然后把它放在了雕像的头上。当人们进来问为什么雕像戴着这样的东西时，我父亲打趣道：“肉店里很冷，他需要温暖。”人们笑了。如果有任何紧张气氛的话，也已经被打破了。

但我怀疑，在这个玩笑的背后是真切的担忧。经济发展步履蹒跚，生活水平急剧下降。基本商品——面粉、糖、面包、肉类——需要定量配给，而且经常出现短缺。饥肠辘辘是常事。

我父亲还对一件事不满，一切都开始显得实用、功利和廉价。他不愿看到政府剥夺普通公民的财产。虽然他自己并没有什么值得被拿走的东西，但他懂得是非。有时，他和我们一起在城里散步，他会停下来打量一栋美丽的房子，那是由一位建筑大师建造的。他看着它，向我们解释构造的细节，它所使用的横梁、钉子、接头、托梁和普通物件的细微差别。“四百年后，”他告诉我们，“这栋房子仍会矗立在那里。”他摇摇头，说：“他们就这样把它拿走了。他们赶走了亲手建造它的人，让陌生人直接搬了进去。”

我父亲也讨厌合作社的会议，认为那是浪费时间。上一次开会时，他还被要求为某个领导人唱赞歌（有时是真的要唱出来）。不久后，下一次开会时，他就被告知，这个领导人现在已被视为耻辱。

要了解的事情太多了：谁出局，谁入局，谁好，谁坏。**我们根本不认识那些人**，他说。在小新萨拉什，人们靠双手维持生计，他们还有嘴巴要吃饭。世界可能陷入了一场意识形态之争，但我父亲操心的是近在眼前的问题。他知道什么是重要的。

他摇摇头。“我们回家吧，”他对邻居说，“家人还在等我们。”

1956年10月，也就是我出生一年后，布达佩斯发生了一件历史性的事情。一开始，一小群抗议者，其中许多是学生，向着议会大厦游行，公开反对政府。经历了多年的经济停滞，这些人希望进行改革。他们提出了一系列要求，其中包括苏联军队撤出匈牙利、恢复多党民主、媒体自由开放以及彻底重组匈牙利经济。

抗议者有理由抱有希望。因为斯大林几年前去世了，他“最好的学生”拉科西被降职并最终逃往苏联。匈牙利劳改营已关闭，政治犯已获释，秘密警察头目已被捕。匈牙利的新领导层似乎的确在努力改善人们的生活水平。与此同时，另一个东欧集团国家波兰也选出了改革派政府，并成功安排了苏联撤军。

形势看起来不错。

你现在可以在网上看到匈牙利抗议者的视频：他们面带微笑，年轻而自信。他们的乐观情绪看上去很有感染力。没过多久，人群就增加到了数十万人。在苏联的势力范围内，没有其他国家像这样与莫斯科对抗过。

苏联坦克开进来了。先是发生了小冲突，后来发展成了广泛的暴力事件。

叛乱被镇压了。人们可以公开谈论它，已是几十年以后的事了。

从某些方面来说，布达佩斯正在发生的事情似乎距离小新萨拉什有百万英里之遥，但此时我父亲已饱经世故，他知道情势会发生多么突然的变化——即使在平静的社区，暴力事件也会在毫无预警的情况下爆发。因此，他在当地组织了一支治安队：一群邻居以非暴力方式在社区巡逻，希望对那些有可能会利用任何骚乱来制造麻烦的人有所警示。他们要传达的信息是：**不要让暴力来到这里**。他们还充当社区成员的早期预警系统，以防麻烦发生。

他没有携带武器，也没有对潜在冲突可能如何展开或谁可能煽动做任何预设。他没有发表讲话或提出要求，也无意推翻任何人。不过，他也没有试图维护任何人的权力，只想协助维护社区的安全。但在那些艰难的日子里，走上街头就等于煽动叛乱。

父亲被捕了，受到煽动反政府的指控。他被判处七个月缓刑。1957 年 2 月，就在抗议者被镇压几个月后，父亲收到了一封信：

小新萨拉什农业合作社

小新萨拉什，1957 年 2 月 9 日

小新萨拉什—电文 49

主题：终止

案件编号：17/1957

雅诺什·考里科

小新萨拉什

根据匈牙利《劳动法典》第 29 条 c 款，你的雇佣关系将从 1957 年 2 月 11 日起终止……理由如下：小新萨拉什农业合作社委员会在 1957 年 2 月 8 日召开的会议上做出该决定，因为农业合作社本身在社会主义建设过程中也从事组织和教育工作，所有员工都必须参与这项工作。

鉴于收件人已证明自己不适合完成这项任务，甚至煽动反对我们的制度，我必须做出上述决定。

埃莱克·维格

新闻总监

我父亲失去的不仅仅是**这份**工作，被开除意味着**没有**雇主可以雇用他。父亲无法从事任何正式工作。政府拿父亲杀鸡儆猴，诋毁他是不服从的坏人。父亲恳求合作社领导重新考虑，说自己有两个年幼的孩子要抚养，但他们不为所动。

我父亲现在是政治贱民，他成了临时工。冬天，他继续被人们叫到家里加工猪肉，制作香肠，熏制肉类，以便于保存。夏天，他在田里干活，做建筑类工作。他给镇上正在建的一所新校舍做工，负责砌砖、用泥浆抹墙壁和天花板——这是他非常擅长的事情。春天，他离开家，去剪羊毛，一出门就是几周。这些都是临时的活计，没有稳定性可言。即使在他受到政府的惩罚之后，小新萨拉什的人们也仍然继续雇用他，这个事实使我确信我父亲在我们的社区中受到爱戴。

正是在这些年里，他母亲在1932年所做规划——如果他成为一名屠夫，他就永远不会挨饿——之明智得到了印证：我们没有挨饿。

几年过去了，等我父亲在一家酒馆重新找到工作时，已经是1961年了。我们经常陪他一起上班。有时，他忙着收尾一份肉类加工的活计，我母亲就会替他打理酒馆。在那里，佐卡和我帮忙清理桌子，给香烟补货，回收旧瓶子。姐姐和我用管子将酒从大容器转移到一升的瓶子里。有时我们会尝一下酒，看看它是否变成了醋。这种事在今天是绝无可能的，但我发誓：那年头，九岁的孩子品尝葡萄酒是再正常不过的事情！

是的，那些年的生活是艰苦的。但生活中**不仅仅**有艰苦，事实上，艰苦甚至不是**最主要的**内容。即使在最匮乏、最困难的岁月里，我也一直拥有许多许多。

我自己的名字卡塔林的命名日是11月25日。那一天，空气总是清冽。即使在今天，即使在美国，当感觉到气温开始下降时，我也仍会记起以前自己的命名日即将到来时的兴奋之情。

只要家族里有人的命名日到了，提前一周，我们就去熏烤房干起活来。我们一起做足够所有人吃的香肠。只需几种佐料：大蒜、盐、胡椒和红辣椒粉。**绞碎猪肉，往肠衣中吹气，灌进肉馅，然后扎成一节又一节。烟熏之后，把香肠晾好。**

到了大日子，一二十名家族成员都拥进我们的那个房间：我的外祖母、姨妈们、叔叔们和表兄妹们。待我母亲做好饭，有人会为大人们斟上几杯酒，通常是帕林卡酒，一种匈牙利乡村常见的传统水果烈酒。

我们很早就知道谈话有公开和私下之别。在外面的世界，人们永远不知道谁在听，或者听到的人会做什么。但在这里，与家人待在一起时，人们可以更自由地谈论任何事情，谈论**一切**，放声大笑。在闲聊声中，我母亲会端上香肠。我们会从一口大锅里舀出大块的肉，传递一盘磨碎的辣根，这是我们自家花园里种的。餐桌周围萦绕着可口的香气。席间，浓郁的肉汁喷溅得到处都是。饭后，我母亲端出各种糕点，我们都会再吃一点。我父亲会从柜子顶上取下他的小提琴。他可能会把它递给其他也会演奏的人。他们一起唱歌。

我看着他们，这些历尽艰辛的人。我听着他们的故事——战争、饥饿和黑名单——略感不安地想：**我有父母，我头上有屋顶，我脚上有鞋，桌上有食物。**

吃完甜点后，我们这些孩子会推开椅子，走到屋外，在院子里追逐打闹。我们吃得很饱，空气很清新。我们吸入树叶和泥土的气味，感受吹拂面庞的冷风。乐声从屋内喷薄而出。在这样的时刻，一个人再也没有更多需要或想要的了。

今天，回顾我们所经历的那段生活，我心中充满感激。我很高兴我出生在那里。我很高兴那是我的生活。我想，我父母有时会渴望一种不同的、更轻松的生活，但对我来说，我得到了我需要的一切，乃至更多。

开始上学后，人们叫我小考里科，虽然我个子很高，一直比同龄人高，甚至比不少大我几年级的孩子都高。在学校里，我是佐卡的小妹妹，跟随她的脚步，有时真的就是在字面意义上跟随她的脚步。

每个人都认识和喜欢佐卡，他们对我也很好。从一开始就很明显，学校这个学习的地方是属于我的地方。

在小新萨拉什，有一所精英的音乐专科学校和一所普通学校。父母曾希望我进入那所私立学校。但要获得就读精英学校的资格，哪怕是精英小学的资格，都需要一些明显的音乐天赋。你必须会唱歌或演奏乐器。尽管父亲尽了全力，但佐卡和我都没有这样的天赋，所以我们只能进普通学校了。（我很确定，这意味着我没能通过我的第一次入学考试。）

即便如此，我喜欢学校里的一切，从一开始就喜欢。

第一天，我基本上是一路跳着舞去学校的，跟在佐卡和她的朋友们后面，向镇中心那栋有两间教室的建筑走去。学校和家里一样，有着粉刷过的白墙，是学生的家长们粉刷的（也就是说，举全村之力）。我喜欢那栋建筑，喜欢里面的一切：硬木长凳和我们蘸笔的墨水罐（我竭尽全力不让页面上出现墨水渍。一旦出现，我就会重写作业）。我喜欢钉在墙上的海报和地图。我喜欢上学时我们穿在便装外面的深蓝色外套——虽然不太像校服，但也差不了太多。这些外套像是对世界，也是对我们发出的信号：学习是一件严肃的事情。

教室的前面有一块黑板，后面有一个巨大的煤炉，冬天可以取暖。校园后面有几间偏房。即使在这里，在学校，也没有自来水。

在更广阔的世界里，一场意识形态之间的对决正在进行：共产主义与西方。在整个东欧集团，像匈牙利这样的国家都在试图证明社会主义相对于资本主义的优越性。通过孩子的教育来证明，是个很好的方法。

我告诉你：我接受了良好的教育，非常好的教育。

不过，事情很棘手。1940 年至 20 世纪 50 年代初，匈牙利人口处于低谷。近百万匈牙利人在战争中丧生，在接下来的数年里，人口增长仍然停滞不前。1953 年，在某种程度上，为了解决这个问题，匈牙利宣布堕胎非法，并推出一系列鼓励生育的政策。20 世纪 50 年代中期，人口开始增长，包括小新萨拉什。

但是，和全国各地一样，小新萨拉什的家庭面临严重的物资短缺。那些年里，当一名妇女真的生了个孩子时，公开的庆祝活动往往会因真切的焦虑而降温：**她如何喂饱多出来的这张嘴？她怎样才能负担得起衣服、书籍、鞋子等所有这些物品的费用，买得起孩子需要的所有东西？**

对于学校来说，婴儿潮带来了不同的挑战：学生**太多了**。教室远不够容纳所有的孩子，所以学校每天分成上午和下午两个班次轮流上课。即便如此，我的班上也有五十多个孩子，整齐地分成一排排。学生实在太多，政府不得不召回已退休的教师。这就是为什么我的二年级老师玛吉特·纳吉也是我母亲和我外祖母的老师。

一间教室里有五十多个孩子，这听起来很疯狂，肯定会是一片混乱。在这种情况下，谁能学到东西呢？但我们都保持安静，节省体力，课间休息或放学时间一到，就冲出门外。

投资儿童的另一种方法是建立健全的医疗保健系统。

我们镇上有很好的医生，他们经常骑摩托车上门看诊。他们在必要时分发抗生素、维生素以及孩子茁壮成长所需的一切。还有各种各样更广泛的卫生工作。

我上幼儿园的时候，老师们会把全班同学排成一列，带我们走出学校，穿过城镇，来到医生办公室。我们排成长队，女孩穿着裙子，男孩穿着衬衫。我们一个接一个地走近医疗团队，他们递给我们一茶匙液体：一剂萨宾脊髓灰质炎疫苗[1]。

正如当时的每个母亲都可能会告诉你的那样，脊髓灰质炎是由一种残酷且具有传染性的病毒引起的，而儿童的患病风险尤其高。疫情暴发时，人人恐惧，病例难以预测。儿童可能不会出现任何症状，也可能会表现出感染许多其他病毒的典型症状：发热、头痛、疲劳、胃部不适。但有时，脊髓

---

1 脊髓灰质炎，又称小儿麻痹症。美国医学家阿尔伯特·萨宾研发的口服脊髓灰质炎疫苗（OPV）于 1957 年开始临床试验，于 1961 年获得许可。OPV 和注射型索尔克疫苗将脊髓灰质炎消灭殆尽。

灰质炎病毒会悄悄进入神经系统。在那里，它会导致瘫痪、呼吸困难，甚至带来死亡。

关于这种病毒，似乎没有逻辑可言。为什么有些孩子会毫发无伤地康复，另一些孩子却再也不能走路了？为什么有的人只是发低热，有的人却终生瘫痪？

家长们始终生活在对脊髓灰质炎的恐惧之中。因此，当脊髓灰质炎疫苗最终问世时（首先是需要注射的索尔克疫苗，然后是更方便接种的萨宾疫苗），政府在为匈牙利儿童提供疫苗方面发挥了积极作用。从各方面来看，他们的努力都是非凡的。1969 年，我 14 岁，这个国家仅剩最后一个野生脊髓灰质炎病例——比美国早了整整 10 年，比英国早了 15 年。

不过，对于一些当地家庭来说，这还不够快。我一个同学的弟弟**还是**得了小儿麻痹症。在余生中，他腿上戴着支架，行走艰难。我母亲在药房工作，她也对小儿麻痹症有着深刻的记忆。她记得儿童患者的亲属到药房来拿药。他们离开后，店主让我母亲用漂白剂擦洗所有东西，擦得她皮肤开裂，指关节出血。店主解释说，自己的家人就住在同一栋楼里，他有一个年幼的儿子，他需要保护这个男孩。

店主很害怕。每个人都害怕。

那时，政府在接种疫苗方面做了很多工作。我记得在学校接种了卡介苗疫苗，以预防结核病。这是一个两次就诊的治疗方案。第一次就诊，注射疫苗，第二次就诊，医生划了我们的皮肤。如果划痕没有变红，我们就需要再注射一次。我们排成一列，比较我们的划痕：**你的变红了吗？哦，你看我的皮肤，一点也不红。你的呢？**

我们不仅可以接种疫苗。有时，全校或全班学生会集体步行去看牙医或儿科医生，或者进行肺部 X 光检查，以发现肺结核患者。没有人抵制，没有人争论，没有人建议把医疗保健和教育分开，或者认为接种疫苗不应该由学校来组织。我们都觉得大家应该在一起，这就是我们互相照顾的方式。

1963 年，我上三年级，小新萨拉什面临另一种病毒感染：口蹄疫，它威胁着我们的牛。虽然人不会被传染，但可能成为病毒传播的媒介。如果病毒在镇上扩散，我们的牲畜可能会死亡。如果它们死了，我们吃什么呢？

我们认真对待这种病毒，就像对待威胁自身健康的病毒一样。为了防止病毒传播，整个社区的人都待在家里几周。那些在靠近郊区的农业合作社里养牛的人就睡在工作的地方；他们不能离开，不能去看望家人，以免把病毒带回镇上。这样的情况持续了几周。全面封锁。

即使生活最终恢复正常，我们也必须小心。很长一段时间，进入学校或商店时，我们必须先在一个装满木屑的托盘里踩一踩，木屑用漂白剂浸泡过，可以给我们的鞋子消毒。我们用消毒剂洗手，因此手指一连几天闻起来都有氯气的味道！

1968年，我13岁，那年发生了流感大流行。我后来了解到，这次大流行是由甲型流感病毒H3N2毒株引起的，当时被称为“香港流感”，严重程度远不及1918—1919年那次流感大流行，一些人对后者记忆犹新。但是1968年的病毒并不温和，在消失之前，它将在全球杀死100万到400万人。

我们再次限制了自己的行动，限制了与他人的接触。我们擦洗。我们消毒。我认为政府在鼓励这样做，但没有人抱怨政府过度干预。这是一种病毒，它没有意识形态，也没有政治议程。如果我们不当心，它就会蔓延。那样的话，大家都会遭殃。这些只是事实，是病毒的传播原理。

在收获季，整个社区的人也会团结在一起。有时收成好，采摘收割的人手不够，当地的农业合作社就会号召小学生来帮忙。我们全校出动，爬上公共汽车或卡车，前往乡村，在那里，我们帮着采摘西红柿、土豆、甜菜、红辣椒或玉米。

我们还会出于其他的原因不上课。如果煤炭短缺，我们可能会停课一周，放“煤炭假”，直到校舍可以供暖时才复课。我们会在家做作业，每天学习几个小时。

而我一次又一次地缺课，因为生病。

我是个体弱多病的孩子。我很瘦弱，可以说是皮包骨头。

每次摔倒，我好像都会伤筋动骨。

我五岁那年锁骨骨折。后来，在八九岁的时候，我的一只手发生了好几次骨折。等那只手痊愈了，我又摔倒了，这次摔的是另一只手。他们把刚从那只手上取下的石膏马上打到了这只手上。

我患有贫血症，所以他们给我补铁的药片。

我胃口不好，所以他们让我喝某种可怕的苦涩液体，我至今仍记得那个味道。

我肚子痛，所以他们切除了我的阑尾。

我多次呼吸道感染，所以他们切除了我的扁桃体。

做扁桃体切除手术时，我第一次住院。我当时八岁，很害怕，很想念父母。医院这么大，而家那么远。我躺在一张铁床上，透过玻璃窗看着医务人员，害怕他们回到我的床边来采集我的血液样本——那是令我恐惧的时刻，一次又一次地到来。

我讨厌抽血。我讨厌抽血的感觉、抽血的场景，连想都不能想。护士先把我的手臂绑起来，才能把针头扎进去。我看着暗红色的血液充满针筒，感觉自己像是被困在噩梦中。很多年后，看见别人抽血，我甚至会晕倒。（我很确定，我永远不可能成为一名医生。）

几年后，我再次住院，这次是因为得了甲型肝炎。我捂着肚子呕吐，皮肤和眼白都变黄了。我进了隔离病房，周围的病房里都是患有痢疾和其他传染病的成年人，他们有时会呻吟。我在那间病房里躺了三周，一直渴望有人来安慰我，张开双臂拥抱我，跟我说我会没事的。这就是我生病时想要的东西。

我母亲很担心，我知道。她爱我，希望我健康，如果我生病，她会感到害怕。毕竟，她一生经历过很多事情。对她来说，孩子健康平安，并不是理所当然之事。

当情势可怕时，人们就会希望通过控制什么来**解决**问题。不幸的是，此刻我母亲唯一真正知道如何解决的问题，唯一感觉在她控制范围内的事情就是我，所以我就成了她为之努力的焦点。

她的声音至今仍在我耳边回响：**都是因为你挑食；你不吃煮熟的蔬菜，只想生吃；天冷了也不戴顶帽子**。无论我呕吐、疼痛还是发热，都是因为我做错了什么，没有照顾好自己，饮食不正确，穿得不够暖和。仿佛只要听妈妈的话，做正确的事，我的所有问题都会消失……她的所有恐惧就会随之消失。

16岁时，我的体重终于开始增长了，但我一生都为健康问题所困。我一直努力照顾好自己，坚持锻炼，健康饮食。然而，随着年龄的增长，问题越来越复杂。我膝盖疼，腰疼，关节因炎症而肿胀。我切除了乳房肿块，后来又被诊断出癌症，是腮腺上长了肿瘤。在医生切掉肿瘤后，这块区域的神经变得紊乱，导致我每次吃饭时，脸上都会大量出汗。

自始至终，我母亲的声音一直萦绕在我的心头——**都是因为你不……**

但我试图从中学习，试图从一切事情中学习。

我天生就情感淡然，但在成为母亲后，每当我的女儿生病时，我都会记起很久以前我自己的感受。我会想起那种感觉，即使我已经尽力了，妈妈也还是坚持认为问题出在**我**身上，认为我本可以这样或那样。于是，我会俯下身来拥抱苏珊，跟她讲我曾经渴望听到的每句话：**我可以亲吻你疼痛的地方吗？我可以给你一个拥抱吗？来，我的宝贝，现在让我来安慰你，给你儿时生病的我没有得到的一切。**

有时我认为，这是我们能做的最好的事情：在前人交给我们的世界中学习，然后努力为下一代留下一点更好的东西。

读小学时，我第一次正式接触科学。我加入了老师组织的化学俱乐部。我们用橡皮泥捏成化学元素，用牙签将它们组装成分子。我们将一根绳子浸入过度饱和的盐溶液中，观察晶体的形成。（多年后，在宾夕法尼亚大学，我会看着一个被遗忘很久的瓶子的底部，它曾经装有高度浓缩的盐溶液，我注意到了形成的晶体，回想起在小新萨拉什那个化学俱乐部里度过的午后时光。）

有时，生物学老师会带我们出去散步，观察花园、树木、灌木、草本植物和花卉。我记得自己站在一个小池塘边，凝视着睡莲，听老师描述让叶子漂浮起来的充满空气的茎。这就像是一种魔法，来自大自然的创意。

虽然正式说来，社会主义意识形态是学校课程的一部分——许多学校的外墙上都贴着“我们在学校里建设社会主义”的字样——但我不记得这部分了，也许是因为我的老师大多是在以前接受教育的，他们关注的不是政治哲学，而是具体学科。他们让我能够全面而广泛地学习，我做到了。

我们成绩的评分为1到5分，其中5分为最高分。在我上学的初期，我的成绩大多是4分——考虑到我父母均为仅受过六到八年级教育的工人，这已经很不错了，但在班上算不上最好。

我还不错，这就是我会用的词，**还不错**。

我不认为自己特别聪明。多年来，我遇到过许多人，他们天生就有过目不忘的记忆力，一种在学习方面毫不费力的天赋。我的一个小学同学过耳不忘。那不是我，从来都不是我。但在很小的时候，我就已经明白了一件重要的事：我在天资上的不足，可以通过努力来弥补。我可以更加努力，投入更多时间，做更多事情，并且更加认真地去做。

早在读一二年级的时候，我就很努力，试图把每件事都做对。如果不对，我就重新来过。

我反复练习。

我反复练习。

我反复练习。

事实证明，大脑是可塑的。我们练习什么，就增强什么。我练习成为一名优秀的学生——这是一种积极的练习，就像一名有抱负的运动员练习投篮一样。像运动员一样，我变得更好了，在学校里越来越得心应手。到三年级时，我已经完全投入学业之中，一路 5 分，所向披靡。

我要说的是，我从未停止过练习。

小学时，有一次，老师给我们布置了一项历史作业：采访一位年长、有突出表现、堪称本地英雄的社区成员。我们每个人都要记录一段口述史，梳理受访者的记忆，并根据听到的内容写一篇赞美文章。我的任务是采访一名退伍军人，他与我父亲年龄相仿。

父亲问起他叫什么。当我告诉他时，我看到父亲的眼里闪过一丝不快。“那是个坏人。”他说。我几乎不曾听过父亲那样讲话，语气严厉而气愤。

“那个人很残忍，”父亲继续说道，“他是个胡说八道的人，这次采访也将是胡说八道。”

我至今不知道父亲对那个人有多少了解，也不知道他目睹了什么，但我记住了他说的话。然后，我做了我必须做的事。我采访了那个人，梳理了他的记忆，写下了热情洋溢的文章。但是，通过这件事，我了解了一个事实：有些作业是胡说八道，我的采访对象就是一个胡说八道的人，而有时胡说八道的人会被称赞为英雄。

到七年级时，我开始参加化学、生物学和地理竞赛。其他科目也有比赛——和我同年级的一个名叫伊洛娜的女孩赢得了一些重要的历史比赛，在学校里我们暗暗地较劲，我主攻化学和生物学。到八年级时，我成了小新萨拉什生物学排名第一的学生……然后，继续向前，成为全县的生物学第一名。我父亲当时在酒馆工作，有时我的老师会过去喝一杯。他们会告诉他，我是一个多么出色的学生，这次竞赛有多么重要。这让他无比自豪，我感到很高兴。

赢得县级比赛意味着我将受邀前往布达佩斯，代表我们县参加全国生物学竞赛。但这次竞赛正好与一次难得的家庭度假安排在同一时间。我母亲收到了工会的邀请，可以去豪尔卡尼温泉浴场度假，这是一个带游泳池的水上公园。我对这次度假期待已久。尽管如此，我将怎么选择是毫无疑问的。

没有家人陪伴，我独自前往布达佩斯，参加生物学竞赛。

这不是我第一次一个人旅行。跟当时匈牙利的几乎所有年轻人一样，我曾是少先队队员。少先队是一个和童子军类似的组织。有一年夏天，我前往一个少先队营地，先是独自坐火车，到站后再步行几公里，直至在森林边缘找到营地。

但这次生物学竞赛不是在荒无人烟的地方举行，而是在布达佩斯，一个大城市。我只在 5 岁时去过一次布达佩斯。现在我 14 岁了，隔着火车车窗向父亲挥手告别。我父母向我保证，组织比赛的官员会在终点站等着我。那时还没有手机，也谈不上有什么电话系统。直到一周后我回了家，我的父母都不确定我是不是真的到了布达佩斯，如果我到了，我在那里又做了些什么。

参加生物学竞赛的孩子来自全国各地，有五六十人。我们住在一所盲人学校的全新宿舍里，这所学校的学生都放暑假回家了。令我着迷的是，所有地方、所有东西的标识都使用盲文。我记得我用手指抚过凹凸不平的盲文字母，试图解读这种神秘的语言——一种触觉字母，不同于我先前所见的任何语言。每天，考官都会考我们的基础知识：我们的身体中有多少血液，所有不同骨头的名称，我们对植物学有多少了解。有一天，他们带我们去布达山上的一片草地，让我们收集所有我们知晓名字的不同植物。我们要把每株植物贴在一张纸上并贴好标签。我可是认识很多植物哟！从父母那里，我不仅学到了花园里种植的植物的名称，还知道了侵入花园的杂草的名称。这些年来，我一直在外祖母的花园里帮忙剪花。我还从少先队营地中，从学校组织的实地考察中，从我花无数个小时阅读的配有植物水彩画的薇拉·乔波迪的那本书中学到了关于植物的知识。

那天的胜利帮我赢得了决赛资格。最终，我获得了第三名，正式成为生物学全国排名第三的学生。我，小考里科！这个来自小新萨拉什小镇的瘦屠夫的苗条女儿！

我仍然记得其他决赛选手——他们的名字，乃至他们的奖品。一个名叫卡塔林·彭泽斯的女孩获得第一名，赢得了去捷克斯洛伐克度假一周的奖励。大学教授的儿子安德拉斯·伯塔获得第二名，得到了一台索科尔收音机。获得第三名的我捧回一台斯米娜8相机，我用它来记录我们的生活，从未停止过。我们这些获奖者甚至接受了儿童电台节目《号角》的采访，在小新萨拉什也能收听这个节目，我兴奋极了。

在那次比赛中，我记得的另一件事是，一名参赛者的家人拥有自己的汽车，他们自己的车！看起来真是了不起。我很快就了解到，在这个国家的其他地方，汽车正变得越来越主流。从我蹒跚学步到现在，匈牙利的汽车保有量增加了十倍，这是时代变迁的标志。我父母不曾拥有汽车，但我后来有了一辆。然而，在那个年代，私家车仍然是匪夷所思的奢侈品，坦白说，简直难以想象。

那时，我们已经搬进了在家人的帮助下重建的新家，一栋代表当时最先进水平的新房子，位于镇中心附近一条铺过的路上的黄金地段。终于，我们有了室内卫生间和更多的电力。

我们还拥有了一台小电视机。电视画面会闪烁，有时我们必须调整天线才能接收到信号。一开始，只有一个频道，等我高中毕业时，就有两个频道了。但在当时，它让人感觉那么现代!

匈牙利正在发生变化。事实证明，我也在改变。

源于我高中岁月的三大影响

一

“你怎么想，卡蒂?”眼前的这位老师，也就是刚才提出这个问题的老师，一脸严肃，但眼神明亮而好奇。他是阿尔伯特·托特（Albert Tóth），我的高中生物学老师。和平日一样，他穿着色彩缤纷的套衫，衣着无可挑剔。他还为像我这样的学生组织了一个课外生物学俱乐部。

我们正在讨论的是圣捷尔吉·阿尔伯特，首位分离出维生素C的匈牙利科学家。圣捷尔吉对细胞呼吸的突破性研究为克雷布斯循环的识别奠定了基础，他于1937年获得诺贝尔生理学或医学奖。托特先生刚才问我的问题涉及圣捷尔吉的一句话：**在研究生命时，你不断地从较高的层次简化至较低的层次，在沿途的某个地方，生命渐渐消逝，只留给你两手空空。**

在众多的生物学话题里，我们一直在讨论生命何以依靠遗传物质存在和延续。DNA 和 RNA[1] 是生命的基石，对生命至关重要，但它们本身并没有生命。它们分解成小分子，然后分解成原子。

那么，生命与组成生命的惰性物质之间的界限在哪里呢？

我怎么想？

我喜欢托特先生的一点是，他不仅仅教给我们事实。他也没有试图告诉我们他对这些事实的看法。他想知道的是，**我们**，他的学生，对它们的看法。

也许，更重要的是：他希望**我们**知道自己的想法。

和我所有的老师一样，托特先生认识我的家人。当我父亲秘密宰杀他家的猪时，他曾经站岗放风。他知道我父亲被列入黑名单，也知道我们家出身卑微。托特先生在我上小学时就组织了生物学俱乐部，在我读八年级时，他担任当地生物学竞赛的评委会主席。在他眼里，我不仅仅是屠夫的孩子，也不仅仅是小考里科，我还是未来的科学家。尽管我自己还不认识任何在职的科学家，但托特先生相信我有能力成为一名科学家。他相信我可以通过自己的思考产生伟大的想法。

在托特先生看来，伟大的想法是重中之重。在课堂和生

---

1 RNA，核糖核酸的英文缩写。

物学俱乐部之间，他不仅向学生介绍了圣捷尔吉·阿尔伯特的工作，还介绍了著名犯罪学家切萨雷·隆勃罗梭（Cesare Lombroso），匈牙利生物学家及生态学家，如帕尔·尤哈斯-纳吉（Pál Juhász-Nagy）、帕尔·雅库斯（Pál Jakucs）、巴林特·佐约米（Bálint Zólyomi）、伽伯·费科特（Gábor Fekete）和埃莱克·沃伊纳罗维奇（Elek Woynárovich），对我们来说，他们就像英雄一样。在托特先生的课堂上，我们不仅要阅读课本，还要阅读《潜水员》《自然世界》等期刊，以及在职科学家的著作。我们不仅要**阅读**这些材料，而且必须讲解它们，课堂演讲确保我们能充分理解这些内容，能够向其他人解释它们。

我们也讨论应用科学：自然灾害和人口爆炸等全球性挑战、关于温室气体吸收地球大气层热量的新理论、自然保护的重要性。匈牙利正在建设第一批国家公园，其中包括我们镇附近的霍尔托巴吉国家公园，于是我们自然也会前去进行实地考察。我们的高中甚至还拥有一个小型科学博物馆，里面陈列着165岁的尼罗河鳄鱼的骨架、猛犸象的牙齿、岩石收藏品、硅化木样本和耶利哥玫瑰等标本。托特先生希望我们真正明白，生物学并不只是教科书上的东西。生物学无处不在，就在我们周围，就在我们体内。它是整个世界的运作方式，它令人着迷。

我怎么想？

我不记得那天我是如何回答他这个问题的。什么样的回答可以契合所有生命现象的神秘和复杂？我所记得的反而是，我待在我的座位——那个永远属于第一排长凳、靠近窗户、挨着我的朋友阿尼科的座位，身体前倾，想着：**有一天，我也将成为一名科学家**。

年底，我们班要给远在美国的圣捷尔吉写封信。我们没有这位科学家的地址，也想不出找到地址的办法，所以我们在信封上只写了两行字：

圣捷尔吉·阿尔伯特

美国

这是一次胡乱的尝试，赌一把而已，我不认为有谁相信我们的信会寄到。但几个月后，我们竟收到了回信。这是圣捷尔吉本人寄来的一封私人信件，他随信还附上了他的书《生命状态》。书上有他的题词，“献给小新萨拉什热心的科学耕耘者”。

至此，我不再怀疑：这位伟大的科学家正在和我说话。**科学耕耘者**。哦，是的，我就是其中的一员。

二

另一本书，也是托特先生介绍给我的。这本书约有三百页，感觉就像是为我写的，甚至可能**只是**为我一个人写的——仿佛作者是为了一名读者而创作的，而我就是那名读者。

这本书就是汉斯·谢耶的《生活的压力》。那时我才十几岁，前方还有许多未知之事，但我发誓：在余生中，没有一本书能像它那样，对我产生如此直接、如此深远的影响。

这本书是内分泌学家谢耶对“压力”的探索。

今天，在我写下这些的时候，精神和身体压力的概念已司空见惯。我们知道压力是什么，给人的感觉如何，以及它在身体不同部位的表现方式。但在谢耶之前，压力并不是一个生物学概念。

1925 年，谢耶还是一名医学生，年仅 18 岁，他在教科书上学到了很多关于解剖学和疾病进展的事实，当时他观察到了一个古怪的现象。今天的人们如果到网上查询疾病的症状，一定也会注意到这个现象：许多不同的疾病都会表现出一系列相同的症状。

疼痛？关节痛？发热？肠胃不适？食欲不振？舌苔厚腻？精神不振？可能有很多原因——急性的病毒感染、慢性疾病，或是绝症。

谢耶想知道，为什么没有人研究过“疾病综合征”。许多种疾病共有的一系列症状到底**是**怎么回事？他开始有条不紊地寻找答案，正是因为他的一系列探索，才有了我们今天所知道的生物应激反应。

我一生中从未读过这样的书。

这不仅仅是因为这本书讲的恰恰是我的经历（我患过的所有疾病，那些普遍的症状，找不到明确的答案）。**是的**，当然，这本书讨论了这些，但远不止于此。也不只是因为谢耶在开始调研时还是一个局外人——他不知道应该如何去做，也没有先入为主的观念。（有时，他似乎是在说，最重要的问题是由局外人提出的。）

而是因为，谢耶似乎理解**我想要如何去思考**，如何去界定一个大问题，然后开始系统地、有逻辑地聚焦于清晰而具体的答案。谢耶在书的开头指出，大自然“很少回答问题，除非问题是以实验的形式向她提出，那么她可以回答是或否”。我一遍又一遍地读这句话：**问题……以实验的形式……她可以回答是或否。**每次一个问题。从许多这样的问题中，从许多是或否的答案中，一张拼图逐渐形成。

接下来，就是这段话：

> 只有那些对自然怀有真诚而深刻的爱，从而有幸获得非凡认识的人，才能……成功地构建起一张蓝图，其中包含许多需要提出的问题，以获得一个无比接近的答案……
>
> 只有那些不幸对自然的秘密怀有强烈而无法控制的好奇心的人，才能——因为他们不得不——花费一生的

时间耐心地逐一解决无数的技术问题，以完成无数个必需的实验。

有幸也好，不幸也罢，我确信我就是谢耶所说的人之一。我确信我可以——我必须——用一生的时间耐心地解决技术问题，做无数个实验。

请注意，我并没有期待做出比肩谢耶之贡献的成就。但也许有一天我可以向宇宙提出问题，也就是说，设计一些实验。也许，有一天，我会得到明确的“是”或“否”的答案。也许，通过这种方式，我可以为人类知识的宏伟拼图贡献自己的小小力量。

《生活的压力》对我来说很重要，还有另一个原因：读了谢耶的书之后，我开始明白，压力不仅仅是一种**负面**的生理体验，它也有正面的表现形式，比如兴奋、期待和动力。虽然负面压力可能有害（甚至可能致人死亡），但正面压力对于充实的生活而言是必要的。而且，只要持正确的态度，我们就可以将负面压力转化为正面压力。

怎么转化？**专注于我们可以掌控的事情，而不是那些我们无法掌控的事情。**

例如，就像谢耶或许已表明的那样，我们只能控制自己的反应，无法控制别人的反应。因此，我们的努力不应该是为了取悦别人或获得他们的认可，而是必须设定自己的目标，并努力实现这些目标。遭遇挫折或失败时，不要责怪别人；责怪别人会让我们只盯着那些我们无能为力的事情。面对不幸，我们应该更多地学习，更努力地工作，更富有创造力。

压力也许是不可避免的，但《生活的压力》教我明白，压力既可以帮助我，也可以伤害我，这完全取决于我如何看待和应对它。

三

每周一次，我们一起在家观看《神探可伦坡》。在这部从美国引进的电视连续剧中，彼得·福尔克扮演一名谦逊的洛杉矶凶杀案调查员，他有着标志性的眯缝眼，身着破旧的风衣。《神探可伦坡》是允许在这里播出的为数不多的美国剧集之一，它无关政治，是无害的娱乐。另外，有传言称，彼得·福尔克与19世纪的匈牙利政治家兼记者米克萨·福尔克有亲戚关系。（据我所知，这个传言从未得到证实。）

可伦坡衣衫破旧，有点驼背，总是在口袋里找钢笔。他叼着雪茄，似乎从来不理发。相形之下，他的嫌疑人都很富有，发型精致，狡猾无比。每个人都实施了一场看似完美的谋杀——每一个细节都经过深思熟虑。凶手是谁从来不是一个谜，在每一集的开头，我们都会看到凶杀现场。但问题是，当每条线索都指向别人而不是凶手的时候，这个笨手笨脚的普通人如何才能厘清事件的真相呢？

每次的结果都是：**手到擒来**。

可伦坡与嫌疑人玩猫捉老鼠的游戏。可伦坡总是待在他们的地盘上：在他们的豪宅里，在他们的游艇上，在他们的劳斯莱斯豪车里，在他们的藏书室里。他借着**他们的**炉火的光亮，将**他们的**烈酒倒进**他们的**水晶杯里，一饮而尽。

他会问几个问题，边听嫌疑人的谎言边点头，看似一无所知地眨着眼睛。他笨拙的举止让他们放松警惕。可伦坡让这些嫌疑人没有理由怀疑自己的盲目自信——因为他们比他更好，更聪明，更机智。

感谢过他们之后，他起身准备离开。就在这时，他会转过身来，仿佛刚刚想到了什么。“还有一件事……”他说。

事实证明，可伦坡大智若愚。

我不是唯一一个喜欢可伦坡的人，每个匈牙利人都喜欢他。（今天，在我写这本书时，布达佩斯市中心还矗立着一尊真人大小的彼得·福尔克青铜塑像，他穿着标志性的可伦坡服装）。《神探可伦坡》也不是我看过的最后一部犯罪剧。我接下来看了罗杰·摩尔主演的英国惊悚剧《侦探西蒙》、摩尔与托尼·柯蒂斯主演的《说服者！》、法国犯罪剧《梅格雷》以及之后的更多剧集。我也看过很多真实犯罪调查，但《神探可伦坡》是第一部我真心喜欢的犯罪剧集。

不仅因为可伦坡是一群大人物中的一个格格不入的人——不久之后，我也将成为这样的人。（他们，那些人，会一次又一次地忽视我的存在，他们不会注意到，我的头脑也在吸收着周围的一切。）而且因为那句话：**还有一件事**。

这就是真相所在。科学研究会很乏味，它会生成大量数据，有时大部分数据似乎都指向一个方向。寻找那个符合现有叙事的数据可能很诱人，因为当你找到它（你一定会找到它），你就会觉得你已经完成了自己的工作。

但你必须正确地进行实验。

你一次问一个问题。然后，你只改动一个变量，并再次提问。然后，你改动下一个变量，再下一个。**还有一件事。**几乎总是还有一件事要做。

你必须保持耐心，检查一切，检查每一个微小的细节。你必须把堆积如山的信息放在一边，尽管这些信息似乎证实了你的预想。你必须悉心寻找那个不能证实你的预想的东西。因为那个东西，那个不管怎样都与现有叙事不符的小小的、烦人的东西，可能会指引你走向真相，如果你留心的话。

读高中时，我周围都是女孩。在学校里，男女同班，但在我的年级，女生与男生的比例是二比一。老师和管理人员认为这样的比例对男生不好，就按性别分了班。起初，女生足够多，所以我们有两个全女生班级，而男生只有一个班。但两年后，许多女孩辍学，一个班级就可以容纳我们所有人了。

大多数女孩只在意自己的衣着和头发。那时，我们能在当地商店买到的衣服都单调土气，于是女孩们经常自己动手缝制时尚的服装。但我不这样做，我不关心衣着——现在仍然不关心。（那时，我母亲给我做了很多特别时尚的衬衫和套衫；有一些我还留着，时不时穿一次，怀一怀旧。现在，我让佐卡为我挑选衣服。）高中时，不管穿了什么，我都很乐意在外面套上一件蓝色的校服。

有时，班上的女孩会尝试新发型或将头发染成浅色，引来老师温和的嘲笑。有一次，我的朋友伊洛娜（大约在我参加生物学竞赛的同时，她参加了历史竞赛）出现时，头发比前一天浅了两个色度。“你怎么了？”老师问道，“你是不是掉进了一堆过氧化物里？”我的头发一直没什么变化：棕色，短短的，有点蓬乱。

我也没有兴趣为了男孩咯咯笑或约会。有时，我去看电影（匈牙利有自己的西部片，通常就在附近的霍尔托巴吉拍摄），会看到同学们在约会。即使想约会，我也不确定自己能不能约到男孩。我猜男孩们觉得我太高太瘦，不是特别有吸引力。总之，没有男孩约过我，我也没放在心上。

在班上，只有一名学生可以在数学上与我竞争。玛丽是个温柔的人，是那种聪明但不张扬的学生。有时，数学老师会把一个问题写在黑板上，给我们几分钟的时间独立解题。我总能找到答案，玛丽也是。但有趣的是，当需要解释自己的答案时，玛丽和我总会发现，我们使用的是不同的解法。

我们经常争论哪种方法才是正确的。虽然玛丽不是个好胜的人，但她会坚持自己的选择，我也是。老师很喜欢这样，所以他会让我们争论。我们来来回回地阐述各自的解题思路，花掉五到十分钟。班上的同学很快就掌握了这个规律：如果卡蒂和玛丽用不同的解法得出了相同的答案，那么班上的其他同学就可以休息一下了，他们会涂鸦，做白日梦，传递笔记，而我和玛丽在教室前面争论解题方法。

和我的许多朋友一样，我的名字旁边有一个 F。在每一份高中记录中，都有“Katalin Karikó：F.”的字样。

此处的 F 并不像美国成绩单上的 F 那样表示“不及格”（failure）。它是匈牙利语 fizikai（“体力的”）的缩写。F 告诉任何一个有可能看到我的表格的人（如大学官员）：我是以手工作之人、体力劳动者的孩子，而不是医生或教授的孩子。（我母亲虽然在办公室或药房工作，但八年级的教育程度使得她被归类成体力劳动者。）

这意味着，在当时的匈牙利，教育工作者会给予我一点额外的关注。政府希望提升工人阶级的地位，积极为他们提供精英的子女可能更容易获得的机会。请注意，这些机会不是施舍。为了得到机会，我必须有远大抱负并愿意工作。我正是这样的人，而我的名字旁边的 F 确保有人会注意到我。由于我的体力劳动者出身，身为高中生的我有机会参加大学举办的暑期课程，我抓住了这个机会。

当时匈牙利的大学体系与美国体系非常不同。在美国，有数千所大学和学院。当然，常春藤盟校这样的顶级名校的竞争极为激烈。但如果美国高中生无法进入顶级名校，他们还有很多选择，想要上大学的美国学生肯定能在**某个学校**找到一席之地。而在20世纪70年代初的匈牙利，上大学的名额很少。

因此，参加暑期课程是帮助我为严格的大学申请流程做准备的一种方式。但即使没有这个好处，我也会参加。

那时，我一心想读生物学专业。

塞格德市距离小新萨拉什约145公里，靠近匈牙利南部边境，明媚而迷人。城市里遍布熙熙攘攘的咖啡馆和餐馆，热闹的街头音乐和公园，适合散步，而且总是阳光明媚。夏天，人们舒展四肢，躺在蒂萨河的沙滩上，这儿和所有海滩一样拥挤。在塞格德，可以度过一个漫长而悠闲的夏天，但这不是我来这里的目的。

1972年夏天，我17岁，在塞格德大学学习。这一荣誉让我欢欣鼓舞。正是在这所大学里，圣捷尔吉·阿尔伯特发现了维生素C；也是在这里，圣捷尔吉确定了肌肉组织呼吸的关键要素，彻底改变了我们对细胞的理解。蒂萨河穿城而过，对岸就是匈牙利科学院新成立的生物研究中心，该中心聘用了匈牙利最受尊敬的生物学家。

我这次暑期课程的安排非常紧凑：

早上 5:00 起床。

做作业。

上课，从上午至晚上。

再做作业。

睡觉，但只睡一小会儿。

早上 5:00 起床，重新开始。

我一直读到书上的字词和公式都变得模糊，我的脖子和肩膀都因长时间伏案而酸痛。我只吃些维持学习状态所必需的食物，略略休息一下，以便第二天醒来可以继续学习。我如饥似渴地吸收教授们教给我的一切，每一个细节，每一个科学术语——这些东西会让别人感到无聊，但我不会，从来不会。我想学习这一切，而我每多学一点，我们的世界就变得更加复杂和迷人一点。在这一切的背后还有一些焦虑：我准备好上大学了吗？我能通过入学考试吗？进入大学后，我有可能取得成功吗？

几个月后，一个温暖明媚的日子，我所在的高中班级被召集到小新萨拉什郊外采摘玉米。每组学生负责一垄，我和一个名叫玛丽亚·弗里德尔的女孩分在一组。玛丽亚是每天从肯代赖什来上学的少数孩子之一，肯代赖什是邻近的一个小型农业社区，没有自己的高中。(每天早上，无论天气如何，肯代赖什的学生都会步行到火车站，乘坐火车前往小新萨拉什，然后步行约20分钟到学校。)玛丽亚很有毅力。她是体格强壮的运动员，直率而坚定。她也是勤奋工作之人。

当然，我自己家和我外祖母家都有玉米地，记忆中，我一直都知道如何用双手做这项工作。玛丽亚和我干活很快，效率很高，先于其他同学完成了我们这一垄的采摘。我猜想，一些同学干得比我们慢，是因为她们没有采摘玉米的经验；其他人，比如负责我们旁边这几垄的女孩，则是因为需要保护她们的长指甲。但也许更重要的是，很多女孩只是想好好享受这一天。她们边干活边听广播，或者闲聊。没关系，这不是一场比赛，每一组都有自己的任务，最终我们都会做完。但让我很高兴的是，我和玛丽亚在干完活后还有闲暇。

玛丽亚和我在田边坐下，喝了点水，然后抬起脸迎着阳光。我闭上眼睛，听着同学们叽叽喳喳的声音，感受着这一天的温暖。就在那时，我感觉到一个阴影正在逼近——一个又大又黑的东西挡在了我和太阳之间。

我睁开眼睛，我的俄语老师站在我面前。他皱着眉头。

“卡塔林，”他厉声说道，不知为何，他只对我，而不对玛丽亚说话，“起来，回去干活。”

我认识这位老师很久了。我们曾住在同一条街上，他妻子是我的小学老师，我小时候和他儿子一起玩过，我去过他们家很多次。尽管如此，当我现在抬头看着他时，我明白了一件事：我其实不怎么喜欢这个男人。他脾气暴躁，烟瘾很大，似乎总是肠胃不舒服。

“我的活儿已经做完了。”我解释说。

“**站起来。**”他重复道，这次语气更加严厉。不对，我一点儿都不喜欢他。他是个刻毒的人，病态且充满敌意。

“别的同学还在干活。”他说。他再次对我说话——只对我说话，就好像玛丽亚没有躺在阳光下一样。这是因为玛丽亚对包括老师在内的所有人都更直率吗？用美国人的话来说，她是那种“不甘受气”的人，是因为这一点吗？或者是因为她不像我那样有学业上的抱负，没有上大学的念头，这意味着她不怕失去什么东西？我不知道。总之，这个人只针对我，强硬地命令我：“回田里去，帮她们干活。现在，立刻。”

我考虑了当下的情况。确实，别人还在干活，但这只是因为她们干得没有玛丽亚和我这么快，这么卖力。在我们一门心思干活时，别的孩子跳舞，坐在田野中央，闲聊。那么，为什么我现在要因勤奋而受罚呢？这是不对的，肯定是不对的。

我一直有点执拗，如果有人试图强迫我做某事，我会反击。我会以某种方式坚持下去。

“不，”我最后说道，“我不去。我累了。我完成了我的任务。我就待在这里。”在我面前——在我上方——这个男人似乎变得更大了。他盯着我，张开嘴，又闭上。他的下巴在绷紧。

然后，他转身大步走开，但我知道这事还没完。

我们回到教室后，“刻毒先生”立即针对我写了违纪报告。报告中说我是违纪者，违反了规则，违背了社区的价值观。在教室里，他在众目睽睽之下把违纪报告递给我。我正仔细查看时，玛丽亚站了起来。

在匈牙利，我们常说：**心中所想，皆在唇上。**玛丽亚就是这样。她说出了自己的想法。“好吧，那我也应该受罚。”玛丽亚说。

“刻毒先生”一脸震惊地看着玛丽亚。他似乎根本没有考虑过玛丽亚。

“我和卡蒂待在一起，”玛丽亚继续说道，露出了挑战的眼神，“完成我们那一垄之后，我也坐下了，所以我也应该受罚。”我强忍着笑意。有一个像玛丽亚这样的朋友，真是太好了，她如此大胆，如此无所畏惧。当我被一个比我更强大的人威胁时，有人这样关心我，支持我，这是多么令人心安。

事实证明，玛丽亚并不是唯一支持我的人。“刻毒先生”跟其他教职员工讨论了我的情况，要求学校做出正式的纪律处分。处分记录会在我的成绩单上出现，也会被我申请的大学看到。这样就能把一个有志向的女孩拖出正轨——给她一个真正的教训，让她知道，反抗一个觉得自己理应得到尊重的愤怒男人，将是什么下场。

谢天谢地，其他老师拒绝对我采取行动。直到今天，我也不知道为什么。也许，他们也不在乎这个不讨人喜欢的男人。无论如何，他们选择站在学生而不是同事一边，对此我永远感激不尽。

尽管如此，“刻毒先生”并没有善罢甘休。高中快结束时，他在走廊里拦住了我。我刚刚参加了毕业口试，为这次考试，我一直在努力准备。筋疲力尽的我终于松了一口气，又开始忧虑起下一步——参加塞格德大学的入学考试。突然，“刻毒先生”出现在我面前，显然有话要说。“你知道的，卡蒂，”他说话时像是在自言自语，仿佛刚刚想到这句话，但他的声音带着一丝冷酷和残忍，“我认识塞格德大学的一些人。我想我会给他们打电话，确保你不会被录取。”

你可以称之为年轻气盛，称之为过度自信，称之为天真或固执，或纯粹的愚蠢。但我看了看站在面前的“刻毒先生”——察觉到他决心要伤害我——就走开了，让他独自一人站在走廊上。

他真能阻止我上大学吗？事实上，我无法确定。但我不想让他因看到我烦忧而得意。这一点，我很确定。

我不知道有多少学生申请了塞格德大学，但我是其中之一；在这些人中，有两百多名学生受邀参加生物学系的笔试，我仍是其中之一；然后，三四十人受邀参加口试。之后，只有十五到二十人被录取。

我就是其中之一。

收到录取通知书时，我想到了“刻毒先生”。因为在一个美丽的秋日，我干完活后坐下来休息，他就试图阻止我上大学。回首往事，我现在才明白，他企图让我上不了大学，实际上是为了让我远离接下来的一切——我的一生。他是在试图剥夺我以后将要成就的一切，让我无法影响所有会受我的工作影响的人。而这一切都是出于一个微不足道的原因。

这个人失败了。尽管如此，我还是从他身上学到了一点，很重要的一点：并不是每个人都会支持我，不是每个人都希望我顺利，并不是每个人都希望我做出贡献。有些人甚至可能会选择嫉恨我。

好吧，我记住了。

匈牙利的大学学制为期五年。从第一天起，生物学系学生就在课堂和实验室中学习；随着时间的推移，实验室工作变得越来越重要。五年后，在匈牙利的体制中，你就是一名生物学家了。

五年后，**我**将成为一名生物学家。

但我已经知道，如果可以的话，我想更进一步，攻读正式的博士学位课程。博士学位课程包含数年有针对性的研究，以一篇论文和一场考试结业。

1973 年夏天，我感觉这一切就像一座永远爬不到顶的山，但我迫不及待地想要出发。

你在一个地方度过了你的童年：那是你所熟悉的。那是你所熟悉的全部。也许你甚至认为生活就该如此：绣花靠枕，有着所有那些明媚的花朵，散落在沙发上；清晨特定时间透过饰有镶边小圆孔的窗帘的特定角度的光线。那张坚固而破旧的桌子，你曾在这张桌子边吃过数千顿饭，做过很多年作业。你父亲每天早上做家务时唱歌的声音，低沉而温暖。你母亲做的炖菜、洋葱、辣椒粉和酸奶油所散发的独特香味，只属于她，如指纹般独特。

你以为，这就是生活。这就是你的生活。

然后，有一天你开始收拾行李。你以前也离开过家，但今天不同。这次离开不是一周，也不是一个夏天。这是一件崭新的事，是新生活的开端。你意识到了这一点，但你还不可能明白这件事的真正意义。

你环顾四周，回想起在父亲身边度过的岁月，你们一梁一柱地建造这个家。想想从那以后你在这里度过的所有日日夜夜，你的目光成千上万次投向这些墙壁、这张桌子、这扇门，你在上大学之前最后一次走出去的这扇门。

你会看到这条漫长的道路在你面前展开，而这里是一条只属于你的道路的起点。

第二章

一段极简的科学插曲

在我和幼儿园的小朋友一起排队接种脊髓灰质炎疫苗的前后，全球科学家正在做出一项很重要的发现，当时年仅五岁的我还不会知道这些，但它终将改变我的生活。

那时，生物学家已对遗传学有了相当多的理解。他们知道，基因是微小的DNA片段，被包裹在细胞核内的染色体中；他们知道，DNA是生命体的遗传信息载体——它不仅是制造机体的蓝图，也是维系生命所需的所有工作的蓝图；他们知道，DNA所承载的遗传信息是用四个基本“字母”，即核苷——腺苷（A，adenosine）、胸腺嘧啶（T，thymine）、鸟苷（G，guanosine）和胞苷（C，cytidine）——“写成”的。正如拉丁字母表中的26个字母可以组合再组合，表达无穷无尽的含义一样，这四个核苷“碱基”的特定顺序决定着基因的功能。

他们知道，每个基因都编码一种特定的蛋白质，而蛋白质一旦产生，就会在身体中发挥作用。基因**表达**——细胞根据遗传信息实际**进行工作**的过程——意味着制造相应的蛋白质。他们还知道，蛋白质是在一个被称为核糖体的细胞器中制造的，核糖体位于细胞质中。

他们知道细胞里发生了**什么**，但不明白是**怎么**发生的。

紧密包裹在细胞核内的DNA中的信息到底是如何触发细胞核**外**蛋白质的合成的呢？一个本身惰性的蓝图，从来也不会离开细胞核，却能够让细胞完全不同的部分发生某些事情？在我出生时，这个问题仍然是一个谜。

20世纪50年代末，法国巴斯德研究所的研究人员提出假设：也许存在某种物理中介，一种临时的“细胞质信使”（一些科学家将它简称为X），它在细胞核中复制了DNA代码的各个部分——所有的A、T、G和C——然后将这些信息从细胞核中携带到细胞的其他地方进行工作。不少科学家对这个想法不屑一顾。弗朗索瓦·雅各布（François Jacob）是取得这项突破的科学家之一，他回忆说，有些科学家对这个想法白眼视之，几乎是在嘲笑。

事实证明，科学史上充满了非常聪明的人嘲笑好想法的故事。

但到了1960年，在经历一系列失败之后，两项独立的实验证实了巴斯德研究所的研究人员的假设：事实上，确实存在一种暂时的信使，将遗传信息从DNA传送到核糖体，并在核糖体上转译为蛋白质，然后信使就消失了。

今天，我们不再将这种小物质称为X，而将其称为mRNA（信使核糖核酸）。

mRNA并不是唯一的RNA类型，但对于我的故事来说，它是最重要的。

RNA，或核糖核酸，也是一种遗传物质，其信息也是由核苷组成的，和DNA一样。（对于RNA，我们称其核苷为核糖核苷；DNA则是由脱氧核糖核苷组成。）然而，DNA注定会长期存在，而所有 RNA 都是暂时的。它有特定的用途，然后就被细胞分解了。

这种暂时性反映在它的结构中。DNA 的结构是双螺旋（就像一个螺旋楼梯，有两条脱氧核糖磷酸的“扶手”和由两个碱基配对连接形成的每个“梯级”），但大多数 RNA 只是一条单链——就像一排楼梯被电锯垂直向下切掉了一半（每个梯级只有一个碱基）。此外，RNA“扶手”中的核糖分子具有游离羟基[1]，可以与连接核苷的磷酸基团相互作用。这些相互作用会破坏 RNA 的长链。

最后，它们的组成也略有不同。RNA 也有四种碱基。其中三个碱基——A、C 和 G——与 DNA 中的碱基相同。但 DNA 含有胸腺嘧啶，而 RNA 则含有一个名为尿嘧啶（U，uracil）的碱基。当尿嘧啶与糖分子连接时，它被称为尿苷。因此，RNA 的信息是由字母（碱基）A、C、G 和 U 构建的。

从 DNA 到 mRNA 再到蛋白质，这个过程分为两部分：转录和转译。

转录：基因序列（DNA 的碱基顺序）被复制到 RNA 分子上。在细胞核内，一种酶（一种使生化反应发生的蛋白质）沿着基因移动。该基因的（双链）DNA 会一次一点（一个碱

---

1 游离羟基，一种活性的化学官能团。

基）地“解链”，显露出其独特的 A、C、G 和 T 碱基排列。这种酶还能合成一个与该碱基序列互补的链状分子，那就是 mRNA。随着酶沿着基因逐步向前移动，先前解链的 DNA 双链会重新结合。

转录完成后，mRNA 分子会离开细胞核，进入细胞质，到达核糖体，核糖体将根据 mRNA 所承载的碱基编码合成出相应的蛋白质。

转译：根据遗传密码合成出相应的蛋白质。

核糖体读取 mRNA，生产蛋白质。[正如 DNA 由碱基链组成，蛋白质也是由名为氨基酸的、更小的单位的分子链构建而成的。（天然蛋白质）由 20 种不同的氨基酸分子组成，它们在蛋白质链中的顺序由 mRNA 中碱基的顺序决定。] 一旦氨基酸链合成完毕，它就会像折纸一样折叠成精确而复杂的三维结构——这正是蛋白质完成其工作所需的形状。

一旦制成，这种蛋白质就会发挥作用，从而维持你的生命力。

那么，携带指令的 mRNA 分子会发生什么呢？它会指导更多的蛋白质合成，然后就消失了。降解酶会将 mRNA 分解为它的原材料——碱基、糖和磷酸盐。其中，大部分材料会被你的身体回收利用，有一些则被排出体外。蛋白质完成其工作后，也会被分解。

这个过程每时每刻都在发生：你的细胞产生 mRNA，它是信息和功能之间一度很神秘的“中间人”。mRNA 从细胞核移动到细胞质，在那里指导蛋白质的生产。**从 DNA 到 mRNA 再到蛋白质**，所有信息都按照核苷碱基的顺序编码在 DNA 和 RNA 中，所有这些微小的“字母”写就了生命的“语言”。这个过程一次又一次地重复着——在你身体的任何地方，每时每刻，包括此时此刻。

当然，我这里的描述简化了这一过程。事实上，这种简化对我来说并不自然（我怀疑对大多数科学家来说也是如此）。科学术语有一种奇妙的精确性——一种日常交流用的大白话无法表达的简洁而精确的严谨性。此外，我是一个讲逻辑的、关注具体问题的思考者，不擅长比喻或无关的描述。但我知道，大多数人对分子生物学或生物化学并没有做过 40 年的深入研究。科学家眼中的不言自明的术语对许多读者来说可能没什么意义。也许，有些读者已经忘记了（或者从未学过）我一生从事的工作中的那些关键概念。这就是为什么我在这一章中尽最大努力描述复杂的想法，让科学领域之外的人也能大致了解我这些年来所做的事情，以及它们的重要性。

但我们已经有些超前了。现在，让我们回到 20 世纪 70 年代的匈牙利，一个充满好奇心、雄心勃勃的女孩刚刚来到塞格德大学。

第三章

使命感

我们一共18个人。所有的事情我们都一起做。

我们这些从1973年秋天开始在塞格德大学学习生物学课程的学生每天都待在一起。课程是预先确定的，没有可供选修的课程。这意味着，每个学期、每堂课我们都同窗共读。课间一起吃饭，晚上一起做作业。我们中的大多数人也住在同一栋宿舍楼。和任何由18个人组成的团体一样，我们是一个整体。

这并不是说我们是一样的人。我们来自四面八方，有着不同的背景。有人是教授的孩子，有人是在农场上长大的；有人来自小社区，有人来自喧嚣的布达佩斯；还有一些人来自巴拉顿湖畔的高级度假社区。我的朋友苏莎·卡尔曼（Zsuzsa Kálmán）是作曲家兼音乐家的孩子，她父亲在一所师范学校教音乐。她知道有关音乐的一切。苏莎有一个认真交往的男友，他叫萨巴，也在生物学系，比我们高一级。苏莎从15岁起就和他约会了。因为认真谈恋爱好几年了，苏莎看起来如此成熟，而那时我心里完全没有恋爱这根弦。

我们系还有几名国际学生。匈牙利不仅是东欧集团学生的奋斗目标，也是那些遥远的共产主义友好国家（包括古巴和黎巴嫩）学生的奋斗目标。在我们这一级，有两名来自南斯拉夫的匈牙利裔学生，还有两名从越南远道而来的女孩。

也许，这里值得注意的是，在我们系里，一半的匈牙利学生的名字旁边标注有F。在为贫困学生或蓝领阶层的孩子提供世界一流教育的机会方面，其他国家是否也同样公平？任职于美国大学数十载之后，我还想知道：怎样才能做到这一点？

我对遗传学不感兴趣。至少在我刚到的时候是这样。

入学后不久，我们的班主任，一位教授，问我们每个人对什么科目感兴趣。他记下了我们的答案。“我喜欢植物。”我说。我希望一生都研究植物，我喜欢植物生理学，每种植物都有自己的特性、用途以及在更大的生态系统中的位置。我乐见我们生活中一切重要的事物——空气、食物、水、美景——都来自植物。我乐于知道植物和动物一样，可以分解成名为细胞的微小单位，而植物细胞是忙碌的场所——呼吸，吸收营养，制造蛋白质，并将重要的分子从一个地方转移到另一个地方。

但当我告诉同学这是我的兴趣所在时，他们有时会显得很困惑。就在20年前，詹姆斯·沃森（James Watson）和弗朗西斯·克里克（Francis Crick）首次描述了DNA的双螺旋结构。[这是他们以罗莎琳德·富兰克林（Rosalind Franklin）的工作为基础所取得的成就。] 从那时起，科学家们在基因序列、复制和功能的基础知识方面取得了惊人的进展。他们甚至发现了一种小巧的遗传信使，即mRNA，它可以指导蛋白质的制造。遗传学是美丽而优雅的，而且坦白说，是令人兴奋的。我的许多同学坚持认为，遗传学才是真正的科学前沿。

没过不久，我就觉得我被说服了。

我们的宿舍楼毗邻一座美丽的公园，距离蒂萨河不远，我们每天经贝尔瓦罗西桥，过河去上课和用餐。当我们来到塞格德时，赫尔曼·奥托学生宿舍楼才刚刚运营了几个月。它是用砖和玻璃建造的，高达十层，里面的一切都是全新的。

我发誓：那一年，一切都感觉焕然一新。

每个一年级学生都被安排跟两个高年级学生住在一个房间里，这种方法可以让我们更好地融入集体。房间里有三张床，一个水槽，还有一些供学习时使用的桌椅。一整面墙都是窗户。房间非常明亮，有现代感，是消磨时光的好地方。我喜欢在那里学习。

宿舍楼里住着约300名学生。我们这么多人在一起，总是很热闹——旁边房间里的一阵笑声、一段音乐，或者是走廊里的热烈交谈。有时，披头士乐队或滚石乐队的音乐会飘进我的窗户。总有人要去某个地方——听音乐，打篮球，或者只是一群人结伴去图书馆。

我们每个人都有一个要去的地方、一条道路、一种使命

室里眼明手快，放置试管和玻璃器皿（烧杯、移液管和滴定管），就好像这是他们的第二天性一样。他们轻轻松松就将溶液倒入滴管中，无须询问就知道如何校准天平，而我却笨手笨脚。我没有关于这些工作的肌肉记忆，也没有直觉。而我们所做的实验有时很难。

例如，在分析化学实验室中，教授会交给我们神秘的溶液，只是一个装有透明液体的小瓶子，没有其他信息。我们需要通过一系列独立的测试来弄清楚该溶液是由什么组成的。每个人都会一步步地按照逻辑去应对这些挑战。我们会将溶液滴到火焰上，如果火焰呈橙色，就意味着溶液中含有钠（离子）。（直到今天，在煤气灶上做饭时，我都会忍不住在火焰上撒一点盐，来观察颜色的变化。）如果火焰呈蓝色，则意味着溶液中含有铜（离子）。这些挑战一开始很简单，但后来变得越来越复杂。我们或许要工作三个小时才能推断出手边的溶液的化学成分。有时，我无法完全确定。在那些时刻，尤其是头几次，我感到格格不入。我会试着提醒自己：这不正是像汉斯·谢耶所描述的那样，对宇宙提出是或否的问题吗？（溶液是酸性的吗？石蕊试纸变红，所以“是”。它变蓝了？那就“否”。）

实际上，这难道不正是可伦坡的工作吗？

还有一件事。这是让我变得更好的法宝：再提一个问题，再加一项测试，再做一件我可能会想到的事情，再完成一项我可以自己完成的任务。我可以阅读，再读一遍，然后重新开始。我可以记住，测试自己刚刚学到的东西，然后再多学一点，以确保万无一失。一次又一次：还有一件事。

如果说我有什么超能力的话，那就是：愿意有条不紊地努力工作，并且拒绝停下来。

我们有很多作业，我都做了。但是，要记住所有这些信息，感觉如此困难，好像用新信息填充我的大脑可能会挤出我以前学的东西。我经常熬夜到凌晨2点，只睡三四个小时就起床，然后在上课前再多做一点作业。如果累了，我就打开一扇窗户。事实上，我总是很累，所以窗户总是开着的，即使是在下雪的时候。（为了让自己保持清醒，我现在还会这样做，哪怕是冬天。）

每天早上，我都会步行过桥去上课，各种车辆从我身边呼啸而过。虽然刚开学时我有过一辆自行车，但它很快就被偷了。我没再买新的。食堂里有什么，我就吃什么。宿舍里有厨房，其他同学在那里做饭，但我从来没做过。我并不挑剔，食堂供应的食物很好。而且，话说回来，哪有时间做饭呢？

并不是每个人都像我这样上学。我认为，大多数人都会选择对自己的学业稍微放松一点。极少数同学会将大部分学习集中在学期的最后几周。他们会为了应付期末考试临时抱佛脚，在最后一刻如海绵般吸收数百页的内容，然后去参加考试，再到酒吧去喝一杯啤酒庆祝。我不知道他们在考试后还能否记住那些内容，我只知道这种方法不会也不可能对我有用。

其他人，比如我的朋友拉斯洛·萨巴多斯（László Szabados），他们的学习方法更加不拘一格。这些学生想要深入研究一切——不仅是科学，还包括文学、爵士音乐和民间传统。拉斯洛的父亲在铁路系统工作，因此他可以去任何地方旅行。他也是这么做的，他经常睡在火车站，以便节省探险的花费。他带着故事和标志性的笑容回到家，头脑里装满了新想法，然后回来继续上课。

我呢？我一心关注还有多少事情需要了解。如果还有更多东西需要学习，我就必须努力，我不能停止努力。

不过，我也并不是只想着学习。当时，迪斯科越来越流行，有时，周末我会和朋友一起去释放压力，跳舞到深夜。

有时，我会去听音乐。当时有一个有趣的趋势：年轻人正在重新发现乡村的民间音乐。一些艺术家在匈牙利各地旅行，向村民学习音乐和舞蹈传统，并将这些传统带到城市和大学城。塞格德大学有一个民间舞蹈团，我记得自己参加过他们的活动，看着我的同学们以古老的方式载歌载舞。

我还打篮球。后来，每当我提起**我在大学打过篮球**，多多少少会让人刮目相看。其实，这个球队规模很小，也没什么竞争力，有时我们勉强才能凑够打一场比赛的球员。尽管如此，我们还是努力打球，在篮筐之间来回奔跑，传球，浑身大汗，鞋子在体育馆的地板上摩擦，吱吱作响。

在这些比赛期间，或者在打完比赛后回家的路上，乃至几个小时后，坐在敞开着的窗边，努力不让自己睡着，我会忽然意识到：**我太幸运了**，能够在这里，我真幸运。

不要认为努力和幸福是对立的，也不要认为必须拥有闲暇才能享受快乐。在塞格德的这些年，是我一生中最快乐的时光。

在我去上大学时，收获季还没结束。毕竟，我们还在匈牙利，还有很多农活要做。塞格德阳光充足，是种植葡萄的理想地方。还有谁能比那些刚刚开始新学年，或许希望从学业中暂时休息一下的学生更适合在秋天采摘葡萄呢？

每个大学团体都帮着收获。就像高中时一样，有些学生比其他学生更热情。我记得，大学生涯之初的一天，当时正在下雨，天气很冷，在外面感觉很不舒服，所有人似乎都在嘀咕，动作缓慢。于是，我们所在的农业合作社就发起了一个挑战：哪一组收成最多，就可以获得一点奖金。

生物学系的一些同学对此耸耸肩，而我不是这种态度。我刚被任命为我们小组的青年领袖，为小组制订了宏大的计划，但执行计划需要资金，而这次比赛正好可以为我们提供资金。我把我们小组的成员叫到一起。“大家能更认真地对待这件事吗？”我恳求道。我环顾四周。朋友苏珊·康茨的目光越过我，眯起眼睛，怀疑地望向镍黑的天空。“想想看，”我分析道，“不管怎样，我们都已经冒着寒冷和雨水来到这里了，对吧？那么，为什么不能从中得到一些回报呢？”我解释说，我们赚到的钱可以资助我们进行实地考察，包括做客彼此的家，那不是很有意思吗？从一家到另一家，了解我们每个人来自哪里。

我再次看向苏珊。这次她与我对视，嘴角浮现出了微笑。

我们努力了，并且赢了。实地考察就这样开始了。

也许，你可以想象我们的样子：十几名大学生，穿着蓝色牛仔裤，留着长发，周末逃离大学，叽叽喳喳地蜂拥而行。我们一起走下火车，有说有笑，一起向某个同学的家里走去。

看到人们过着不同的生活，真是太有趣了。尽管匈牙利当时的贫富差距不像今天的许多地方那么大，但还是存在差异。那年夏天，我们在原生态的巴拉顿湖畔参观了一个同学的家。她父亲是当地政府的财务官员，他们有一栋两层楼的房子。我真的从来不认识拥有两层楼的人家！她父母拥有的财产比我见过的任何人的都多，但奇怪的是，他们不允许我们睡在房子里，而是要求我们睡在车库里。他们也不为我们做饭。因此，我们步行到商店，凑钱买了自己的食物，主要是面包和猪油。

第二天，我们去了另一个同学家。相形之下，这个家庭拥有的东西很少——远远少于我家，但他们是热情好客的典范。他们在院子里准备了一大锅炖菜，用的是猪蹄（最便宜的肉），佐以香草和调料精心烹制。他们慷慨地款待我们。食物丰盛美味，让我们感到饱足而温暖。这家人把仅有的一个房间留给了我们，他们自己去亲戚家过夜，好让我们这些学生睡得舒服。

我注意到了这种慷慨，也对这个世界多了一点认识：有时，那些拥有最少的人分享得最多。

当然，我们不可能拜访每个同学的家。来自越南的同学香（Huong）去了一个成长于塞格德的同学的家里。在那里，她为我们做了越南大餐。我喜欢这些美食，也特别喜欢香兴奋地与我们分享的样子。

到了去我家的时候，我很激动。在前往小新萨拉什的火车上，我们有说有笑，下了火车，再步行到我父母家。那是秋天。我父母站在外面迎接我们——父亲哈哈大笑，母亲则面露愉悦、随和的微笑，点头致意。

进了屋，同学们席地而坐，听着音乐，笑个不停。我的父母非常高兴能够认识我的同学，终于能见到他们经常听到名字的同学了。我父亲与每个人交谈，提了一个又一个问题。**你来自哪里，跟我说说你的家庭情况，你毕业后想做什么。**与此同时，妈妈在厨房里忙碌。早餐时，她用三十个鸡蛋做了煎蛋卷，鸡蛋是从院子里拾来的，我们满院子追赶那些鸡。晚餐时，父亲做了炖羊肉，母亲端上了她做的鹅掌蛋糕，朋友们吃得一口不剩。（一个同学向我妈妈要了这种蛋糕的食谱，从那以后，每年圣诞节她都会按照我妈妈的做法烘焙蛋糕。）我们步行到城里，我带朋友们参观了我的高中，包括那个小型生物博物馆。

我很高兴能够连接这两个不同的世界——我一直认识的人和我现在确信将相知到永远的人。

这是我的朋友，我不停地对我们遇到的每个人说。我可以永远这么说：**这是和我一起学习生物学的同学。世界那么大，有那么多东西要学，而我们就是来学习的人。我们来自四面八方，不久前还没有任何共同点，但现在再看看我们吧，我们已经是一个团队了。**

又到了收获季，又一个葡萄园。这是我在大学度过的第五个秋天了。1977 年 9 月，白日温暖而明亮，田野泛着金绿色的光。

女孩们把葡萄采摘到篮子里，男孩们则背着大大的木制容器，它叫作筐[1]，就像巨大的背包一样。篮子装满了，我们

---

1 筐（puttony），匈牙利人采摘葡萄时，会将逐粒采摘的葡萄放在筐里，每筐能装 25 千克。

就把男孩们叫过来，把篮子里的葡萄倒进筐里。等这些筐也装满了，他们就把葡萄倒进一辆大拖车里。

干活时，阳光温暖着我们的皮肤。教授们就在一旁采摘，偶尔也加入我们的闲聊。我们不会觉得这一天的采摘耽误了学习，而是再次体会到我们是一个团队，为了共同的目标而努力。

一个男生留意到我的篮子快满了，就背着筐走近我。他做了自我介绍，说他叫雅诺什·路德维希（János Ludwig），是化学系的学生。然后，他几乎令人吃惊地严肃起来，问我怎么看待航行者计划，以及“航行者 2 号”在到达土星之前将飞行四年的事实。

我坦承，我从未听说过这些事情。

他皱起眉头，解释道：两艘宇宙飞船，即“航行者 1 号”和“航行者 2 号”，最近离开了地球，开始了太阳系之旅。它们会飞过我们从未近距离观察过的行星。“航行者 2 号”将在 2 年内到达木星，4 年内到达土星，然后前往天王星（9 年）和海王星（12 年）！最终，在发射约 40 年后，它们将到达星际空间并继续前进。

我所能想到的就是这些数字：**2……4……12……40**。在每个阶段，我的生活会是什么样？我无法想象。

“你将会成为一名科学家，”雅诺什打断了我的思绪，“你应该了解其他科学家正在做的事情，并且有自己的观点。”

雅诺什·路德维希后来成为我的同事，与他的初次交流很好地展示了他的为人。雅诺什直言不讳，直截了当。他不喜欢闲聊，也不在意社交礼仪，是一个从来不试图表现得友善的人。实际上，他来到这个世界是为了贡献知识，这就意味着质疑其他科学家，其中包括让我脚踏实地。

与雅诺什在葡萄园里初次邂逅之后，我去了图书馆，查阅了有关航行者计划的所有资料。这就是我喜欢雅诺什的原因：从一开始，他就督促我，让我学到了更多的东西。他让我成为一个更好的人，是我一生的挚友。

但首先，我必须完成大学学业。

所有的努力都得到了回报。我在头两年里取得了最好的成绩，到了第三年，我被推荐获得匈牙利人民共和国学习奖，这是学生所能获得的最负盛名的奖项。这个奖也带来了实实在在的好处，它可以让我免费住宿舍，并领取少量津贴。我的教授们向教育部提交了他们推荐获奖的学生的名单——总共有 15 个名字。名单上有我的名字：卡塔林 · 考里科，生物学系学生。

不过，很奇怪，当教育部送回名单时，上面只有 14 个名字，我的名字不在其中。

这不是一个失误。有人特地删除了我的名字。

嗯，这很奇怪。我想。

或者说，也许并不那么奇怪。毕竟，我是 1957 年被指控犯罪之人的女儿。显然，15 年过去了，我父亲曾被捕一事仍有影响。

我不确定学校方面是否就删除我的名字一事进行过任何讨论，我也不知道是否有人支持我，如果有的话，又会是谁。我只知道，删除我的名字对我的生活没有造成任何实际影响。无论如何，我获得了该奖项。教育部删除我的名字之举在 40 多年后产生了唯一切实的影响，那时我的名字已为全世界所知晓。塞格德大学对我的过去做了一番梳理，他们注意到一些文件相互矛盾。包括我在内的每个人都声称我是匈牙利人民共和国学习奖的获得者，但没有人能证实这一点，我的名字没有出现在政府的官方文件上。

“你真的获得了这个奖项吗？”记者们会问。他们问了好几次，只是为了确认。是我搞错了吗？我有可能是在撒谎吗？

我确实获奖了，即使当时政府不承认。

在大学五年级也即最后一学年之前，我在位于索尔沃什（Szarvas）的渔业研究所找到了一份暑期工作。

索尔沃什是一个宁静的社区，紧靠着发源于克勒什河的湖泊。我的工作是分析养殖鱼的脂质含量（脂肪成分）。我们试图了解，用玉米喂养的鱼的体内是否含有不饱和脂肪酸。

这项工作具有实际意义。我们都知道，有些脂肪比其他脂肪更健康。在此要向我父亲和世界各地的屠夫们说声抱歉，猪肉或牛肉中的脂肪（饱和脂肪）远不如大多数植物中的脂肪健康。有一条很好的经验法则可以判断特定脂肪的相对健康程度：**脂肪从液体转变为固体的温度越低，脂肪就越健康。**例如，培根脂肪在室温下完全呈固态，那就不太健康；相形之下，橄榄油在室温下是液体，只有在冷藏时才会凝固，因此比培根脂肪健康。

但有些油，如芝麻油和鱼油，即使在冷藏时也仍保持液态。毫不奇怪，最健康的鱼油，即在最低温度下凝固的鱼油，来自寒冷的北方海域中的原生鱼。准确识别不同脂肪酸的形成方式以及温度如何影响鱼类的健康，对水产养殖意义重大。

但在我上班的那天，我的主管去度假了，所以，接下来的两周，我将独自待在实验室里。那就是我的处境：在一个陌生的城市，从事着一份显然无法完成的工作。但我仍然决定着手工作。

我知道我的一项工作是从鱼中分离出脂质，然后用一种名为薄层色谱的技术对其进行分析。但要做到这一点，我需要溶剂，其中一种叫作乙酸乙酯。我离开工作的房间，找到一位看起来好像知道自己在做什么的同事。

“请问，”我说，“你们把乙酸乙酯放在了哪里？”

女士摇摇头。“抱歉，我们压根没有乙酸乙酯。”

没有乙酸乙酯。好吧，这肯定会给我的工作带来挑战。我开始翻阅书籍，寻找从零开始制作乙酸乙酯的方法。我花了一些时间，但最终找到了一个合成方法。我需要乙醇、硫酸和冰醋酸（这种酸就像超浓缩的醋，酸性很强，会灼伤皮肤）。

我回到同事那里。“既然没有乙酸乙酯，那么能不能给点乙醇、硫酸和冰醋酸？”我问。

她看了我一会儿，挠了挠头。“嗯，”她缓慢地说，“我们没有冰醋酸。也许水稻研究所的人有一些？”

没问题，我可以去那里问，但我要知道怎么走。

“走路有点远。”她怀疑地补充道。最后，她叹了口气。“要么你骑自行车过去？”她给了我一辆自行车，我出发了。大约半小时后，我拎着一个袋子回来，里面装着一瓶冰醋酸。

我找到了蒸馏玻璃器皿，开始工作。我花了一整天时间，但我合成了乙酸乙酯。这意味着我终于可以开始做自己的工作了。

我本可以找个借口的，我本可以找一大堆借口：

我的主管不在。

我没有工作所需的溶剂。

我不知道如何制备该溶剂。

即使知道如何制备，我也没有原料。

事实上，在整个渔业研究所中，没有人有这些原料。

但是，只有当你不想完成某件事时，你才会找借口。只要真心想做，你就能找到办法。你坐下来，开始工作，学习

家人合影（由左至右）：我母亲雅诺什奈·考里科、我、我姐姐苏珊·考里科，最右边是我父亲雅诺什·考里科，一名屠夫。匈牙利小新萨拉什，1957年8月。

年幼的我。小新萨拉什，1960年。

生物学夏令营，成员是在地方上的生物学竞赛中胜出的七年级学生。（第一排右三是我。）匈牙利奇莱贝尔茨，1968 年。

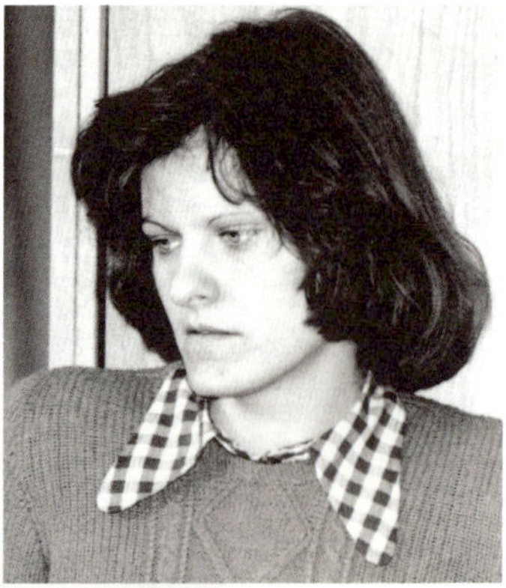

20 岁，我那时是塞格德大学生物学专业的学生。匈牙利塞格德，1975 年。

与我未来的丈夫贝拉·弗朗西亚在一起，当时我们在约会。小新萨拉什，1979 年。

我和父母站在我们家的院子里。小新萨拉什，1979 年。

在匈牙利科学院生物研究中心的化学实验室中。塞格德，1980 年。

贝拉·弗朗西亚和我在我们的婚礼上。塞格德，1980 年。

领取我的塞格德大学博士学位证书。塞格德，1983 年。

我女儿苏珊和那只著名的泰迪熊待在一起，那只熊是我妈妈送给苏珊的一岁生日礼物。塞格德，1984 年。

庆祝苏珊的两岁生日。小新萨拉什，1984 年。

我们的第一辆车是福特平托，购于我们一家三口抵达美国宾夕法尼亚州的一个月后。宾夕法尼亚州，1985 年。

天普大学生物化学系苏哈多尔尼克实验室，我待在我的实验台旁边。宾夕法尼亚州，1985 年。

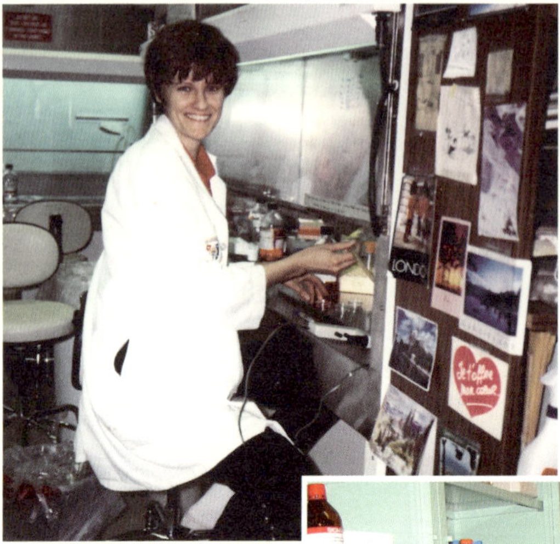

健康科学统一服务大学病理学系，我待在组织培养流罩旁边。马里兰州贝塞斯达，1989 年。

宾夕法尼亚大学医学院神经外科系的实验台，我在这里工作了 17 年，致力于合成 mRNA。宾夕法尼亚州，2005 年。

与德鲁·韦斯曼博士一起工作，我们共同确立了非免疫原性的核苷修饰 mRNA 技术。宾夕法尼亚州，2015 年。

被迫离职前夕，我待在宾夕法尼亚大学神经外科系的实验室中。宾夕法尼亚州，2013年。

贝拉・弗朗西亚和我庆祝我们的女儿苏珊在奥运会赛艇比赛中赢得一枚金牌。英国伦敦，2012 年。

和百欧恩泰联合创办人兼首席执行官乌古尔・沙欣初次见面。几个月后，我加入该公司。德国美因茨，2013 年。

在国际 mRNA 健康会议上，与宾夕法尼亚大学疫苗学家诺伯特·帕迪、百欧恩泰公司心脏病学家加博尔·塔马斯·绍博在一起。德国柏林，2019 年。

站在以我的形象创作的大型壁画旁边，壁画上写着“匈牙利人将书写未来”。匈牙利布达佩斯，2021 年。

在阿斯图里亚斯亲王奖颁奖礼招待会上：我、西班牙国王费利佩、我女儿苏珊、苏珊的丈夫瑞安、我丈夫贝拉。西班牙奥维耶多，2021 年。

在获得洛克菲勒大学荣誉博士学位的招待会上，和神经外科医生戴维·兰格（左）、心脏病学家埃利奥特·巴纳森（右）在一起，他们为我的 mRNA 研究提供了早期支持。纽约，2022 年。

如何将你现有的东西转化为你所需要的东西。而我，找到了一个办法。

我在索尔沃什做了另一项研究，分析微小的昆虫如何应对温度降低而产生不饱和脂质。这项工作将为我人生中发表的第一篇科学论文打下基础。尽管该论文在几年后才正式发表［发表在1981年6月的《脂质》（*Lipids*）杂志上］，但它对我来说还是有意义的。

很难向科学领域之外的人解释在科学期刊上发表论文意味着什么。当然，谈论发表论文对一个人的职业生涯有多重要是很容易的，俗话说“不发表，就出局”，这不无道理。科学，和许多事情一样，讲求等级。在更高级别的科学期刊上发表研究成果的人往往会获得更高的威望。如果他们的论文得到其他科学家的多次引用，那就更好了。科学家发表论文的篇数和被引用量越多，就越有机会获得晋升、资助、奖项，做巡回演讲。这部分很容易解释和理解。

但科学不止于此。

科学的核心是为人类知识做出贡献，做出描述世界本来面目的发现。在生物学领域，我们试图了解生命——各种生物体的细胞中正在发生什么。每一个新发现不仅提供了一个答案……而且提出了全新的问题，此前甚至没有人想到要问的问题。科学就像一个形状和规模都无限的拼图，正在由世界上的许多人一起拼凑。而你正在研究这个巨大拼图中的极小的一部分，可能会花费数年时间去寻找可以嵌入的特定部分。当你最终找到它时（**啊哈，它很契合！**），你不仅完成了拼图的一部分，而且为拼图的发展开辟了新的路径。

此外，就自身特点而言，科学期刊进行严格的同行评审：在评审过程中，其他科学家会仔细审核你的工作。他们会交叉检验你的发现，积极寻找错误，以及你可能没理解的东西。

想象一下，你自己的作品被置于聚光灯之下，由多人（他们是你所在领域的顶尖人物）进行审核，旨在发现每一个可能的错误。这令人紧张，却至关重要。同行评审是我们区分事实和迷思的最佳方式，以最大限度地减少人性中常见的倾向，即动机推理（看到我们**想**看到的东西）和确认偏见（看到我们**期望**看到的东西）。

在科学期刊上发表论文，意味着为了保持智识上的诚实，你已尽一切努力，你在以正确的方式从事科学工作。

所以，第一篇论文对我来说是有意义的，至今仍然有意义。

我在索尔沃什度过的那个夏天很有趣，不仅仅是因为我所做的工作。

在那个学年中，索尔沃什有两所学校。有一所农业大学，那里的学生主要是男生。还有一所幼儿师范学校，学生大多为女生。然而，在夏天，幼儿师范学校的老师们——女老师们——都回家了。

我被安排住在一栋约有200名男生的宿舍楼里。其中一名男生是我以前的同学，他从塞格德大学生物学系退学了。他欢迎我加入他们的群体，就好像我是这些男生中的一员那样。那年夏天，我去的每一个地方——真的是每一个地方！——周围都是男生，而且往往是同时有很多人。去看电影时，我可能是20名男生旁边唯一的女生；去迪斯科舞厅时，我会和另外20名男生一起去；划独木舟或散步时，我会和另一群不同的男生在一起。

这些男生也太帅了。

在我的生物学系同学中，有人开始出双入对了。我的朋友苏莎那时已经和她的高中男友结婚了。而我，从来没有过男友，甚至从来没有受邀出去约会过！我是一个又高又瘦的女孩，留着短发，直来直去，颇为务实。而此时我在索尔沃什却成了唯一的美女，虽然我没有和这些男生约会过，但我很享受和他们所有人待在一起的时光。事实上，我一生中从未受到过男人们如此多的关注！

而且，事实证明，我的第一次约会即将到来。

每年12月，我们生物学系都会组织一次节日聚会。这是一次盛大的聚会。校友返校，学生表演小品，每个人都对教授开些友善的玩笑。人们举杯，欢呼，吃饭，跳舞，庆祝又完成了一个学期的艰辛工作。

1977 年 12 月，聚会在本城另一边的一家纺织厂的食堂举行。那里空间极大，大到足以容纳一个迪斯科舞池。于是，活动结束后，大家跳起了迪斯科。跳迪斯科时，我注意到一个帅哥。他身材瘦削，脸庞棱角分明，给人一种轻松又矫健的感觉。他也很高——比我高几英寸，这并不多见。我们互相看了一眼，然后移开了视线。当我再次偷看时，他的目光正好与我的相遇。就在那时，他走近了我。“想跳舞吗？”他问道，眼睛里闪烁着明亮的光芒。那也许是幽默。我笑了，几乎情不自禁地笑了。

我们一起走向舞池。音乐声太大了，除交换名字外无法交谈——他叫贝拉。他是一位出色的舞者，舞步流畅，有时又傻傻的，我在那里玩得很开心。当舞池变得拥挤时，我们休息了一下，走到相对安静的过道上。

“来瓶可乐怎么样？”贝拉问。我记得，他问的是可乐，而不是啤酒。他的额头沁着汗。他对我微笑，他是那种似乎全身心都在微笑的人。看到我点头，他说：“别走开。”

其实酒吧就在我们的前面，但那不是贝拉要去的地方。实际上，他跳着舞回到了大厅里。当他出来时，他抱着一堆空瓶子。在当时的匈牙利，空瓶子可以兑换现金。（即使在那时，也很少有浪费。）我看着贝拉把瓶子抱到酒吧里，用它们换了一瓶可乐，然后把可乐递给我。

我这才明白：这家伙一分钱都没有。

贝拉和我聊了一会儿。他告诉我他住在塞格德，来自小泰莱克[1]，眼下在这里上学。“是大学吗？”我问。

“不是。”他提到了一所学校，那是一所技校，是培养技术工人的，我有同学在那里做助教。

是一所**高中**！而那时我已经22岁，差不多算是一名生物学家了。“你今年多大？”我难以置信地问道。

他17岁。他和一些朋友偷偷溜出了宿舍，许诺给门卫半瓶酒，门卫本来应该上报这种违规行为的。

但是，我喜欢他的微笑，喜欢他让我开怀大笑，不管怎么说，这不就是深夜偶遇的一个给了我一瓶可乐的男生吗？我喝完了可乐，我们一直聊天，又跳了一会儿舞。我们置身于迪斯科舞池之中，在旋转灯下欢笑，不知不觉间，舞池快关闭了。当他主动提出送我回宿舍时，我说当然可以。为什么不呢？毕竟，这只是步行回家而已，不一定意味着什么。

纺织厂距宿舍约五公里，也就是说，我们走了近一个小时。当时是冬天，天气很冷，即便穿着外套戴着手套，我也得搓着手，以免手指冻麻。贝拉是偷偷溜出高中宿舍的，穿

1 小泰莱克（Kistelek），匈牙利南部城镇，面积为69.19平方公里，镇上有地热能发电厂。

得不够暖和，但这似乎并没有影响他的心情。

他向我介绍了他所在的高中——那是一所公立寄宿学校，约有 200 名男生，仅有 4 名女生。他摇摇头。“你明白了吧，为什么我们必须偷偷溜出去，”他说，“这个男女比例完全是错误的！”他谈到了 14 岁时离家来这所学校就读，还有毕业后他可能会做什么。他正在学习如何使用机械来制造金属工具。他可以做金属加工、修边。他说他干活很出色——事实上，非常棒。他会在明年春天完成学业，然后直接去工作。

这个贝拉身上有些与众不同的东西。他很放松，还有点自嘲精神，让我心里感觉很踏实。他也很好奇，问了很多关于我的问题——我来自哪里，在学什么，为什么喜欢生物学，学到了什么，看起来对我的回答真的很感兴趣。在我们脚边，河流散发着馥郁而饱含生机的气息。

在桥头附近，贴着一张附近正在放映的电影的海报。贝拉朝它做了个手势。“你知道吗，”他说，“我听说那部电影很棒。”他又看了一眼海报，然后看着我的眼睛。他的一侧嘴角翘了起来。“也许你和我应该找个时间一起去看看。”

我笑了，心里确信这件事永远不会发生。

凌晨 2 点，我们终于走到了我的宿舍。我转身看着贝拉，感谢他送我回家。这份感谢是由衷的：他要返回自己的宿舍，必须回到桥上，经过迪斯科舞池，他得过好几个小时才能入睡呢。

“那我们会一起去看那部电影吗？”他问。

我当时说了我认为真心实意的话：“我不会再见你了。”

第二天早上，我继续做我的事。

一周后，我正在房间里学习，一个朋友敲开了门。“嗯……楼下有人找你，”她停顿了一下，“一个男生。”

我下了楼，他站在那里，那个把我从迪斯科舞池送回来的 17 岁男孩。“我们早点儿去看那部电影吧。”贝拉说。

如果见到他时我没有那么惊喜的话，也许我会拒绝他。但我没有，于是，我约会了。

约会当晚，我在电影院门口等了很长时间。贝拉迟到了很久，我一度以为自己被放了鸽子。当他最终出现时，他向我道歉，用了一个可笑的借口——“我流鼻血了。”

我点点头，接受了他的谎言，还是一起去看了电影。看完电影，我们走出影院，来到街上。贝拉用修长的手指梳理着他的短发。“嗯……你想吃点东西吗？”他问。隔壁的餐厅并不豪华，但香气诱人。而我现在已经饿了——说实话，很饿。

食物很美味：油炸薄饼，里面塞满了肉。薄饼味道鲜美，汁水多，分量足，贝拉逗得我边吃边笑。他又告诉我一些他家的情况。他父亲是木匠，喜欢做家具，但有时也做其他事情：搞建筑，为房屋切割横梁。他父亲可以制造或修理任何东西：缝纫机、汽车发动机，你能想到的一切。

“你呢？”我问，“这些事情你也会做吗？”

他向后靠在椅背上，他的笑容是多么自信啊。“当然。”

他们家在匈牙利南部有一块土地，他和我一样，都在田里干过活。他们有蜂箱，为了养蜂，有时他会周游附近地区。小时候，他曾在市场上卖过水果和蔬菜。

我们的确有很多共同点。

用餐快要结束时，贝拉突然站了起来。他说他要去洗手间，然后就消失了。我吃完了饭，他还没有回来。我又等了一会儿，仍然不见他的踪影。过了一会儿，我有点坐不住了，想知道这次我是否真的被放了鸽子。我付了账，又等了一会儿，最后放弃了。

就在我要出门时，一个陌生人走了过来。“你是卡蒂吗？”男人问道，“和你约会的那个人在洗手间里，他的鼻子在流血。挺严重的。我还以为是有人打伤了这家伙。”

我忍不住笑了。原来，贝拉那么晚才到电影院，他给的理由是真的。看来他不是什么怪人，现在也没有放我鸽子，他只是一个有时会流鼻血的好心人。

我们又一次步行回家；这次，他仰着头，将一个陌生人的手帕按在自己的鼻孔上。

贝拉和我一起过了新年。然后到了1月，他来参加我的生日聚会。他甚至带来了一件礼物：一条饰有小珠子的项链。

它很便宜，但色彩缤纷，令人赏心悦目，这让我很高兴。

不久后，他加入了我们生物学家的圈子，比你想象中的一名技校生更为融入。他甚至开始陪同我们进行家庭互访。我注意到，他虽然很风趣，与人相处融洽，但在人群中他比较安静，有点害羞。我喜欢这一点。

我的朋友们也喜欢贝拉，他们有时竟然帮他做作业。

好吧，我承认，有时，当我和他出去约会时，我的朋友们会**帮**他完成作业。

接下来的几个月里，贝拉一次又一次地贿赂门卫，揣着他宿舍楼大门的钥匙走到我的宿舍来见我。钥匙很大，是金属的，就像中世纪城堡里的物件。它能打开一扇有着百年历史的巨大木门。

我喜欢他，也喜欢他来看我。尽管如此，他还是让我分心，而我需要工作。所以，我好几次试着和他分手。但贝拉拒绝分手，他不断地来找我。

春天，复活节到了，他拜访了我在小新萨拉什的家人。我父母和姐姐都在家，和他们一起等待他到来时，我心中忐忑不安。贝拉终于到了，他捧着一大束鲜花，马上递给我母亲。忽然之间，我再也无法忍受这份不安，起身离开了房间，只瞥见贝拉惊慌失措的样子。

我坐在外面，听到尴尬的低声问候——我听不清他们在说什么，但我可以感觉到谈话渐渐放松下来。直到那时，我才回到房间里。

“你怎么了？”当我们单独相处时，贝拉低声说道。

“我太紧张了。”我说。

但事实证明，我根本不必紧张，贝拉很有魅力——友好又开朗，对他们的一切都很感兴趣。他和我父亲都爱开玩笑，不一会儿，两个人就笑个不停了。他来到这里一天后，我妈妈把我拉到一边。“你知道吗？”她说，“我**很想**有一个贝拉这样的儿子。”

一个充满希望的开头，但话还没说完。

“但他不适合你。”她说贝拉和我太不一样了，我对他来说太有学问、太老了。这绝对行不通。她就是这么说的：**这绝对行不通。**

她说的话和我自己曾多次对贝拉说过的话一模一样：**这绝对行不通**。但我性格中有一些不一样的东西，当有人坚持认为某件事必然会有某种结果时，我常常觉得有必要反其道而行之。

我没有和妈妈争论。但我看着贝拉，心想：**也许行得通。**

很难描述那些年里基因科学的发展有多么显著，多么迅速。我还记得大学最后一年，一位教授做了一系列关于核酸生物化学的讲座。他花了一周时间向我们解释，DNA 和与其相应的 mRNA 具有直接的线性关系——基因中的每个碱基，在 mRNA 中都会有一个相应的碱基。这是多年来的科学共识。

接下来的一周，他站在我们面前告诉我们，科学家们刚刚发现了一些了不起的东西：这种一对一的相关性并不存在！许多人类基因的连续性被称为内含子的 DNA 片段打断，这些片段的序列并不存在于最终的 mRNA 中。这一发现颠覆了我们对整个基因组的理解。

这是生物学史上的一个革命性时刻。不久后，我也将参与其中。

我获得了匈牙利科学院的奖学金。未来两年中，只要是科学院下属的研究所，我都可以去。我清楚地知道自己想去的地方：生物研究中心（BRC），就在离塞格德不远的地方。我在完成大学学业之前就开始在那里工作了。

生物研究中心是一个值得向往的地方——不仅在匈牙利如此，在整个东欧也是如此。生物研究中心成立于几年前，联合国教科文组织（UNESCO）和联合国开发计划署（UNDP）提供了 120 万美元资金。这使得生物研究中心能够配备符合西方实验室最高标准的设备和设施。科学顾问由世界各地的顶尖科学家担任。联合国教科文组织和开发计划署还资助匈牙利研究人员出国访问，将知识带回国内。生物研究中心是匈牙利及其他地区一流科学思想的熔炉。

我在那里的第一份工作是在一间脂质实验室里，在蒂博尔·法卡斯（Tibor Farkas）的指导下工作，他是一位生物化学家，就是他将我派到了渔业研究所。我们的团队也与其他科学家一起完成项目。对我来说，最重要的是与伊娃·孔多罗西[1]和艾尔诺·杜达（Ernő Duda）的合作。蒂博尔、伊娃和艾尔诺都是出色的科学家——他们才华横溢，一丝不苟，谦逊低调，热衷于教学，是很好的合作伙伴。在这个意义上，他们是生物研究中心的化身。在科学和文化层面，生物研究中心都以前瞻性思维而闻名。

匈牙利语与罗曼语族一样，有正式的和非正式的“你”。匈牙利语使用者几乎时时刻刻都会根据对话者的身份调整自己所使用的形式。我们在与亲密朋友或孩子交谈时使用非正式的“你”（te）。对于长者、老师、教授和老板，我们使用正式的“你”（ön 或 maga）。不过，在生物研究中心，每个人都使用非正式的“你”。这不仅仅是语言上的差异，它还反映了关系性质上的深刻转变。

在生物研究中心，我们每个人都是科学家，无论我们是否已拿到博士学位，无论我们拥有数十年的经验还是初出茅庐。我们都在为这个世界的知识体系做出贡献，每个人都应该被认真对待。

开始工作后不久，我告诉蒂博尔，我父亲曾是一名屠夫。

---

1 伊娃·孔多罗西（Éva Kondorosi），匈牙利生物化学家，以研究根瘤菌与豆科植物的共生关系而闻名，于 2020 年被任命为欧盟委员会首席科学顾问。

他露出了灿烂、友好的微笑。“哇！我年轻的时候就想当屠夫！”

我立刻知道，我会喜欢这里。

在与伊娃和艾尔诺合作的项目中，我们试图开发脂质体，即由与细胞膜相同的材料组成的微囊。

细胞膜是细胞的外边界，是将细胞与世界其他部分隔开的结构。这不是一个不可渗透的屏障；如果不可渗透，那么营养物质、能量和来自其他细胞的信号就永远无法进入，细胞自身的垃圾、激素和信号也永远出不去。但是，穿越这层膜并不容易。

这层膜有点像中世纪堡垒的城墙：你可以进出，但首先必须经过一系列守卫（在这种情况下，是那些名为受体的蛋白质）；即便如此，你可能还需要一名陪同人员（一种运输蛋白）全程护送你进出。

在脂质实验室中，我们希望开发能够携带遗传物质**从细胞外**穿过细胞膜的脂质体，使我们能够将外源DNA引入细胞，这在基因治疗中很有用，并有可能挽救生命。这些脂质体不仅可以将关键的治疗药物传递到细胞中，还可以保护药物免受降解酶的影响，否则它们会被降解。

这是最前沿的科学——直到1965年，脂质体才被制造出来。

为了制备脂质体，我们需要一种叫作磷脂的物质，它是一类天然存在的脂质。这些产品在世界上的某些地区已经可以买到，但在铁幕之后还不行。

艾尔诺想出了解决办法：他拜访了附近的一家屠宰场，向那里的人索要了一个牛脑。他把牛脑带回实验室，放在实验台上。牛脑的褶皱在明亮的灯光下闪着光泽。我们花了一周的时间，使用丙酮、酒精、氯仿和乙醚等有机溶剂提取所需的磷脂。

当时的情况就是这样。买不到东西？那就自己做，哪怕这意味着把牛脑从屠宰场带回实验室。

当我们最终制备出了脂质体后，我们在每个脂质体中填充了一小段质粒 DNA（一种来自细菌细胞质的小型环状双链 DNA），并将其传递到哺乳动物细胞中。这项工作，我们是在体外细胞培养基中而非活体哺乳动物体内进行的。

一旦脂质体被植入，我们就等着看会发生什么。DNA 真的会进入细胞吗？它能一直到达细胞核吗？如果它能，那它会被转录和转译吗？之后，该细胞会开始产生该外源 DNA 所编码的蛋白质吗？

令我们惊喜的是，它成功了。脂质体与培养细胞的表面结合，它所包裹的 DNA 由此进入细胞。DNA 会一直到达这些细胞的细胞核，并在那里被转录（成 mRNA）。转录后，mRNA 会离开细胞核，转译成那段 DNA 编码的蛋白质。几天后，我们可以看到我们的哺乳动物细胞**真的会表达这些外源基因**。

这绝对很了不起。

尽管我还没有大学毕业，但我已经没法跟父母清晰地解释我所做的工作了。他们对细胞生物学或生物化学一无所知，对细胞膜、细胞质、质粒或磷脂一无所知，他们不具备理解这个过程的相应知识构架：基因可以转录成RNA，然后再转译成蛋白质。

事实上，如今，大多数人，包括那些接受过扎实科学教育的人，很难真正理解他们日益依赖的药物是如何工作的。有多少糖尿病患者了解维持他们生命的胰岛素很可能就是通过将人类基因转入细菌内而产生的？有多少白血病患者知道他们的治疗基石是核苷类似物，它们可以阻止快速分裂的癌细胞的复制？

我们的世界如此复杂，它所包含的信息超出了任何一个人所能理解的范围。当复杂性超出人们的理解范围时，观察他们如何反应总是会带来启发。有时，人们会生气。我见过很多人仅仅因为不明白某些事情而变得愤怒。在这些情况下，他们将复杂性本身视为某种邪恶的阴谋。（当然，这种愤怒有其保护作用，使他们免于不确定性带来的恐惧。）

我父母却选择了不同的回应方式。父亲尽其所能地听着，然后拍拍我的手臂。“卡蒂，”他说，“你是一个探索者（kutató）。”**你是一个探索者**。他笑着说：“在这之前，你一直在翻我的口袋找钱。但现在——现在你要寻找其他重要的东西。”

探索者。他的意思是，我正在寻找答案，寻找未知的事物。他的意思是，我正在寻找真相，或者一个人穷其一生所能找到的尽可能多的真相。他的意思是，对我来说，**寻找本身就是有意义的**。他说得没错，基础研究是我一生中大部分时间都在做的事情，在这个领域，你要做的就是以前从未有人做过的事情。你没有范例可以参考。这意味着大多数时候你不知道自己到底在寻找什么，或者如何才能找到它，甚至不知道**能否**找到它，或者有一天它会如何应用。但是，你只管去探索。

你是一个探索者。直到如今，这句话仍让我微笑。我想，有时，一个人不必掌握每个细节就明白哪部分最重要。

当我父亲得知我的老板蒂博尔，一位杰出的研究员、匈牙利科学院院士，曾经想成为一名屠夫时，他高兴不已。因此，在我大学毕业时，他制作了熏肠，我们脂质研究团队的成员就在实验室里烹制。我们将这些香肠放入一个装满热水的四升烧杯中，用本生灯[1]烧煮。空气中充满了浓郁、芬芳的旋涡。香肠煮好了，我们拿进办公室，高兴地吃了起来。我们咬开香肠，汁液溅得到处都是，正如预料的那样。肉汁弄脏了我们的实验服，滴到地板上。肉很美味——真的很完美，

1 本生灯，即煤气灯。

感觉就像回到了家。即使过去了几十年，脂质研究团队的成员也仍会回想起那天，我们一起享用那些在烧杯中煮熟的多汁香肠。

毕业后，我和一名同学从宿舍搬进了公寓。我的室友安娜很安静，和我一样，她也一直在工作，这意味着我们很少见面。这对我们俩都很合适。

贝拉从技校毕业了，我第一次见他的家人是在他的毕业典礼上。如果他们对正在跟儿子约会的年长生物学家有什么意见的话，他们并没有表露出来。他搬回了家乡小泰莱克，距离塞格德约三十公里。他在塞格德的一家电缆厂找到了工作。这份工作要三班倒。有时，他会来看我，我和他在一起时很开心。

但他很忙，我也很忙。这也很适合我。

为了获得博士学位，我需要继续在实验室工作几年。蒂博尔·法卡斯向我介绍了一位有机化学家，他负责生物研究中心的核苷酸化学实验室。简诺·托马什（Jenő Tomasz）是从一家制药公司来到生物研究中心的。他的实验室里有一名研究生，我正好认识：雅诺什·路德维希，那个热情但有点鲁莽的学生。很久以前的一天，就是他在葡萄园里向我提出了有关“航行者号”的问题。**你将会成为一名科学家，你应**

该了解其他科学家正在做的事情，并且有自己的观点。

我们将共同研究一种叫作**干扰素系统**的东西。

你的细胞有一些非常巧妙的方法来防御病毒感染。其中，一些防御措施很明显，如发热；另一些回应则不那么显而易见。例如，当你的细胞检测到与病毒感染相关的双链RNA（dsRNA）时，它们会释放一类名为干扰素的蛋白质。

干扰素于1957年被发现，具有多种功能。但它们因其"干扰"病毒复制的能力而得名。1978年，当我进入这个有机化学RNA实验室时，干扰素的分子机制才刚刚开始成形。其中一项重大发现来自伦敦一位名叫伊恩·克尔（Ian Kerr）的研究人员。他发现了一种非常短的、名为2'-5'寡腺苷酸的分子（我们将其昵称为2-5A），是干扰素抗病毒作用的关键。

事情是这样的：当细胞识别出病毒RNA入侵时，就会"开启"一个系统，将三磷酸腺苷（ATP，一种为细胞提供能量的分子）转化为一种极短的RNA分子，只有三到四个碱基的长度。这个分子就是2-5A。一旦形成，2-5A就会与核糖核酸酶L[1]结合，这种酶会降解病毒RNA，从而赋予干扰素抗病毒的功能。

这只是一个微小的系统，看不见也摸不着。但就像细胞中发生的一切那样，它非同寻常——无与伦比地复杂，令人

1 核糖核酸酶L（RNase L），一种RNA降解酶。

目眩地精确，但同时也完全普普通通。每当你的身体抵抗感冒、流感或任何其他病毒性疾病时，体内就会发生这种情况。

现在，想象一下，如果有人可以在实验室中合成2-5A；再想象一下，如果有人可以用脂质体将2-5A递送到细胞中。这可能是一种强力的抗病毒药物。

一种可用作药物的RNA。这个想法让我激动不已。

此时，科学家们着手在实验室中制备简单的RNA分子。由于2-5A比大多数RNA分子都短，看起来我们确实有机会制备它。随着脂质体方面的研究进展，我们真的有可能成功地将2-5A递送进细胞。

在此之前，即20世纪70年代末期之前，没有任何地方的任何人能完成这些工作。人们不知道怎么去做，也没有材料。但此刻，终于，我们具备条件了。

但还需要一些东西。

我们需要资金。简诺利用他与工业界的关系，联系了匈牙利雷纳尔制药公司，想看看他们是否可以支持我们的研究。一种潜在的新型抗病毒药物！那是全世界都可以使用的良药！公司对这个想法兴奋不已。于是，他们同意资助我们的实验室工作。

当然，我们还需要一样东西：一间真正的实验室，设备齐全，可以将我们的愿景变为现实。因为我的同事都是有机化学家，不是生物学家，所以我需要弄清楚如何从零开始建设我们的抗病毒筛查实验室。这是多么大的挑战啊!

今天，产品是可以采购的。如今，要获得纯的、即用型（具有运行实验所需的精确生化特性的）培养基就像拿起电话或上网一样简单。人们可以订购所有东西：无数种 RNA 修饰试剂、缓冲液、培养箱、放射性材料、无菌通风柜，应有尽有，无论你需要什么。

你还可以向专家寻求帮助。如今，可以与实验室规划师、设施经理、工程师、建筑师合作建设实验室，可以找专业的咨询顾问，他们专门负责建设实验室的一站式解决方案。还有清单、设备与员工的比例、正式的培训计划和无数其他资源可供使用。

在 1978 年，这些都还不存在。我必须自己解决所有问题。

我首先逐一拜访了生物研究中心的不同部门，向任何愿意提供帮助的人寻求指导。我观察其他生物学家怎么做实验，做了笔记，列了清单。我一个接一个地提出问题，无休无止，哪怕对方已明确表示他们需要休息一下再接着回答。我学会了如何装备组织培养室、如何制备培养基以及建立无菌过滤系统的最佳方法。我掌握了不同玻璃器皿之间的细微差别及其清洁方法。我学会了如何设置一个无菌通风柜以保护我们的实验。我学会了如何设置检测方法和程序，通过这些程序，我们可以检测 2-5A 是否可以抑制病毒复制以及抑制病毒复制的效果如何。

对于一名研究生来说，这是一个绝佳的机会。从零开始学习也为我提供了一个了解整个生物学领域的窗口：谁在研究什么，如何研究，他们试图回答哪些重大问题。例如，我去了遗传学系的一个实验室，了解他们如何培养细胞。我这才发现，在这个实验室中，他们使用吉姆萨染色剂来观察细胞内的染色体，这是我从来没有见过的！我还回到了与伊娃和艾尔诺一起工作过的脂质实验室。他们正在做一些实验，研究如何冷冻和解冻细胞而不形成冰晶，因为冰晶会破坏细胞的结构完整性。

与此同时，我还在不停地阅读。

在写下这些文字时，我已经读了近 9 000 篇在我看来值得追踪的科学论文（还读了很多我不打算追踪的论文）。阅读一篇科学论文时，我通常会阅读其所有内容——不仅是摘要或结论，还有背景、实验方法、每一个图表。我也阅读文中引用的文献，它们常常指引我找到下一篇我想阅读的论文。我的生活就是阅读一本又一本的科学期刊，日复一日，周复一周，年复一年，十年又十年。这些阅读的起点就在生物研究中心。

我也非正式地向其他人请教。生物研究中心约有 100 名博士，还有更多和我一样正在攻读学位的博士生。我们中的一些人在每个工作日开始之前一起上英语课。我经常向班上的同学询问他们的研究。然后，在午餐时间，我会和不同的研究人员坐在一起，尝试了解他们可以教给我什么。反过来，我也回答他们的问题。没有人有领地意识，知识是共享的。我们都渴望分享自己所知。大家无拘无束地探讨问题，讨论读过的论文。只有**科学、科学、科学、科学**，除了科学还是科学。

在我看来，这一切都很重要。一切都是相关的，即使暂时还不相关，有一天也可能会相关。我不想错过任何事情。

因为这是一个病毒实验室，所以我也竭尽全力地学习有关病毒的知识。1978 年，诺贝尔奖得主、生物学家戴维·巴尔迪摩[1]和他的同事出版了一本具有里程碑意义的病毒学教科书。这是一本英文书，我从头到尾研读了一遍。

病毒令人着迷——小到难以想象，而且看似简单，却能够对比它们大数百万倍的生物体造成严重破坏。

它们很**微小**，也没太多的东西。病毒就是一小条遗传物质（通常是单链 RNA，但也有 DNA 病毒和双链 RNA 病毒），被一个保护层包裹着。它们表面的蛋白质已经进化到可

1　戴维·巴尔迪摩（David Baltimore），生于 1938 年，美国生物学家，因发现肿瘤病毒和细胞遗传物质之间的相互作用而获得 1975 年诺贝尔生理学或医学奖。

以与宿主体内的细胞受体相结合。这通常是病毒进入宿主细胞的方式。

它必须进入细胞。

在活细胞外，病毒处于休眠状态。它是惰性的，什么也做不了，不能复制。一旦病毒进入宿主细胞，情况就完全变了。在细胞的内部，病毒会劫持细胞的机器，对细胞略做改造，使其成为病毒工厂。细胞不再做它应该做的事情，转而不断复制病毒遗传物质的副本，以及新的病毒蛋白。这些病毒又被组装成全新的病毒。最终，宿主细胞里挤满了新病毒，以致破裂。这不仅会杀死**该**细胞，还会将所有这些新病毒释放到周围的环境中，它们又将感染新的细胞。

如此持续下去，病毒呈指数级增长，直到有什么东西可以终止这个恶性循环。

研读戴维·巴尔迪摩的书，我全神贯注。病毒看起来如此隐秘，如此**高效**，它们展示了一种似乎远远超出任何人类大脑理解力的天才。

然而，我们人类也在反击。就在巴尔迪摩的书出版前一年，人类在历史上首次成功战胜了一种病毒。天花是一种古老的病毒，有传染性，残酷且致命。它会杀死30%的被感染者；仅在20世纪，天花就导致三亿至五亿人死亡。当我还是个蹒跚学步的孩子时，世界卫生组织宣布了一项旨在根除这种病毒的重大全球运动。在我的童年和青少年时期，全世界齐心协力，推行大规模疫苗接种工作。

这项工作取得了成效。就在当时，我还是一名职业生涯刚刚起步的年轻女性，最后一个天花病例已经记录在册；不出两年，世界卫生组织将宣布地球为无天花区。这是不可思议的壮举，让世界各地所有的人都松了口气。

当然，我并不是在研究病毒疫苗——那是后来的事情。但如果我们能够开发出这种抗病毒疗法，它将成为人类对抗病毒的另一个重要工具。

我们有一个工作实验室，是我从零开始协助建立的。我们有一个问题需要解决：将 2-5A（一种 RNA）转化为药物。我们甚至拥有做到这一点所需的资金。

我从来不曾想过离开这个地方。

刚开始工作不久，一天晚上我独自在家，听到有人敲门。我打开门后，看到两个陌生人站在那里。他们都比较年轻，比我大不了几岁，表情严肃，西装笔挺。正是西装暴露了他们的身份，穿成这样的人只可能是秘密警察。

秘密警察就在我家门口，我心想，**这有点怪异**。

正式说来，他们所工作的机构与我童年时期鼓励邻居监视邻居的机构并不一样，但也没有那么不同。在家门口看到他们，我感到很困惑，而且坦白说，有点不真实。

其中一名男子身材中等，一言不发；另一个人是大块头，比我还高，都是他在说话。

“卡塔林，”他开口了，**看来，他知道我的名字**，“我们需要你的帮助。”这家伙看起来受过良好的教育，他说话很好听很流利，听起来像是在尽量表现得不经意，也可能是友善。但我还是能听出他强装的平静之下潜藏着某种东西，某种我不信任的东西。我体内的一切都处于高度戒备状态。

“作为生物研究中心的员工，”他说，“你要与世界各地的科学家一起工作。其中一些人可能是……**外国间谍**。如果情况属实的话，他们有可能会试图窃取我们匈牙利研究人员的发现。”然后，他提到了我的几位同事。我想，**他知道我在哪里工作，他也知道和我一起工作的人的名字**。

“我们需要小心行事，”该男子继续说道，“我们必须防止盗窃，保护我们的珍贵成果。如果你能帮助我们，我们也会帮助你。”虽然他没有明说，但我知道，他在说反情报工作。他建议我监视我的同事。“另一方面，”他若有所思地说（再次显得如此随意，仿佛他正在说世间最平常的事），“如果你决定**不**提供帮助，我们会让你的生活变得**非常**困难。”

在说下一句话之前，他停顿了一下，一个戏剧性的停顿，以确保我留意接下来的每一个字。“我最近去了小新萨拉什，”他说，“我在酒馆里遇见了你父亲。”我想象着待在家乡的父亲，坐在酒馆里，在不知情的情况下和这个家伙交谈。或许，父亲以为这个人只是一个友好的访客，只是过来喝一杯。

“你父亲十分为你感到骄傲，”那家伙说，“现在，想象一下，如果有人告诉他，你的成功——你的职业生涯——已经结束了，而且，是因为**他**曾对我们的国家犯下罪行而结束，他会很伤心的，你不觉得吗？”

我的思绪飞速运转，将这个人没有直言的所有片段拼凑起来。他在暗示，如果我不帮助他们，如果我不同意成为他们的线人，我可能会被解雇。更糟糕的是，他说，如果发生这种情况，他们会告诉我父亲这是他的错。

事实上，我并不认为他们可以阻止我在生物研究中心工作。毕竟，现在已经是 1978 年了，情况与我年幼时不同了，我几乎可以肯定这一点。

但我有信心吗？

即使他们所做的只是告诉父亲，我的工作因他而处于危险之中，父亲也会相信的。他会认为是他毁掉了女儿成功的机会，会因此绝望。父亲为我感到骄傲，他一直那么骄傲。这些年，他所做的一切，都是为了让家人过上更好的生活。

所以，我对这个用心险恶的高个子男人说：“好吧。”在此情形下，这是我唯一的选择。

我知道最好不要与他们争论。“好吧。”我重复道。即便这么说了，我也很明白，我不会给他们任何东西。我绝不会写纸条举报任何人，也绝不会打一个电话。而我确实从来没有这样做过，一次也没有。

我的不作为带来了什么后果吗？我真的不知道。在生物研究中心工作的七年里，即使在获得博士学位后，我也从未从研究助理职位上晋升。最终，我因缺乏资金而被解雇。当然，我不能肯定地说，如果成为一名活跃的反情报人员，我就会晋升。很可能还是因为我的研究成果不够多，或者我的研究不够出色。

回首往事，我怀疑这是不是一个社会中最阴险的部分。它要求人们互相猜疑，向国家举报彼此——并不一定是**确实**发生了什么，而是我们不知道生活中发生的事情在多大程度上受到了这些看不见的力量的影响。

在生物研究中心深入开展2-5A和干扰素研究时，我又生病了。儿时有过的所有症状再次出现了：发热、头痛、食欲不振。疼痛遍及全身：膝盖、背、手腕、手指。我的身体很虚弱，虚弱至极。

医生猜测我很可能是患了肺结核。几年后，我被告知这是误诊，事实上我从未患有结核病。显然，我的症状并不符合这种传染病。我不咳嗽，没有胸痛，肺部也没有血痰。我的X光检查结果也显示肺部纹理清晰。尽管如此，有好几个月，我还是不断地去一家传染病诊所接受结核病治疗。那里几乎人人患有结核病或某种性病。许多人在咳嗽，有些人有严重的溃疡，还有一些人日渐消瘦。这家诊所的医生给我开的药没有任何效果。见我并未好转，他们给我开了更强劲的药，这让我的病情更加严重了。

几个月就这样过去了。

我无精打采，难以工作。我请了病假，但情况并未好转。

一天早上，我从诊所步行回家。阳光明亮，刺痛了我的眼睛。每走一步都很痛苦。我想睡觉，或者至少躺在床上什么也不做。我感觉自己就像一个电池电量耗尽的玩具。就在此时，我闪过一个念头，那是一种感觉、一种**顿悟**。我不知道如何描述它，只能说它先前不存在，此刻蓦然出现了：这种压过一切的紧迫感涌上心头。

我不能让这种事发生，我想，**不能停止工作，不能将就着过。**

我忽然明白，没有人在等待我尚未完成的工作。当然，如果我完全停止工作，生物研究中心的同事会注意到我的缺席，然后他们会雇用其他人，继续做他们的工作。我还意识到，还有一条比我退出工作更加可怕的道路。在这条路上，我只是降低了自我要求。一切会渐次发生——每次一点点，而且总是出于某种原因，真实的原因：疾病（就像我现在所遭受的那样），家庭义务（支持配偶、照顾孩子、照顾年迈的父母），或者生活最终可能给我的人生道路抛来的无数障碍。

每一个障碍都会比我尚未做出的贡献更加显而易见。障碍有形状和结构，你可以**看到**。相形之下，一个人对未来的影响一向是看不见的，是假设性的，至少在最终实现之前是这样。

没有人会敲敲我的门说：“卡蒂，这个世界需要你尚未完成的研究，需要你尚未做出的发现。”在那时，我还没有什么贡献。这就是潜力的本质：它总是从无到有。如果这个空白要被填补，如果它要成为**某种东西**，那将取决于我。

我回到了工作岗位。从那一刻起，我保持着自己的节奏，不管有多难受，我都坚持下去，决不允许自己退缩。

当我终于感觉好一些时，贝拉陪我去了波兰和保加利亚。我们一起开心地旅行，互相照顾。他依旧是唯一能让我那般开怀大笑的人。

有时，我们会讨论未来。我曾多次告诉他，我决不会放弃工作，不会为了配合他或其他人的事务而放弃工作。工作是我优先考虑的事情。他总是说同样的话：**我理解**。

旅行结束，回到塞格德，他又说了一遍：“我理解。”那时已是 1980 年 8 月，我们在一起近三年了，我觉得，也许他真的理解。

“我是认真的，卡蒂，”贝拉说，“你的工作是第一位的，这很好。”我得消化一下：**我的工作是第一位的，这很好**。

“好吧，”我最后说道，起身与他四目相望，“既然如此，我觉得我们应该结婚了。”

在匈牙利，人们在订婚时会戴上简单的金戒指。但金首饰对我们来说可没那么简单，它们实在太贵了。于是，在电缆厂工作的贝拉做了两枚铜戒指，我们在我父母家里举行了订婚仪式。

然而，我母亲仍然不太有信心。她把我拉到一边说：“贝拉是个好人，但你，卡蒂，你很有主见。你太强势了。这就是为什么我认为这段感情不会长久。”

何况，她补充道，还有年龄上的差距。“现在，你和贝拉看起来差不多。但等你 45 岁的时候，情况就不一样了。女人到了 45 岁就是老妇，而 40 岁的男人还是年轻人。”

我思考了一下该如何回应。最后，我深吸了一口气说：“如果真是那样的话，妈妈，我想我 45 岁的时候就跟贝拉离婚。”

我租不到婚纱，因为我个子太高了。于是，我买了一些白色布料，请塞格德某个街区的一位女士缝制成裙子，采用我能找到的最简单的样式。我租了一顶帽子和一件短款白色毛皮大衣（当时是 10 月，很冷）。

婚礼那天，贝拉穿着三件套的西装，手捧鲜花。我们一起步行到塞格德市政厅。我们的婚礼是在双方家人和我的一些同事的见证下举行的。我姨妈签了结婚证书，然后我们开车去了“蓝星”餐厅。

我父亲坚持要为婚宴做些肉，这样做的好处是节省婚礼费用，与此同时，父亲在以他所知道的最真挚的方式表达对我们的祝福：用他的劳动成果。那天早上，他加工并准备好了肉，送到餐厅。烹饪和上菜环节都无懈可击，食物一如既往地美味。

现在，我脑海中浮现出那一幕，几乎像一张快照：父亲骄傲地站着，笑容如巴拉顿湖那般灿烂，他端着一个碗，里面堆满了最好的羊肉。这份礼物里包含了他给予的一切：他的专业技能，他的时间，他的经历，他的奋斗，他的关心、关注和爱。

今天，如果能再吃上一口父亲做的肉，让我付出什么都愿意。

一支传统的匈牙利吉卜赛乐队演奏音乐，我们载歌载舞。大家喝着葡萄酒和啤酒，大笑，交谈，接着跳舞。婚礼派对虽然规模不大，也很简单，但一直持续到深夜，我很开心。

在匈牙利，成婚后，妻子通常改用丈夫的全名，并在名字后面加上两个字母（né），意思是“某某的妻子”。这就是人们在你的余生中对你的称呼。他们甚至不知道你的真实姓名。

我不愿那样做。我喜欢我的名字，而且认为没有理由改变它。所以我告诉贝拉，我愿意使用**他的**名字，但有一个条件：他必须使用**我的**名字。最后，我们都很高兴地保持了婚前的名字。

仪式结束后，我们在凌晨 2 点左右步行回家，只有我们两个人，一如我们初次见面的那晚。我们仍然是卡塔林·考里科和贝拉·弗朗西亚，就和从前一样。但情况发生了变化，现在我们是夫妻了。

我从来都不是一个喜欢婴儿的人。当我的朋友或同学待在孩子们身边时，我观察到他们会靠得很近，用一种他们平时从未使用过的奇怪的尖声细语。我还注意到母亲们开始用第三人称谈论自己——**你在看着妈妈吗？没错，给妈妈笑一个！**——就好像她们不能既是母亲，又是一个独立的人，有着与孩子无关的名字和身份。我看着这些女性，然后再看看那些需要多年全身心照顾的小孩，我会想，**嗯，这将是一个大问题**。

婴儿的需求实在是太高了。在他们身上，要花很多时间。他们完全不能照顾自己。这些黏人的小生命对我而言没有任何吸引力。

然而，1982 年 11 月 8 日，在成功通过论文答辩并获得博士学位仅仅几周后，我发现自己躺在医院里，双腿分开，生下了自己的婴儿。这一天是匈牙利的带薪国定假日，我很高兴能在带薪假日生孩子，感觉这个新生儿和我有了一个非常务实的开端。

我的分娩跟大多数产妇的一样——很痛，但平安无事。（贝拉正在服义务兵役，所以他错过了大部分事情。）当婴儿的头终于露出来时，医生喊道："一个漂亮的男孩！"几分钟后，婴儿的身子滑了出来，医生纠正了自己的错误。"不是男孩！一个美丽的女孩！你有了一个美丽、健康的女孩！”

当护士给她洗澡时，我问医生为什么单从头来判断是男孩。“为什么？头这么大。”他说，“我看到这么大的头，就认定是个男孩！”

医生把婴儿放在我带来的襁褓上。我低头看着她，把她的样子刻入我的脑海：这个满脸皱纹的小生命，有着柔嫩的眼皮、小小的鼻子、十根完美的手指。

苏珊，我的苏西[1]。

我抬起她的手，握了握。“你好，苏珊。”我说，没有用尖尖的声音，即便我想，我也不知道如何用那种方式说话。实际上，这就像我与一位同事初次相见一样。“我是你的母亲，非常高兴认识你。”苏珊的回应是，张开嘴，号哭起来。

在孩子出生的那天，有很多事情是你无法预测的。我不曾预料，苏珊会如此聪明，如此充满活力和干劲。我不曾预料，在观看她的初中和高中体育比赛时，我会多么大声、多么热情地欢呼，或者这些体育赛事将如何升级为更大的竞技场、更高荣誉的比赛。我也不知道，苏珊会转而成为我最有力的支持者之一，在我赢得自己的奖项时为我喝彩。

---

1 苏西为苏珊的昵称。

但我知道一点：我面前枕头上的这个孩子，这个我握着她的手介绍自己时，脸变得和红辣椒一样红的孩子，在短短几分钟内就彻底改变了我。

忘了我说别人的婴儿时说过的那些话吧。这个新生命没带来任何麻烦——事实上，恰恰相反。她就是爱本身，这才是一切的重点。

苏珊躺着的枕头和我出生时躺过的那个是同一个。我母亲在出生的那天也曾躺在这个枕头上，而我外祖母在出生时也曾躺过。枕头是手工缝制的，针脚完美，边缘有孔眼和蕾丝。

如果苏珊未来有了孩子，我一定让她也把**她的**孩子放在这个枕头上。为了确保这件事会发生，我在近 30 年的时间里携带这个枕头，从一个家到另一个家，一路漂洋过海。每到一处，我都小心地收好它，以便第五代，乃至更远的后代，可以在同一个枕头上迎接世界——哪怕在一个天翻地覆的世界中，也有片刻的安稳和宁静。

苏珊后来确实生了孩子。但在那一天，这个枕头仍放在阁楼的箱子里，在一场百年一遇的全球大流行的混乱不安中被遗忘了——而这场大流行，便是我们谁都无法预测或想象的事件。

听到敲门声时，我正在家里照顾苏珊。此时苏珊已经出生数周了。我彻夜难眠，世界变得一片模糊。

站在门外的是我的同事雅诺什·路德维希。“卡塔林，”他以他特有的直率口吻说道，甚至没看苏珊一眼，“你还待在家里做什么？是时候回实验室了。”

我告诉他，我还在哺乳期，分娩后身体需要时间来恢复。他抬手打断了我。“你的实验可不等人，卡塔林。你现在必须回来。”

他正准备离开，却转过身来。他脸上的表情和我第一次见到他那天一样，当时他站在塞格德郊区葡萄园的阳光下，脸上写着恼怒和不耐烦，也许还有一点别的什么——也许是对我的某种期待，只要我认真对待自己，如果我集中注意力，不让自己分心，我真的可以成为有所成就的一个人。

“实验室还有工作要做，”雅诺什最后说道，“你却在这里喂养这个婴儿。”

苏珊出生于1982年11月。到了1983年2月，她就进了日托中心。

在当时的匈牙利，只要付些象征性的费用，你就可以把孩子送入托儿所。日托中心地方很大，充满爱心，并且配备了专业人员。许多员工是注册护士。每天都有儿科医生过来检查孩子们的情况。每个孩子都有一本小册子——记录他们的健康和发育情况。如果你有问题要问儿科医生——**这正常吗？她的皮疹需要特别护理吗？**——你可以在这本小册子上写下这些问题。

儿科医生每天都会阅读家长写下的问题，检查孩子，花时间仔细回答：**是的，这是正常的。是的，皮疹正在改善，但请继续使用一段时间护臀霜。**

随着婴儿变成幼儿，关注仍在继续。比如，苏珊刚会爬时，她的一个膝盖不会弯曲。医务人员发现她的大腿有一处肌肉受伤，建议进行物理治疗。（治疗很有用，这次受伤对她未来的运动能力似乎没有造成任何影响。）

在这些日托中心，你永远不必担心你的孩子是否有备用衣服或充足的尿布。尿布充足且免费，托儿所还提供柔软的小号统一服装，确保孩子们始终穿着干净、舒适、合身的衣服。只要你处于哺乳期，你就可以把母乳留在那里给孩子。随着她的成长，托儿所会提供健康的食物和适龄的膳食。每天午饭后，工作人员都会给所有的孩子穿上保暖的衣服，裹上毯子，带他们出去，让他们在清新的空气中睡午觉。这是欧洲人的习惯：让婴儿和儿童在户外小睡，不管什么季节，即使是在冬天。

如果可以的话，想象一下这幕场景：40个孩子躺在一排小床上，安静地睡着，雪花在他们四周飘落，他们就像童话故事里的人物一样。我总是被告知，户外小睡可以让孩子们更健康、更强壮。我不知道是否有过这方面的研究，但我确定的是：苏珊上小学后，从未因病缺过一天课。

今天，有时人们问我，女性怎样才能二者兼顾，在承担母亲角色的同时成为一名成功的科学家。答案既简单又显而易见：女性需要高质量且负担得起的育儿服务，就像我在匈牙利拥有的那样。

不幸的是，当优质的育儿服务不存在或负担不起时，通常是母亲做出自我牺牲。事实上，在美国学术界工作的这些年里，我很少见到我们这样的家庭——主要由丈夫来照顾孩子，这样妻子可以从事研究工作。

当然，你可以找到父母双方都从事高级工作的家庭。但有一个问题：这个父母双方都有工作的家庭，必定已经有些钱了。如果他们没有某种现成的财富来源，那就不可能了。你找不到这样的家庭。

如果我们希望更多的女性从事科学研究，如果我们希望更多的女性从事任何工作，这是必须解决的问题。越早越好。负担得起的优质儿童保育系统是国家的一项重要投资，我认为，这是一项可以带来百万倍回报的投资。

我们在生物研究中心的研究令人振奋，而且进展顺利。我们可以合成 2-5A，这种短小的 RNA 分子有望成为抗病毒药物，并且我们可以使用脂质体将其输送到培养的细胞中。但也存在一些挑战。

众所周知，在实验室中很难处理 RNA。为了在研究中有用，你必须让 RNA 样本保持完整，这可没那么简单。大多数分子生物学研究方法都是从质粒开始的，质粒是从细菌中分离出来的小型双链环状 DNA。在质粒分离过程中，你必须首先去除细菌的 RNA。为此，需要使用一种名为核糖核酸酶的特殊的酶，其全部功能就是分解 RNA。但是，你当然不希望这些核糖核酸酶分解**你**要的 RNA！

情况还会变得更加棘手。核糖核酸酶无处不在，人的皮肤、血液和消化系统中都天然存在核糖核酸酶，汗液和体液中也存在核糖核酸酶。因此，几乎什么都不做就能让实验室里的物品表面和设备被这些酶污染。

实验室会被污染，实验室**工作人员**会受到污染，衣服、设备和水也会受到污染，实验室的样品和试剂（实验中使用的特殊液体）都可能会被核糖核酸酶污染。

微量的核糖核酸酶甚至还会破坏你的整个 RNA 样本。在实验室中杀死细菌和病毒的方法——用加压蒸汽，甚至煮沸——对核糖核酸酶不起作用。即使你设法用高温灭活核糖核酸酶，它们通常也会在冷却时恢复活性！RNA 研究人员中间流传着一个经典笑话：如果你想清除实验室中的这些酶，那就必须摧毁整栋建筑。

当然，你可以做点什么——将样品放在冰上，在移液器上使用特殊的过滤器吸头，戴上手套，留出实验室工作台的一部分作为专用的无核糖核酸酶区域。工作时你不能碰任何东西，你需要消毒、消毒、再消毒，尽可能远离污染物。

即便如此，也还是很难。

假设你确实设法使 RNA 样本不含核糖核酸酶，这时你又会面临另一个问题：从根本上来说，RNA 很容易被降解。请记住，RNA 与 DNA 不同，它的存在是暂时的。DNA 注定会存在，稳定且不变，而 RNA 的构建是为了达到某种目的，然后消失。它的不稳定性才是**关键所在**。

虽然这一点对于提高细胞工作效率很有帮助，但它确实给 RNA 研究人员制造了难题。

我的许多科学家同事都说，**不可能研究 RNA**。在很长一段时间里，他们告诉我：RNA 是一个大难题，你无法研究它。正统的观点和流行的假设是：往好的方面说，也不值得费这么大劲去研究 RNA。

我从来不买这个账，说不上为什么，可我从来没有被 RNA 吓住。从某种程度上来说，我认为我**理解**它。我确信，如果你能以正确的方式处理 RNA——把工作分解为一个个微小的步骤，并且对每个步骤都一丝不苟——你就可以研究 RNA。

换句话说，问题不在于 RNA，而在于我们研究人员。

实验室工作有可能会异常艰苦，科学是缓慢且重复乏味的，即使研究的不是 RNA。当然，生物研究中心的工作是我梦想的工作——我们正在研究一种新的抗病毒化合物，这项工作有一天可能会改变世界！——但这并不意味着每时每刻都是美好的。

我测量，倾倒，搅拌，加热和冷却，等待和观察。我准备样品，混合试剂，整理冰箱里的东西，不停地清洗实验室玻璃器皿。当我说不停地清洗时，我的意思是这真的永远不会结束。说实话，有时我甚至觉得，突破性的科学工作与我母亲多年来在我们家厨房里所做的事情并没有什么不同。

我们这些实验室工作人员努力让它变得有趣。例如，当时我们使用玻璃试管，并在放入样品收集器之前对每个试管按特定编号进行标记。实验结束后，我们要清洗那些试管，因为我们重复使用了它们。（哦，我们清洗了成千上万个试管！）大多数时候，我和雅诺什一起清洗试管。为了打发时间，我们玩猜谜游戏："我洗的试管是单数还是双数？奇数还是偶数？"

我想，这是个无聊的游戏——一次又一次的随机猜测，要么正确，要么错误。但它至少比另一种方法有趣，那就是在不玩任何游戏的情况下完成所有这些清洗工作。而且，无论如何，这个游戏能让我们开怀大笑。

尽管工作繁重，但我还是喜欢这个实验室。在这里，我觉得一切尽在掌控。

工作对我来说是幸福的，我很幸福。

但不久后，雷纳尔制药公司开始困惑，他们想要的神奇的抗病毒化合物在哪里。

就像可伦坡会说的那样，**还有一件事**。我尝试去做另一个实验，当那个实验的结果不能让我们更接近功能性抗病毒药物时，我继续做另一个实验。我的永久性职位被转成了临时职位。我继续工作。又一个实验变成了一千多个实验，但结果总是一样的：我们能够从我们的 2-5A 中产生抗病毒作用，但那种方式不适合在临床医学中使用。

然后，没有任何预兆，我接到了一个电话。

1984 年 7 月的一天，我母亲从簿记员工作岗位上退休了，打我记事起，她一直做这份工作。这是值得庆祝的日子，会举行盛大的聚会。凡是有庆祝活动，我父亲必做一件事，那就是准备新鲜熏制的香肠，下水烧煮。

也许是因为努力想把一切安排妥当而过于兴奋或者紧张，父亲准备好聚会用的所有食物后，倒在了我们家门前的地上。

一次突发的心梗，完全来不及抢救。

关于哀恸不已的漫漫长夜，你会说些什么？关于空荡荡的空间，那个无垠的虚空，它在片刻之前还充满欢笑和如此之多的爱。你的内心在不断地寻找道路乃至更多，寻找熟悉的事物，却只发现缺失，现在的缺失，永远的缺失。

关于这种撕裂给你的生活造成的影响，你会说些什么？

什么也说不出。接下来的几个月是黑暗而艰难的。我想念他，至今依旧想念他。在最糟糕的日子里，我做了我一直在做的事情：继续工作。

父亲去世后六个月，我满 30 岁。生日那天，我计划在本地的“新匈牙利”餐厅与贝拉和朋友们见面。

1985 年 1 月 17 日，我起得很早。贝拉、苏珊和我刚刚搬进一套新公寓。我们有一台洗衣机和十楼的绝佳视野。那天早上，我看到贝拉摇晃着苏珊，跟她玩闹，把她驮在背上。我与苏珊吻别，然后离开家，开始我做实验的平凡一天。那时，我们有了一辆俄罗斯制造的汽车，名为拉达。但我仍然每天乘公共汽车上班，利用通勤时间思考我的实验，思考我可能会遗漏什么，以及下一步可能会尝试什么。

我们记得什么和不记得什么，是很有意思的。例如，我还记得那天早上乘公共汽车去生物研究中心，天很冷——整个东欧正遭遇寒流，气温低于零摄氏度——空气清冽。我记得公交车跨越结冰的河流。当然，我还记得到达实验室时发生的事情。但我怎么都记不起是谁带来了那个消息。应该是简诺，但我已经不记得当时的状况了，只记得当时的感觉——我脚下的地板似乎突然塌陷了。

雷纳尔制药公司已撤回其资助，准备放弃我们的工作。我的工作资金——特别指明是我的工作资金——将于 7 月 1 日用完。

困惑油然而生，**为什么是我**？我百思不得其解：我工作出色；我很努力；我是最初建立这个实验室的人，我也做得很好。这**不公平**。

但我只允许这样的想法停留片刻。当意识到自己的思绪时，我想起了从汉斯·谢耶的《生活的压力》（我高中时非常喜欢的一本书）中学到的事情：**不要抱怨。专注于你能控制的事情。将负面压力转化为正面压力。**就在那时，我把注意力转向了力所能及的事情：我必须找一份新工作。我所有的精力和注意力都需要集中于下一步。我现在要做些什么？

好的，思考！你需要一份工作，卡蒂，你需要尽快找到一份工作。有几个欧洲实验室可能需要我在 2-5A 方面的工作经验。其中一个实验室在伦敦，和伊恩·克尔共事，是他发现了 2-5A。另一个在马德里，与路易斯·卡拉斯科（Luis Carrasco）一起研究病毒如何干扰细胞功能。第三个在法国蒙彼利埃，与伯纳德·勒布鲁（Bernald Lebleu）一起研究干扰素的作用原理。

我想离开匈牙利吗？离开塞格德，我姐姐，还有我母亲，她刚刚痛失爱侣。不，我没想过要离开，但我**确实**需要工作。

我忙不迭地写信给这些研究人员。他们很感兴趣，但有一个问题：我必须找到一笔资金，资助我的职位。“只需申请奖学金即可。”他们说。好像事情就是这么简单，好像铁幕之后的一切都跟西方一样。“从某个科学基金会获得一笔津贴，这里会欢迎你的。”在匈牙利，这是不可能的，我们不被允许申请此类资金。

还有一个地方，我也可以申请。老实说，我对此不太确定，但我还能怎么办呢？

一天晚上，哄苏珊入睡后，我告诉贝拉我们需要谈谈。我深吸了一口气，说道："我想我们只能去美国了。"

第四章

体制内的局外人

几十年后，最能引起共鸣的是泰迪熊。当我的目光专注的正面照梦幻般地刊登在《纽约时报》、《华盛顿邮报》、《卫报》、《魅力》和《时代》周刊上时，有一个细节出现在每篇报道中：在我们去美国那天，苏珊带上了那个毛绒玩具熊。

有时，这些文章甚至配上了那个玩具熊的照片：一只普通的金棕色小熊，有着玻璃纽扣眼睛，红布做的嘴巴永远保持微笑。它的棉绒皮毛已经磨得旧旧的，这个细微之处透露了一个秘密：有个孩子深深地爱着它。但没有任何其他迹象表明，这只玩具熊还曾隐藏过其他的秘密。

苏珊睡在我姐姐佐卡的车的后座上，搂着她的泰迪熊。我们在布达佩斯，还在匈牙利，但不会待太久了。我们在去机场的路上。时间尚早，在车上，贝拉、佐卡和我都很安静，太阳在我们身后，尚未跃出地平线。摆在我们面前的是我还无法想象的生活。

那是 7 月，我父亲去世已经一年了。

后座上，不满三岁的苏珊动了动。她抬起头，揉了揉眼睛，看向窗外。她吸了一口气，问道："这是美国吗？"苏珊了解正在发生的事：她母亲找到了一份新工作，我们将飞越大洋，从布达佩斯经布鲁塞尔到纽约，最后到达的城市将是我们的新家：费城。今天不仅是苏珊第一次坐飞机，对贝拉来说也是第一次。

在车上，我扭头看着她。苏珊的眼神是如此明亮，她如此渴望相信她正在瞥见一片新大陆。然而，她看到的依旧是布达哈姆萨贝吉街上的公交车站。从那以后，每次回匈牙利，路过这个公交车站时，我们都会问："这是美国吗？"

当我们最终抵达美国纽约的约翰·肯尼迪国际机场时，苏珊仍然搂着她的小熊。现在，距离我们的新城市费城只有很短的飞行路程了。不幸的是，一场巨大的风暴正在美国东海岸肆虐。航班一再延误。坐在旅途中的第三个机场里，我已无法分辨现在是什么时间了。在匈牙利，人们不久后就会醒来。

雨水敲打着机场的窗户。我很想闭上眼睛，哪怕只是一两分钟，但我没有。我一直盯着苏珊，她把头靠在贝拉的腿上，手臂环绕着她心爱的小熊。苏珊和贝拉的身后，旅客络绎不绝。他们低头看自己的登机牌，再看看手表。他们在出发和到达的信息显示屏前核对，进进出出，然后消失在人群中。

大自然是一位才华横溢的生物化学家。它不断地将遗传物质重新洗牌——移动，替换，剪接，重组。它会进行微调，把东西打乱。每一种新的生命形式，每一个有机体，都是它以自己的方式进行的一次微小实验。

有时，这些实验会带来巨大的好处——就比如自然对抗病毒感染的能力，也包括我用 2-5A 做的那项工作。我一直在研究一种叫作虫草素（cordycepin）的物质，这种分子源自一种叫作虫草的真菌。虫草真菌发现于亚洲山区，会感染昆虫的大脑，然后像角一样从昆虫的头部生长出来。几千年来，冬虫夏草一直是传统医学的重要组成部分。（如今，你可以购买用冬虫夏草制成的食品补充剂，来增强免疫力和提供能量。我不知道这些补充剂是否能实现其制造商所声称的功效，因为食品补充剂是作为食品受到监管的，监管部门仅评估其安全性，而不评估其功效。）

虫草素是一种与腺苷具有相同碱基（腺嘌呤）的核苷。事实上，虫草素和腺苷之间的唯一区别是核糖结构的轻微改变。

到20世纪80年代中期，科学家们已经发现了不少此类自然发生的修饰——这里少了一个羟基，那里多了一个甲基——然后在实验室中分离出这些分子，并测试它们的潜在医疗作用。一类名为核苷类似物的药物就这样出现了，对人们的健康产生了深远的影响。例如，齐多夫定[1]是第一种被证明对人类免疫缺陷病毒（HIV，又称艾滋病病毒）有效的药物，它是一种核苷类似物。脱氧考福霉素（又名喷司他丁）是治疗多种白血病的药物，它是从链霉菌中分离出来的核苷类似物。

想要了解核苷类似物，罗伯特·苏哈多尔尼克（Robert Suhadolnik）是不可能绕过的名字。苏哈多尔尼克博士是美国

---

1 齐多夫定，又称叠氮胸苷，简称AZT，是一种抗反转录病毒药物。

生物化学家，他写了一本关于核苷和核苷类似物的书。1985年，也就是我移居美国的那一年，他在费城天普大学生物化学系管理一个实验室。他想用虫草素产生 2-5A。我发表过一篇论文，足以证明我可以提供对这项工作来说很重要的分析手段。

被生物研究中心解雇后，我写信给苏哈多尔尼克博士，附上了我的论文，表明我可以帮助他进行他所需的用以测量 2-5A 分子有效性的测试。他很快就给了我一份工作：年薪 17 000 美元，在他的实验室做一年博士后。有了他的帮助和天普大学的赞助，我获得了 J1 签证，该签证允许外国人来美国学习专业或接受实践培训，特别是在研究和医学方面。

我计划工作学习一年，便返回匈牙利，再不离开。事情的发展却和我的预期大不相同。

我们以 900 英镑（约合 1 200 美元）的价格卖掉了汽车。当时，匈牙利人不得携带 50 美元以上的外币出境，因为携带超过 50 美元是一个人可能叛逃的迹象。然而，到了美国，我们会需要我们能得到的每一分钱。这就是我一直留意苏珊的泰迪熊的缘由。离开塞格德之前，我小心翼翼地拆开了小熊背部的缝线，将 900 英镑都放在填充物里面，然后再将小熊缝合好。

那是我们当时的全部家当，仅由毛绒织物和几英寸厚的填充物保护。

现在，我们在纽约等待一个似乎永远不会到达的航班，苏珊叹了口气，把玩具熊拉得更近一些，更紧地依偎着贝拉。我知道她珍视那只熊，但她完全不知道它到底有多重要。

苏哈多尔尼克博士将在费城机场接我们。他为我们安排了一套公寓，我们落地后，他会开车送我们去那里。我在信中询问如何认出他，他给了我一个粗略的描述。“哦，我有一头金发，戴着眼镜。我身高约六英尺。”

由于匈牙利使用公制，我必须将**六英尺**在心里默默转换为厘米。否则，我不知道我要找的人是矮是高。

正如苏哈多尔尼克博士所承诺的那样，当我们终于到达时，他正在机场等候。他已经60岁了，但外表年轻得多。他热情开朗，看起来很友善。（结果证明，六英尺，差不多和我一样高。）他兴高采烈地握着贝拉的手，拥抱了我们。他对苏珊特别友好。他弯下腰，询问她飞行途中心情如何，还握了握那只玩具熊的毛茸茸的爪子。他竟然让她微笑了——这可不是一件小事，毕竟我们都已筋疲力尽。

我喜欢他。我对此非常确信。

我们乘着他的车连夜向北行驶，沿着76号州际公路蜿蜒前行，前方汽车的红色刹车灯忽明忽暗。我们的车飞速驶过高速公路上的标识牌——亮绿色背景上的夜光字母将我们引向我从未听说过的地理环境和地点。车子穿越了漆黑的斯库尔基尔河，我注意到河边有一排小房子。它们的轮廓被水面反射的微弱光线勾勒出来，看起来就像是童话中的村庄，与这座美国大城市格格不入。

苏哈多尔尼克博士注意到我正在看那些房子。“是船库。”他解释道，“这是赛艇队的，是赛艇运动员停放船只的地方。费城有很多赛艇运动员。”赛艇，我听说过。匈牙利也有赛艇运动员，但我自己不曾认识这样的人。谁会拥有赛艇？

我们驶出了高速公路，经过购物中心、教堂和银行。把我们困在纽约市的风暴也刮过了费城，随处可见掉落的树枝和倾倒的树木。我看着这一切，试图记住每一个陌生的细节。我想，**我们将住在这里，现在这里是我们的家**。

街道变得更加安静和幽暗。

苏哈多尔尼克博士为我们在林伍德花园租了一套公寓。这是一个庞大的郊区公寓综合体，占地100多英亩，有1 000个单元。说实话，这里比不上我们在塞格德的公寓。公寓里没有洗衣机，另外，我们还发现天花板很薄，当楼上有人走动时，我们可以听到每一个脚步声。但这套公寓有我们需要的一切，我们抵达时疲惫不堪，不知所措，这里宛若天堂。

“谢谢你，”贝拉和我不停地对苏哈多尔尼克博士说，“是的，很完美。谢谢。”

我们放下行李，道了晚安。贝拉现在特别想抽烟，所以我把苏珊放在她的新床上，给她盖上毯子。**哦，我可爱的苏西**。她合上眼睛，环抱着小熊。没关系，明天有足够的时间把钱取出来，再把小熊重新缝合好。

回到客厅，我发现贝拉站在后窗边。公寓的窗外是几英亩空地，此时夜已深，外面近乎一片漆黑。只是近乎。

“过来看看，”贝拉悄声说，“外面有什么东西在闪烁。”

闪烁？我走过去，站在他身边，看着外面的黑夜。贝拉说得没错。到处都是小小的黄色光亮，忽明忽暗地闪烁。

“昆虫。”我说道。贝拉点点头。

我们后来了解到，这些发光的昆虫是萤火虫，匈牙利没有这个物种。贝拉和我就这样伫立了很长时间：在这片新大陆上，在我们安静的新家中，我们疲惫但放松，看着陌生的生物点亮黑夜。

生活在一个新的国家是很有意思的，一开始会很难区分一般与特殊。你会遇到看似奇怪的行为，不知何故与你习惯的行为不同，如何辨别这种差异是文化层面的还是个体层面的，可能是一个挑战。

我正在体验我的新家吗？或只是某个人碰巧住在这里？

画面最终会形成，但这需要时间。

到达林伍德花园几个小时后，我就开始了我的新工作。

苏哈多尔尼克的实验室经理南希在第一天早上来接我，这是他安排好的另一件小事。南希只比我大几岁，热情友好，有着小学老师般令人愉快的办事效率。事实上，她的确做过小学老师，后来在实验室里找到了一份暑期工作，从此一直从事实验室工作。

我们的实验室不大，只有几个人：苏哈多尔尼克、南希、几名研究生和我。每个人都很热情，他们看上去真的很高兴我加入这个团队。有很多理由让人充满希望，但有些事情很奇怪。其中一点我立即就注意到了，这个实验室非常破旧。匈牙利生物研究中心的实验室有着巨大的窗户和明亮的光线，设备齐全，安放合理，而且干净到一尘不染的程度。

我以为美国的实验室也会是这样，但第一天早上走进苏哈多尔尼克的实验室时，我大吃一惊。这个地方看起来像是无人看顾，甚至有点脏。

我是说，有蟑螂。

每当我拿起一个盒子、一个化验托盘或一沓文件，它们就在那里：胖胖的棕色昆虫从柜台上匆匆跑过，逃离光线。还有成堆的旧设备，其中一些已经几十年没用过了。起初，我问是否可以丢弃一些久未使用的设备，以便腾出更多空间，却被告知不行：这些旧设备有一天可能会派上用场。或许会有那么一天。但此时，它们待在那里，上面覆盖着一层污垢。

这是不行的。我非常清楚，RNA 需要一尘不染的环境。

打扫实验室并不像从零开始建设实验室那么有趣，但我又能怎么办呢？我动手擦洗。

初期的那些日子漫长而疲惫。一切都是崭新的。一直说英语需要投入很多精力。有时，感觉匈牙利很遥远，这让我很痛苦。

在成长过程中，我最喜欢的歌曲是Metro乐队的一首歌，由佐兰·斯捷万诺维提演唱。我一直在听，那是《钻石与黄金》：

钻石和黄金的光泽很美丽
但这光泽只会属于你
假如是你亲手开采。
我知道你会发觉这很值得……

现在，与我熟悉的一切隔着一个大洋，我仍然一直听这首歌。下班回家后，我唱着这首歌哄苏珊入睡，仿佛她需要那种提醒，那种熟悉感，那种家乡的声音。

贝拉很快就找到了自己的用武之地。他真的可以修理任何东西，包括别人都已放弃的汽车。我们到达后不久，他便给一名匈牙利汽车修理工帮忙。有一天，他迫不及待地自己一个人提起了一个变速箱，然而，他的背部肌肉可不喜欢这样，不久后，他就需要做理疗了。在一次理疗中，贝拉的理疗师提到了另一位同样从匈牙利移民到美国的客户，那是一个年纪稍长的男人。“他是艺术家，”理疗师说，“也可能是平面设计师，是个好人。”

那个男人和他妻子住在离我们约五英里的地方。既然我们在美国都是初来乍到，也许我们会想见一见？

几天后，我们来到了郊外一个陌生社区的一栋房子门口。门开了，站着一对比我们年长20岁左右的夫妇，二人笑容满面。他们是拉斯洛·巴吉和贝蒂·巴吉。

拉斯洛的经历很不寻常。他在布达佩斯郊区长大。1956年，他从技校毕业，旋即投身于匈牙利革命。此后，他逃往奥地利，在难民营中生活多年。最终，他移居美国，加入美国陆军第101空降师，并驻扎在欧洲。在那里，他遇见了贝蒂。现在，他是一家大型咨询公司的平面设计师。

其实，理疗师说对了两点：拉斯洛也是艺术家。

贝蒂和拉斯洛用匈牙利语跟我们打招呼，就像和我们是久别重逢的朋友一样。“你们好！请进！”他们兴奋地说，“我们很高兴看到你们平平安安地来到这里！”

在异国的土地上听到我的母语，真是令人欣慰。与一个人交谈而无须先在脑子里翻译所有的内容，真是舒心。如果你曾费工夫尝试用一种你还不太熟练的语言让别人理解你的意思，你会明白这种心情。

贝蒂和拉斯洛带我们进门。房子既漂亮又舒适，到处摆放着他们的两个儿子微笑着的照片，儿子们都已长大成人。每面墙上都挂着拉斯洛的镶着画框的丝网印刷品。他是一位了不起的艺术家，作品色彩丰富、大胆而准确。我从其中的一些作品中认出了费城，从另一些中认出了匈牙利。他的许多作品都是对树木和植物的描绘，每一件都经过精心打磨，显然拉斯洛和我一样喜欢植物学。

我立刻由衷地感谢安排这次见面的理疗师，直到今天仍心存感激。对他来说，介绍我们两家人认识只是一个小小的善举，甚至可能事后都没想起来过。但他给了我们家一份很棒的礼物，因为拉斯洛和贝蒂不仅成为我们终生的朋友，还将成为一座重要的桥梁，连接着我们从前的生活和现在依然陌生的生活。他们帮我们找到肉店，那里的肉是以我父亲会赞赏的方式准备的。他们在节假日邀请我们，和我们一起庆祝重要的时刻。是他们让我们找到了家的感觉。

我所在的新实验室的另一件怪事是：到处都是科学期刊，却不允许我们阅读，反正白天不行。我仍然尽可能地阅读一切资料，在设计实验时，我几乎每次都先阅读科学文献：**以前有人尝试过这个实验吗？有没有人做过可能与我正在做的事情相关的研究，或者他的研究有助于我改进实验？**但当我第一次尝试在工作时间阅读时，苏哈多尔尼克博士厉声说：

“停下来，卡蒂。不可以！”

我合上期刊，抬起头来，完全不理解自己做错了什么。

“在家里阅读，”他嚷道，“周末或者晚上！现在，正是**黄金时间**。而在黄金时间，我们得**干活**。”

这难道不是干活吗？我不是正在寻找改进我的实验的方法吗？

苏珊开始在詹金敦日间托儿所上学前班。那是一栋人见人爱的多层建筑，坐落在绿树成荫的街道上，还设有户外游乐空间。每天早上到那儿时，她都会急切地从贝拉的怀里跳下来。贝拉下午去接她时，她又累又快乐，满脑子都是她学到的新东西。她几乎立刻就学会了英语，有时，和我们说话时，她会在不同语言之间来回切换。

有一天，我去接她时，一位老师告诉我，苏珊需要 sneakers（运动鞋），而不是我给她穿的凉鞋。我看着这位老师，听不懂。Sneakers？这是什么意思？我不认识这个词。

还有很多我还不知道的事情。

林伍德花园有一个社区游泳池，四周设有巨大的铁丝网围栏，需要支付一个季度的会员费才能使用。不幸的是，我那 17 000 美元的薪水只够维持基本生活开支。

我记得，在一个酷热的日子里，我和贝拉、苏珊站在一起，手扶铁丝网围栏，看着围栏另一边的居民在清澈的蓝色泳池里嬉戏。他们像炮弹一样跃入泳池深水区，然后笑着浮出水面。

空气如此潮湿，汗水顺着我的脖子流下来。

“也许有一天，我们也会在里面。”贝拉说。我默默地点点头。不久前，美国似乎还是唯一的目的地，光明而闪亮。我曾设想，我们到了之后就可以享受它提供的一切。但现在我们到了这里，我开始明白：美国也是有阶层的，目的地中还有目的地。我们已经在这里了，在这个国家，在这个社区，但我们仍然无法跃入游泳池，即使它就在面前，即使是在这个酷热的日子。

我们凑合着过日子。我们购买了清仓货架上的许多杂物，把水果和蔬菜上的烂疤切掉继续吃。我们从骨头上剔下鸡肉，用即将过期的食物烹制饭菜。那些年，我吃的每一根香蕉都是软烂的，棕色的。

我妈妈来和我们一起住了几个月。她对苏珊极其宠爱，我不记得她曾那样宠过我。也就是说，我发现了她新的一面，我很高兴。她住在这里的时候，我们每周花三十美元来养活我们四个人。一分钱也剩不下。

我提醒自己，我来这里不是为了钱，我也不需要太多，从来不需要。我提醒自己，能来到这里，能继续做我的实验，对此我心怀感激。当然，生活可能是拮据的，但我可以这样生活，永远可以，如果这是必要的。

学术研究本质上是讲求等级的。它很像一个小公司。在最高层，有一名首席研究员（PI），相当于实验室的首席执行官。首席研究员（在此，就是苏哈多尔尼克）负责监督研究及研究团队，还必须弄清楚如何为这项工作获得研究经费（经费通常来自政府基金）。首席研究员下面是一名像我这样的博士后，还有在这里工作的所有研究生（我的工作台对面是一个名叫罗伯特·索博尔的研究生，他是个友善的小伙子，说话轻声细语，马上就要结婚了）和一名实验室经理（在此，就是南希）。

但组织架构不是文化，在这种基本安排中存在着不同程度的等级制。生物研究中心实验室的氛围相对轻松，我们努力工作，做大量研究。我们知道谁是负责人，但日常工作中，我们并没有感受到那种等级制，也没人**要求**我们去感受它。

这个新的实验室却不一样。

苏哈多尔尼克是老板，实打实的。他要求我们这样称呼他：老板。当然，他可以说是一位慷慨且善于鼓励的老板。他也做成了很多事。但苏哈多尔尼克会经常提醒我们，我们在实验室的等级制中处于什么地位。

有时，他会冲进办公室，指着一名工作人员，比如一名研究生，吼道："到我办公室来。"实验室的其他人会绝对静止，他所指着的人则战战兢兢地走向办公室。在他们身后，门重重地关上，地板震动，实验室中的玻璃器皿发出响声。我们其他人低着头，保持安静。大家松了口气，至少这一次，老板没把怒气撒在我们身上。

只有实验室经理南希知道如何在他心烦意乱时让他平静下来。其他人只能尽量置身事外。

事实上，苏哈多尔尼克很少对我大喊大叫。相反，他还经常夸奖我。当我们和别的科学家见面时，他总是告诉他们，我对实验室来说是多么宝贵的财富，我工作多么努力，我们一起做了多么重要的研究。但那些叫嚷真是奇怪又可怕。

难道美国人就是这样做事的吗？

不久后，贝拉被林伍德花园聘用。他先是被聘为清洁工，后来人们发现他可以找到问题所在，修理任何机械。锅炉、卡车、供暖系统、扫雪机、古怪的接线，没有什么是贝拉不能修的。很快，他们就把他提升为职责范围更广的维修工程师。他是林伍德花园的多面手，负责从铲雪到修理电器的所有事务。

有时，苏珊陪他工作。冬天，学校因下雪而停课，她会和贝拉一起坐在扫雪机上，在停车场铲雪，白色的雪花在车灯前飞舞。有时，她在锅炉房里陪贝拉，看着他把迷宫般的供暖系统一点点拆开，再全部装回去，让它比以前更好用。贝拉还在拉斯洛的咨询公司做兼职；公司开始安装计算机了，贝拉帮他们在办公室里铺设电缆，包括做基本的焊接工作。

我也利用了贝拉的专业知识。我经常把坏掉的实验室设备带回家，贝拉总能让它再次运转起来。他甚至重建了一个杂交炉，这是一个复杂的无菌培养箱，可以精确控制温度和湿度，用来保存实验室的样品。无论我带给贝拉什么设备，他都会把它一块块拆开，找出问题，然后找到任何他需要的部件，让坏了的设备恢复正常。有时，他在重新安装时又会发现一些新问题。不要紧，他始终保持冷静。贝拉既耐心又精确。

相形之下，苏哈多尔尼克脾气火爆。他的坏脾气不断地以新的方式显露出来。有一天，一名来自泰国的研究生开会迟到了几分钟，苏哈多尔尼克勃然大怒，表示不允许他参加会议，也不允许他做任何其他事情——不能工作，不能读书，不能上厕所。什么也不能做。这名学生只好站在房间外面，面朝着门，静静地等待我们的会议结束。

会议期间，苏哈多尔尼克多次站起来，走到门口，打开门。他只是想确认一下，只是为了确保这名下属仍然知道自己的位置。

说真的，难道美国人就是这样做事的吗？

月复一月，年复一年。苏珊四岁了，上幼儿园了。她是个高挑的女孩，充满自信。她可能是班上年龄最小的孩子，但她表现得很出色。

我们不经常外出，有时会去拉斯洛的艺术展开幕式。每年一次，我们会去一家铺着布艺桌布的中餐馆用餐。在家里，我尝试做各种风格的菜肴，但贝拉最终坦承，他还是更喜欢传统的匈牙利食物。所以我不得不坦承，我也一样。

我们家和巴吉一家共度每个节日聚会：感恩节晚餐、圣诞节、7 月 4 日野餐。在这些场合，贝蒂总是给苏珊一份特别的款待：把一块箔纸包裹的巧克力雕刻成那个节日的象征——感恩节的火鸡、圣诞节的圣诞老人。它们真是精致，对眼睛和舌头来说都是一种享受，如此简单，却又如此充满爱意。

我们攒了一些硬币，用来去洗衣房洗衣服。每周，我们都会走进邻近大楼的黑暗地下室，将硬币放入投币箱中。在公寓里，我们听着邻居在头顶走动，适应了他们的生活节奏。

苏珊五岁时第一次独自飞越大西洋。她飞往匈牙利，我母亲和姐姐正在那里等她。她的夏天是在满院子追逐鸡和学习园艺中度过的，和我小时候一样。我们做出这样的选择，一部分是出于必要，因为机票费用远低于美国儿童保育费用。但我也很高兴让她拥有这样的经历。我不希望苏珊忘记她来自哪里。我希望她掌握匈牙利语并了解出身之地意味着什么，希望她能记住我所认识的匈牙利，即使这个国家正在飞速变化。

她在那里的时候，我每周打一次电话，那时长途电话费太贵了，当她跟我讲烘焙，跟我讲她吃到了我儿时最爱的点心鹅掌蛋糕时，我可以听出她声音中的笑意。她讲到她怎么抱住我母亲的鸡。我母亲给了苏珊一辆小推车，用来装她的娃娃。有时，她会把一只鸡放进去，推着这只困惑的家禽在院子里转圈。

在实验室这边，我们发表了很多文章，而且是发在一些很棒的期刊上。在某期《生物化学》上，我们一下子发表了三篇论文，这是一项重大成就，而我是其中两篇的第一作者。

从很多方面来说，我的工作进展顺利。在众多研究项目里，我们也研究双链 RNA，它存在于许多病毒中。由于双链 RNA 可以诱导细胞的免疫反应，我们研究了双链 RNA 是否可以通过启动干扰素分泌来增强艾滋病患者的免疫系统。不幸的是，我们并不能帮助艾滋病患者，但发表在《柳叶刀》上的这项研究还是有意义的。正如高中时对我影响深远的《生活的压力》一书的作者汉斯·谢耶所观察到的那样，正如我们在这项研究中看到的那样，宇宙既以“是”也以“否”的答案来揭示自己。这一切都很有价值，都是更大的拼图的一部分。

我也很欣赏我的同事们。研究生索博尔结婚时，我很荣幸地受邀参加婚礼——这是我在美国第一次参加类似活动。我也喜欢南希确保实验室正常运行的工作方式，她像母鸡一样守护着我们所有人，决心确保我们拥有工作所需的一切。

但老板还是继续用力摔门。有时，他会对我们都无法控制的事情大喊大叫，比如政治问题。这个问题与我们的工作虽说不是完全无关（当时罗纳德·里根任总统，科研经费处于历史最低水平），但我看不出这些喊叫会**有什么用**。

我依旧提醒自己，到目前为止，苏哈多尔尼克对我一直不错。

实验室没有窗户，有时我不晓得外面天气如何，就去楼道上的卫生间。在那里，我透过一扇小窗户往外看，发现外面正在下雪，或者阳光明媚。然后，我会回到实验室，在那里继续工作几个小时，看不到天空。

那是 1987 年，美国即将迎来一次新的选举。也许，这可以解决资金问题。也许，里根时代公众对科学的支持率下降只是暂时的，是一个小波折。领先的民主党候选人加里·哈特公开谈论重建美国的科学研究基础设施。形势似乎充满希望，苏哈多尔尼克的心情也似乎有所好转。稍后，加里·哈特被拍到待在一艘名为“胡闹”的著名游艇上，他腿上坐着一个女人，却不是他的妻子。以今天的标准来看，这起丑闻堪称文雅，但在当时，这足以葬送竞选人的前途。

“胡闹”新闻曝光后，苏哈多尔尼克冲进实验室。他做了这种情形下他一贯会做的事情：摔门，咒骂，喊叫。我由此明白，他的愤怒如同一种核糖核酸酶，即降解核糖核酸的酶。它无处不在，随心所欲，只是在寻找着陆的地方。它污染了一切。

到目前为止，我已经遇见了很多美国人。南希是美国人，索博尔是美国人，苏珊的老师是美国人，贝蒂、拉斯洛和他们的孩子都是美国人，花时间把我们介绍给巴吉一家的理疗师也是美国人。

不，这不是美国人的行事方式。在这里发生的完全是另一回事。

著名病毒学家葆拉·皮塔–罗（Paula Pitha-Rowe）在天普大学发表演讲。葆拉是巴尔的摩约翰斯·霍普金斯大学的教授，她很聪明，她的研究结合了对病毒的深入认知和对癌症机制的精深理解。她成长于今天的捷克共和国，这是另一个东欧集团国家。我做了自我介绍，我俩一见如故。

葆拉邀请我和我的家人去巴尔的摩。我们住在她家里，那里阳光明媚，放满了她收藏的艺术品。她为我们做了可口的饭菜，我们边吃边谈论东欧的生活。葆拉带我参观了她的实验室，在那里我与她的团队成员会面。此后不久，她邀请我加入她的实验室。

葆拉是科学界女性的坚定支持者。她是一位极好的导师，尤其是对于女性而言，这一点声名在外。她热情善良，慷慨大方，而且正在做干扰素系统方面的开创性工作。这个职位对我来说是理想的下一步，非常理想。

1988年夏天，我们准备回匈牙利一趟，这是我们第一次回国。就在出发前不久，我接受了新工作。现在回想起来，我觉得我应该考虑得更周全些，也许我应该在回匈牙利前请求苏哈多尔尼克允许我换实验室。但这会改变什么吗？我不确定。等我回到美国时，苏哈多尔尼克已经听说了我的工作机会。于是乎，我直面了这个男人的所有愤怒。

他不仅仅是咒骂，尖叫，摔东西。这些他当然都做了，但他还采取了进一步的措施。他给了我一个选择：要么留在他的实验室继续工作，要么回匈牙利。作为我的雇主，他有权让我被驱逐出境。他说，如果我试图接受这份新工作，他就会这么做，他将结束我的职业生涯。难道我不懂这里的情况吗？他是教授，是老板。我是无名小卒。

那句话他重复了好几遍。我是无名小卒。然后，他让我立即离开实验室。“出去！这里不再欢迎你了！”

我当时浑身发抖，拿起电话打给贝拉。还没等我拨完号码，苏哈多尔尼克又朝我走来。“你不能用我的电话！”他的声音透着残酷，“那是**我的**电话，不是你的。你去街上打电话吧。”他指着门。

我照他说的做了。我离开了。

我在街上给贝拉打电话，请他来接我。[1]那天贝拉的车在修理店，所以他不得不向同事借了辆车。贝拉开来一辆巨大的白色凯迪拉克轿车，他跟那辆车看起来格格不入。如果是别的日子，看到他坐在那辆车的方向盘后面，我可能会发笑，但今天不会。

那天晚上，贝拉和我一起待在厨房里，我踱来踱去，试图厘清状况——不仅是已经发生的事，还有接下来该怎么办。我的签证与天普大学绑定在一起。没有苏哈多尔尼克的许可，我哪儿也去不了。苏哈多尔尼克不仅明确表示永远不会给予许可，而且他可能**会**让我们被驱逐出境。

我很害怕，这是事实，但我也很生气。

“他为什么不说声‘谢谢’？”我气呼呼地说，“他为什么不说：‘卡蒂，你在这里工作了三年，做得很好。你没日没夜地工作。’一直以来，他不停地告诉别人我有多出色，现在我突然就成了混蛋？”我瘫坐在椅子上。“我的意思是，真的，感恩有那么难吗？”

但我已经明白了，苏哈多尔尼克之前重视我的工作，只

1　当时还没有手机，所以考里科要在街上使用公用电话。

是因为这对他有利。我的技能、我的专业知识、我的奉献精神——这些东西只有在属于他时才值得赞扬。苏哈多尔尼克觉得自己有权拥有这些东西。我离开天普大学的决定是一种侮辱——不仅是对他的实验室，而且是对他的整个世界观的侮辱。我对自己的重视胜过对他的尊重，这是不可饶恕的罪过。我双手抱头，呻吟起来。“我该做些什么呢？”

贝拉拍拍我的手臂。“你要做的第一件事，”他说，“就是吃饭。”

吃晚饭的时候，电话响了，是老板打来的。他的声音现在平静多了，可以说是和气，与几个小时前责备我的声音似乎联系不到一块儿去。接电话时，我一直看着贝拉，我听到苏哈多尔尼克说：“卡蒂，你的座位在这里，你的工作台在这里，你的工作在这里。我**需要**你留在我的实验室，真的。”

然后，是长时间的沉默。我等待着，知道话还没说完。我听到楼上公寓里的人在走来走去。最后，苏哈多尔尼克说：“但这是你留在这个国家的**唯一**途径。要么为我工作，要么回家。”他说他给约翰斯·霍普金斯大学打过电话了，告诉他们我是非法入境的，霍普金斯大学发给我的入职邀请函将被撤回。他的下一步行动是联系移民局。那么，我该怎么做呢？

今天，回想这个令人遗憾的事件的全过程，我还记得苏哈多尔尼克的愤怒，他的威胁，以及他后来为实现这些威胁所做的事情。我认为最重要的是：**这个人做得过火了**。即便共事了三年，这个人也还是一点都不理解我，不明白我是如何工作的。他不明白，威胁我是让我做与他心意相悖之事的最快、最可靠的方法。

我怀疑这件事的根源是一个更根本的误解。一直以来，苏哈多尔尼克都认为我是在为**他**工作，但并非如此。我工作是为了解决科学问题，我的北极星是科学本身。

如果想要找到另一份工作，如果想要留在美国，我就必须充满斗志。我必须做很久以前的那个夏天在渔业研究所做的事情，当时那份工作（分析鱼中的脂质）需要我从零开始制备乙酸乙酯。

那时，我必须把整个过程分解成几个步骤，然后说："如果我没有**这个**，我就必须去找**那个**。"我现在也可以这样做。

我没有推荐信。苏哈多尔尼克现在已将他的威胁付诸行动。在他的施压下，我的入职邀请函被撤回了。我还收到了美国国务院的一封信，要求我前往其当地办事处，因为我可能有签证违规行为。苏哈多尔尼克甚至采取了额外的措施：他把我的名字从几篇科学论文中删除了，其中一篇将发表于《美国国家科学院院刊》，已进入校对阶段，这意味着他必须付钱才能把我的名字拿掉。

那么，他还会给我写推荐信吗？想都别想。

如果我没有苏哈多尔尼克的推荐信，我就必须去找……

想到这里，我就知道答案了：我必须去找一个能够理解我**为什么**没有推荐信的人。我还必须找到一个充分了解苏哈多尔尼克的人，一个明白**为什么**有人会和苏哈多尔尼克产生矛盾的人。对我来说，幸运的是，在外面，不少科学家对罗伯特·苏哈多尔尼克有意见。

我开始拨打电话，自我介绍，就目前的处境做出解释，其中一些科学家再将我介绍给别人。最终，经过一番联系，我得到了一个工作机会。该职位是一所军医院校（健康科学统一服务大学）病理学系的博士后研究员。系主任也在研究干扰素，特别是它们在抗癌方面的作用。他的祖父母和外祖父母都是匈牙利人。或许我们共同的文化背景也起了作用。

无论如何，这份工作是一根救命稻草。这是 H1 签证，是工作签证，是留在美国的许可。在大多数方面，它都很适合我。

只有一个问题：工作地点在华盛顿特区郊外，即马里兰州的贝塞斯达。我的家人在费城，我在贝塞斯达也没有熟人，而且，对了，我还没有美国驾照。

别管那些事了，我会想办法处理好的。我必须处理好。

我拿到了宾夕法尼亚州的驾照，马上在林伍德花园的停车场练了车。有驾照之后，我的第一次自驾就是去贝塞斯达。95 号州际公路当时是五车道还是六车道高速公路，我不记得了，但我清晰地记得我向前急驶，躲避着其他飞驰的车辆，仿佛我的人生有赖于此，我想也确实是这样。

第二次去贝塞斯达时，我因行驶时速 89 英里而被拦下。

我记住了这个教训。

有些地方只是中间地带。它们不是目的地，仅仅代表地图上真正重要的地点之间的空间。它们的存在是为了让人通过。对我来说，95 号州际公路 13 号出口和 27 号出口之间长约 135 英里的路段正是这样的无人区，一端是费城，另一端是贝塞斯达。而在中间的就是我，来来回回，一次又一次。

周一，我凌晨 3 点起床，从费城开上我的栗色福特平托，然后在黑暗中驱车三个小时。我会带上一个袋子，里面装着够吃五天的西兰花和香肠，还有半加仑牛奶和一袋面包。就是这样。每周都是相同份量的相同食品。

有时，我开车时会哼着佐兰的那首老歌《钻石与黄金》。

但这光彩只会属于你
假如是你亲手开采。
我知道你会发觉这很值得……

早上 7 点，我就能到达贝塞斯达，我总是第一个到实验室。我把食物放进冰箱，开始工作。

我没日没夜地工作，从不出去玩。我在车里放了个睡袋，以及一位匈牙利同事的公寓钥匙，他为我提供了睡觉的地方，就像移民们经常为彼此做的那样。我总是很晚到那儿。我在客厅里铺开睡袋，休息几个小时，便在黑暗中再次起床。很多时候，他们知道我去过那里，是因为我在清晨上班前会把送到的报纸带进屋里。

好多时候，我甚至不去公寓，而是在实验室的办公室里铺开睡袋，在这个铺着地毯的房间里睡觉。

这是一段平静而紧张的学习时光。晚上，我会去大学图书馆，阅读我能读到的一切资料。我不仅阅读最新的科学期刊，而且会去看旧文献，这是我至今仍保留着的爱好。我寻找我可能会找到的每一个有价值的洞见，还有那些在当时看来可能微不足道，但或许值得了解的发现。我记住了那些事实，我想尽力学习有关分子生物学的一切，然后，我想回家。

晚上 11 点，图书馆员把我赶了出去。通常，我会回到实验室，开始一项持续到次日凌晨的实验。准备实验时，我会想到 150 英里外的苏珊和贝拉，在那个我缺席的家里，他们睡在各自的床上。那时，我会想，**我在这里做什么**？

接下来，我就开始工作，不再去想这些。

清晨，我去校园里跑步。林中有漂亮的小路和健身站。

听着自己的呼吸声，听着双脚一次又一次落地的声音，我再次思忖，**我在这里做什么**？然后，我进到大楼里冲个澡，继续工作。

周五下午，我坐在车里，在 95 号州际公路上无尽的车流中，慢慢向北驶向贝拉和苏珊所在的地方。只有那时，我不必问自己：**我在这里做什么**？答案很明确：我在回家的路上。

在贝塞斯达工作期间，我一直在申请工作，用手写信向潜在的雇主介绍自己。我申请的工作之一是宾夕法尼亚大学[1]医学院新成立的心脏病学实验室提供的。这是一个研究助理教授的职位——并不特别光鲜，但工作地点就在费城的中心地带，而且实验室正好在寻找一名分子生物学家。

我一直仔细记录我的申请。寄出申请书时，我会写下工作地点在哪里、职位是什么，以及联系人是谁。申请书寄出两周后，我会打电话给潜在的雇主，询问情况。我在申请宾大的工作时也这样做了。

接电话的秘书告诉我，他们正计划重新发布该职位的招聘公告。他们还没有找到合适的申请人。“你能再看一下吗？”我把我的名字告诉她，“请再看一下。”

30 分钟后，我接到了一位名叫埃利奥特·巴纳森的心脏

1 以下，作者将宾夕法尼亚（Pennsylvania）大学简称为“宾大”（Penn）。

病学家的电话。他和我同龄，34 岁，刚刚建立了一个新实验室。他看了我的简历，了解我能做些什么。他很感兴趣，并想和我见一面。

生活不像地理。生活中，没有中间地带，只有桥梁。**在我生命中的这段时间里，我从这里到那里。**每过一座桥，你收拾好自己的东西，随身带上，将它们带入下一篇章。

有一天，曾在病理实验室工作的一位研究员回来看望以前的同事，他向我们提供了脂转染剂（Lipofectin）。这是一种新的脂质配方，很容易与 DNA 混合，并将其输送到细胞内。脂转染剂应该比我以前使用过的脂质体更简单，更具可重复性。因为脂转染剂带有附加的正电荷，而细胞膜带有负电荷，所以脂转染剂也更有效。

它就在这里，预先包装好了，打开就能用。

我想起了我们在匈牙利的经历——艾尔诺拜访了屠宰场，并带回了牛脑。我们所做的艰苦工作全都是为了提取我们需要的磷脂。现在，有了这个新试剂——脂转染剂。

我想，**这会改变一切**。

我的故事已讲到了这里，后来，记者们总是倾向于以同样的方式表述：**一系列不幸的事件。**

我在宾大的时光长达几十年。这几十年分为三个阶段，涉及两个不同的系和三位迥异的医生搭档。多年后，当世界发生翻天覆地的变化，陌生人突然知晓我的名字时，在第三个阶段（韦斯曼时代）与我共事的一名年轻医生写了一篇关于我的文章。他既非不准确也非不友善地这样描述我的职业生涯："只是作为告诫年轻科学家的警示故事"被"小声地"讨论。

换句话说，你将看到一个人的经历在多重标准下成为一个警示故事。这是因为我在宾大的三个阶段尽管各有不同，但都遵循相似的模式：一系列的挫折，中间插入非凡的突破时刻。在大多数情况下，这些突破几乎完全是看不见的。但挫折呢？它们都得到了充分展示。

至于我的经历是否真的是一个警示故事，嗯，我想这取决于你的价值观。

有些人有办法让你一见面就感到轻松。也许，这与他们的表情有关——他们看到你时脸上闪现出放松的微笑，就好像他们不是在见一个陌生人，而是在迎接一位老朋友；也许，是因为他们的肢体语言——他们伸出手臂与你握手时，带着某种毫无戒备的开放态度；也许，是因为他们的眼神——既温柔又明亮，表现出善意和好奇。

不管是因为什么，我一见到埃利奥特·巴纳森，就觉得很放松。尽管这是一次面试，但埃利奥特兴致勃勃，充满热情，似乎没有什么比坐在我身边和我交谈是他更愿意做的了。

他让我觉得，他是那种可以成为一位好邻居、好公民的人。他会是一位好同事。

第一次见面时，埃利奥特要求看我的“实验记录本”——我所做的实验的手写记录，以及有关结果的证据。他一页页仔细翻阅。我注意到他停顿了几次，认真地理解他所看到的东西。那时埃利奥特留着伯特·雷诺兹[1]风格的浓密小胡子，所以很难看出他的表情，但我想我看到了他的微笑。

我静静地等待着，他逐页翻阅，看着我对一个又一个实验的记录。最后，他拿起了一张X射线胶片，这是北方印迹（Northern blot）的结果。这种印迹杂交技术可以根据分子大小将不同类型的RNA分成条带，从而使人们能够准确地了解样本中存在哪些类型的RNA。我不记得具体是哪个实验了，但我记得他问道：“这是你做的吗？”声音中透着惊喜。

正如我先前解释过的，对RNA进行实验操作是很难的。但他手上的北方印迹胶片明确地显示，这是可以做到的：这张胶片充分证明我能够提取和操控大量的RNA，并能设法防止它们降解。

这是你做的吗？我点点头。是的，我做过，而且我可以再做一次。

---

1 伯特·雷诺兹（Burt Reynolds，1936—2018），好莱坞影星，主演《最长的一码》等。

第一次见面后，工作邀请函马上就来了。

埃利奥特入职宾夕法尼亚大学心脏病学系的时间并不长，尽管他已经在这里待了至少十年。他骨子里就是宾大的人。他本科就读于宾大，接着在这里读了医学院。他在宾大完成了住院医师实习并获得研究员职位。宾大也融入了埃利奥特的个人生活，他在这里遇见了自己的妻子，而他最亲密的朋友也大多跟这所大学有关。我有时开玩笑说，埃利奥特还在宾大上过幼儿园。显然，如果当时有的话，他会上的。现在他加入了心脏病学系，正在建立自己的实验室。

埃利奥特每周有一天在宾大医学院的心脏病诊所工作，治疗患者，但他主要是一名从事基础研究的研究员。（基础研究是更广泛的探究，旨在扩充人类的知识。应用研究则相反，是通过实际应用来解决极为具体的问题。）

因为我将成为医学院临床医学系的一名分子生物学家，成为医学博士群体中的一名哲学博士，我可能会有点像离开水的鱼。但这对我来说不是问题，我拥有临床医生所不具备的研究技能。此外，在医学博士群体中工作，肯定会像之前与生物化学家共事那样，让我获益匪浅。这是我最看重的东西：学习的机会。

此外，让我们面对现实吧：我什么时候**不是**一条离开水的鱼呢？

这个职位的薪水不高，而且不属于终身教职轨，这意味着我永远不会拥有完整的工作保障。但它有别的优点：我可以再次与家人每天一起生活。我也希望宾大能帮助我获得绿卡。我的研究助理教授职位将持续五年；五年后，学校将决定我是否可以晋升为研究副教授。虽然这次晋升仍然不会让我进入终身教职轨，但至少会给我一个建立自己的实验室并与学生一起工作的机会。

现在，贝拉和我已经把目光投向了位于郊区一条宁静街道上的新房子。它有两层楼，还有一块宽阔的斜坡草坪，苏珊可以在那里玩耍。它坐落于很棒的学区，我们能买得起它只有一个原因：房子内部堪比灾难现场。

但我嫁给了“修理先生”，没有人能像贝拉那样修理房子。当然，这可能需要一段时间，但贝拉和我都是在没有自来水的环境下长大的。即便是需要整修的房子，我们也感觉很奢侈。

我入职宾大的那天，贝拉和我签下了购买新房子的文件。

埃利奥特对一类名为纤溶酶原激活剂的分子感兴趣，它有助于溶解血栓。

血栓是身体对伤口的关键反应之一。如果我们的血液不凝结，我们在被割伤后会因失血过多而死。然而，在错误的情况下，血栓可能是危险的。如果它们在血管内形成，就会限制血液流动。冠状动脉中的血栓会导致心梗。血栓也可能脱落并移动到身体的其他部位，如肺部或大脑，这可能会导致致命的中风。血栓随时有可能形成，但术后我们所面临的风险尤其高。

纤溶酶原激活剂是人体针对危险血栓的自然防御系统的一部分。这些分子就像微小的安保人员一样在体内巡视；当它们发现在某个错误的位置可能形成血栓时，就会开始工作，溶解该血栓并恢复正常的血液流动。这是你的身体守护你的又一种方式，每天二十四小时做着重要的、看不见的工作，而你根本无须挂心。

埃利奥特对一种名为尿激酶的特定类型的纤溶酶原激活剂特别感兴趣。他的想法是，如果我们能够识别和分离尿激酶受体（一种与尿激酶结合的蛋白质），测出它的基因序列（核苷碱基的顺序），我们就可以在术后将这些受体递送到手术部位的组织。尿激酶受体的存在会增强该区域的尿激酶作用，降低该部位血栓形成的风险。

这是个好想法，一个非常好的想法。但埃利奥特不是分子生物学家，这就是他需要我帮助的原因。埃利奥特的计划是利用 DNA 来完成这项工作。听他解释了他的愿景之后，我提出了一个不同的想法：为什么不使用 mRNA 呢？

职业生涯中，我一直从事 RNA 的研究，但还没有合成过 mRNA。自从本科时了解这种分子以来，我就对 mRNA（指导我们的细胞制造特定蛋白质的信使）着迷。当时，我就被一个想法打动了：有一天，我们可能会使用 mRNA 来诱导细胞产生身体对抗疾病所需的特定蛋白质。我了解得越深入，就越确信 mRNA 具有巨大的治疗潜力。当我来到宾大时，mRNA 学科正在快速发展。

让我们回顾一下历史，mRNA 是在 1960 年才被发现的，而在 20 世纪 70 年代结束之前，辛辛那提大学的科学家们就已经在实验室中分离出了 mRNA，用它生成了小鼠球蛋白（红细胞中携氧蛋白的一部分）。1969 年，他们在试管中使用无细胞培养基在体外完成了这项工作。但为了将 mRNA 导入真正的**活细胞**中，科学家们还需要其他东西。首先，他们需要一个脂质包，就像我在匈牙利生物研究中心脂质实验室使用的脂质体一样。时间来到 1978 年，伦敦和伊利诺伊大学的科学家们分别独立地将脂质体包装的 mRNA 成功递送到了小鼠和人类细胞中。然后，细胞开始制造编码的蛋白质（在他们的实验中，这是兔子的乙种球蛋白）。

那些实验还处于早期阶段，临床实用性有限。然而，以下观念一直吸引着我：我们可以指导身体按需制造特定的蛋白质，而这些蛋白质可以发挥保持身体健康的重要作用。该过程仅涉及临时性的分子，它们很容易被普通细胞降解。

这种方式对于帮助身体自我修复来说是多么奇妙啊！

1989 年，当我开始与埃利奥特合作时，科学家已经有了更好的脂质输送载体，如脂转染剂。我们还有一系列其他新工具。幸赖科学家保罗·克里格（Paul Krieg）、汤姆·玛尼亚蒂斯（Tom Maniatis）、迈克尔·格林（Michael Green）和道格拉斯·梅尔顿（Douglas Melton）等人的研究成果，我们现在可以合成编码任何具有生物活性的蛋白质所需的 mRNA，因为我们已经学会了如何使用一种名为 Taq DNA 聚合酶（1989 年被《科学》杂志评为“年度分子”）的酶来扩增遗传物质。我们还有了一种可以无限复制遗传物质的新技术：聚合酶链式反应，简称 PCR。

所有这一切实际上意味着各种零部件已经就位，我们可以开始认真考虑如何使用 mRNA 了。突然间，我的脑海里充满了各种可能性。

埃利奥特的另一个伟大之处是：他的思想非常开放。当我提出使用 mRNA 制造尿激酶受体的想法时，他认真地听着。他提出了一连串聪明的问题——大部分与 mRNA 出了名的不稳定性有关。相应地，我说出了我们如何尽可能地克服这些挑战的设想。

在我看来，将 mRNA 导入细胞，然后将其转译成蛋白质（尿激酶受体或任何其他受体），有点像载人航天。毫无疑问，安全探索太空面临着大量的挑战：缺氧，重力场改变，返回途中进入地球大气层时整个航天器有非常真切的着火的可能性。但是，航天飞行中的每一个挑战都有一个独立的解决方案。同样，mRNA 所面临的挑战也是如此。这些挑战可能令人畏惧，但它们不是**无穷尽的**。我们可以找到每一个问题的关键，而后着手寻找解决方案，一次解决一个。合在一起，这些解决方案将把看似不可能的事情变为可能。

埃利奥特听我描述脂质体、膜和离子键的细节，以及缓冲液、试剂和测序技术的具体细微差别。最后，他靠在椅背上，若有所思地摸着下巴，抛出了一个大问题。这是我第一次被认真地问到这个问题，尽管这不会是最后一次。

“所以，这种 mRNA 方法……你真的认为它能行吗？”

我说行，这正是他想听到的。

作为首席研究员和导师，埃利奥特的理念很简单：雇用能够互相欣赏的聪明人，了解他们的想法，在他们需要的地方给予指导和支持，然后放手让他们去做。鼓励他们成长，超越你……并在他们成功时表示祝贺。

我是埃利奥特的第一批雇员之一——在我之前，他雇用了一位名叫爱丽丝·郭（Alice Kuo）的实验室技术员，她体贴，耐心，乐观，而且非常精确。埃利奥特还聘请了一个名叫戴维·兰格（David Langer）的宾大医学院学生。戴维得到了人人梦寐以求的研究员职位，将在实验室工作一年。在附近这些楼里工作的人都认识戴维，不仅因为他是宾大的学生，而且他就是在宾大心脏病学系长大的，因为他父亲特里是宾大的一位深受爱戴的著名心脏病学家。几年前，特里有过一次严重的中风，以致身体左侧瘫痪。这是一场真正的悲剧。此后，整个心脏病学系就把戴维视作自己的一员，并给予他家人般的关注和照顾。

戴维看起来是一个足够好的年轻人。他魅力过人，自信满满，雷厉风行，就像是一名参加世界大学生运动会的赛艇校队运动员。（事实上，就在两年前，他曾以宾大赛艇队队员身份参加比赛。）不过，他还很年轻，刚20岁出头，说实话，他身上有一点自以为是的气息。

不久后，埃利奥特就依凭博士后、研究员和稳定轮换的医学生完成了团队建设，我的工作是指导医学生，教他们如何制备和操纵RNA，这样我们就可以用RNA来进行实验。

我不介意教学，在苏哈多尔尼克的实验室工作时我很喜欢教罗伯特·索博尔，但宾大的这些医学生很快就让我心烦意乱。他们经验不足，却又如此自以为是！而且，他们的心思似乎永远专注于未来，专注于**将来的**生活而非面前的任务。这意味着他们的工作质量永远达不到应有的水平。他们可能会在实验室里粗心大意，缺乏目标。

但对RNA粗心大意是一个毁灭性的错误；这意味着你的RNA样本被降解了，那你就什么都没有了。你浪费了自己的时间，也浪费了其他人的时间。

我承认，我太直接了。

记得一开始，我和戴维及另一名医学生一起做一个实验。我试图教会他们二人我所知道的关于制备 mRNA 的一切——这是任何涉及 RNA 的实验的第一个必要步骤。制备 mRNA 是一个艰苦的过程。首先，你必须分离出一个基因。当时，我们正在研究荧光素酶基因，它编码的蛋白质使萤火虫发光。接下来，要将该基因嵌入质粒（细菌细胞质中的小型环状双链 DNA）中，然后添加一种转录需要的蛋白质。一旦转录发生，就生成了 mRNA……但为了让 mRNA 能用于实验，你还必须清除质粒 DNA，添加降解 DNA 的酶，然后将剩余的 mRNA 收集到艾本德（Eppendorf）离心管中做离心分离[1]。

这一切都需要时间，如同所有与 RNA 相关的实验一样，需要绝对细致。我已经向这些学生解释了一切，每一个步骤。但他们要么听得不够仔细，要么根本不在乎，当他们完成实验时，凝胶上看不到 mRNA。[2]

我认为，他们的 RNA 肯定都已经降解了。

我和他们一起检查了所有步骤，试图找出哪里出了问题。结果发现，他们在将 DNA 转录成 mRNA **之前**就添加了 DNA 降解酶。这是一个如此明显而愚蠢的错误，我大为

1 离心分离是分子生物学实验中常用的分离方法，高速旋转的生物样品在离心力的作用下实现分离。

2 凝胶电泳也是分子生物学实验中常用的分离方法，借助不同的带电荷的生物样品在电场中移动速度不同来实现分离。

吃惊。“你们在想什么呢？”我骂了他们，“如果你们在转录之前破坏了DNA，那么就没有模板可供你们转录了！”

二人垂下头，低声说抱歉。这令人气愤。我还有重要的工作要做，而我却被这两个对我们这项工作的长期目标毫无兴趣的年轻人耽误了时间。我努力保持冷静——我从来都不是一个会大喊大叫的人——但也告诉了他们真相。“这太糟糕了。”我说。我无法假装不生气。我们必须重做这个实验。“这根本没用，是**垃圾**。”

我做了人们对垃圾所做的事情：我把他们的凝胶扔进了垃圾桶。二人呆呆地站在那里，就好像这辈子从来没有人告诉过他们真相一样。

第二天，埃利奥特把我叫到他的办公室，跟我单独交谈。“你明白的，卡蒂。”他开口了。他揉了揉太阳穴，接着说道：“你没必要对人这么**直率**。”

啊，原来是那些医学生在我的老板面前抱怨了我。

戴维，我想，**肯定**是戴维。还有谁会如此轻易地向实验室主任抱怨我？在附近这些大楼里，戴维是宠儿，得到所有人的喜爱。戴维从小就认识埃利奥特，**当然**会去找他。我感觉胸口上像压着一块石头。戴维拥有很多优势，他在富人区长大，就读于常春藤盟校。完成医学院学业后，他将成为第三代医生。他这类人的机会就像绽放的野花一样，俯拾皆是。

我提醒自己，必须为我所拥有的一切而努力，而且我毫无怨言地做到了这一点。我提醒自己，我在戴维这个年纪时，已经在没有任何人帮助的情况下，从零开始建立了一个完整的生物化学实验室。我曾与雅诺什·路德维希共事，他堪称"直率之王"，我向我们的老板抱怨过吗？没有。

戴维的优势，我一项也没有。如果我能做 RNA 的实验，他当然也能，但必须为之努力。这样要求他，很过分吗？

但埃利奥特的说话方式如此温和，令人安心。即便是现在，当他批评我时，我也仍然能感觉到他真心站在我这边。"卡蒂，"埃利奥特说，"当你跟别人说他们的工作是垃圾时，你会伤害他们。我并不是说不要纠正他们，我只是要求你以一种仍能鼓励他们的方式去做。"

埃利奥特给了我一些建议，告诉我下次对某个学生感到沮丧时该说什么。**我知道你很努力，但你的 RNA 似乎降解了**。或者，**下次，你需要按不同的顺序完成这些步骤**，或者，**这些事情有可能会发生，你下次必须更小心一点**。

"好吧，"我叹了口气说，有时与其他人共事可能会让人筋疲力尽，"好吧，我会尽力的。"

虽然埃利奥特的实验室位于约翰逊楼的五楼，但我在一楼也有自己的研究空间。我与另一位科学家［也是一位女性，名叫琼·贝内特（Jean Bennett）］共享这个空间。琼是医学及哲学博士，也是一名接受过专业培训的眼科医生，对视网膜疾病的遗传学非常感兴趣。琼非常棒：聪明，友善，热情，而且充满活力。我立刻就喜欢上了她。虽然琼与我不同，她已经进入终身教职轨，但我们在其他方面有很多共同点。我们都是这个心脏病学实验室的局外人。我们也都是母亲——琼家里有三个年幼的孩子，而她丈夫也要长时间工作。

在那个年代，既当母亲又当学术研究员的情况有点罕见。宾大这样的地方根本不适合职业母亲。琼一开始就观察到，有才能的女科学家通常会成为实验室管理者——做幕后管理，但她们的工作从未得到认可。她和我一致认为，我们想要一些不同的东西：我们希望成为**发现**者，而不仅仅是在其他人（通常是男性）取得突破时提供帮助。

虽然我们共用的实验室空间不大，但我们决定凑合着用。无论我们中的谁拥有什么，都会与另一个人分享。我们都没有独立的预算或资金，所以有时会在供应方面发挥创意。例如，我经常大量购买装在超大罐子里的匈牙利腌菜。我把这些罐子保存下来，拿到实验室去。我们会对它们进行消毒，用来储存艾本德离心管或其他材料。我们拥有的一切都是用备件拼凑而成的，我们觉得挺好。我们都很高兴能够进行各自的研究。

我仍然一直坚持阅读科学期刊，每个月读数百篇研究文章。这还不够，我在工作时坚持阅读，并自己订阅了《自然》《科学》，在家里阅读。有时，我会在早上冲进实验室，挥舞着最新一期的文章，大声喊道："你们读过这篇文章吗？"然后，我会大声朗读有关淡水螯虾感官检测或细菌 DNA 复制的内容。

有时，我注意到学生们在我说话时会交换眼神——**她又来了**——但埃利奥特总是认真地听我讲，时而露出疑惑的表情。当我说完后，他可能会笑。"那么，卡蒂，这和我们的工作有什么关系吗？"有时有，但通常没有。但不管怎样，它们都令人着迷，是一个奇妙的生物系统的一部分，它们的复杂性和精确性一直让我惊叹不已。

当我们都认可生物学确实是多么令人难以置信时，我们就开始工作。我们会查看前一天的实验结果，尝试评估我们学到的东西，而后以行动回应，着手设计新的实验。每天都有某个新的实验。每天都有新东西要学习。

宾大的很多学生确实对我翻白眼，因为我挥舞着那些与他们的职业抱负似乎没有直接关系的文章，我对实验室精确性有严格的要求，或者，因为我不是终身轨教师，需要自己做实验，甚至没有任何博士后与我一起工作。

然而，有一名学生开始遵循我的每一条指示。这名学生阅读了我带到实验室的每一篇文章，总是细致地询问有关文章内容的后续问题——其设计或方法，或所涉及的实验室技术，或其可能给出的模糊参考。我回答得越多，新问题就来得越快。我注意到这名学生开始比其他人更加努力、更加认真地工作。我纠正他的次数越多，他就越努力。

令我惊讶的是，这名学生就是戴维——心脏病学系的宠儿，去埃利奥特那里告我状的年轻人。这绝对是我没料到的！

显而易见，戴维对学习的热情在某种程度上是由他父亲的疾病激发的。戴维看到他挚爱的、才华横溢的父亲因中风而变得如此虚弱，他的内心逐渐生发出一种深刻的使命感。他想做一些非凡的事情，想做点**有用的**事。这种个人使命感如此坚定不移，有时宛若离弦之箭。

但这仍然不能解释戴维为何选择尊重**我**。我在系里没有威望，没有拨款，没有委员会任命，没有自己的预算。除了我所掌握的知识，我没有什么可以提供给他的。我在宾大基本上是无名小卒，一个有时会对别人很严厉的无名小卒。

但也许这就是重点。也许在先前那个直白的时刻，当我说他的工作是“垃圾”时，他意识到了一件重要的事：我会告诉他真相。如果我称赞他，那与他的父亲是谁无关。如果我尊重他，那是因为他赢得了我的尊重。

他也确实赢得了。我能说什么呢？有时，人们会让你感到惊讶。

宾大做心脏移植手术。有时，埃利奥特会在半夜里接到电话：**等这个心脏移植手术完成后，你想要把患病的心脏带到你的实验室吗？**他总是说想要。

所以，他会在凌晨3点开始工作，从外科医生那里带回一颗用冰包裹的完整的人类心脏。他会将心脏带到实验室，并开始用温热的液体冲洗，以便收集细胞，用于我们的实验。有一次，凌晨4点左右，当他独自待在实验室时，他手中的心脏开始反射性地跳动，就像恐怖故事中的场景一样。

有时，科学是一个从匈牙利牛屠宰场运到实验室的大脑；有时，在一个寂静的夜晚，是一颗在你的手中跳动着的人类心脏。在更常见的情形下，科学是一个接着一个的实验，一次一个实验。

我将在埃利奥特的实验室里做数千次实验。也许这听起来很多，但你必须了解科学是如何运作的。

尽管单个实验是研究过程中最小的单元，但它本身还算不上**研究**。在科学领域，你的首要目标是形成和检验假设；要做到这一点，你需要的不是单个实验的结果，而是大量实验的结果。你需要对每个实验进行多次不同的操作，每次仅更改一个变量。对于每个实验，你还需要一个对照组，其中所有变量都不更改，这样你就有了一个参照点。

有时，当实验没有给出我预期的结果时，我会瞥一眼挂在墙上的达·芬奇名言：**实验（结果）永远不会出错，出错的只是你的预期**。一个实验可能看起来失败了，但这只是因为你的假设是错误的，或者做实验时犯了错。除非你做了很多不同的实验，每次都调整一点东西，否则你不可能知道正确答案。

现在，想象一下，你正在使用全新的工具、全新的试剂，你还不知道这些要素在不同实验条件下的表现如何，这意味着要做更多的实验。你实际上是在验证新的技术，同时进行自己的研究。每次混合新试剂时，我都会对其进行测试，以消除任何潜在的错误。

我可以这么讲：我的实验总是经过深思熟虑的。我考虑了潜在的结果并设计了每个实验，以产生最有价值的信息。我会有很多对照组。我做出调整，而后再次进行实验。我总是坚持怀疑自己的结果，直到毫无疑问为止。如果碰到了技术上的错误，我会创建新的科学实验计划来避免这一错误的重复出现。

然而，这种程度的细致，也意味着要抵制学术研究的一些压力和激励措施。

学术研究竞争激烈，充满难以形容的压力。当然，你会面临压力，要脱颖而出，要出名——要发表论文，要让别人引用你的论文。但压力远不止于此。一方面，存在资金问题。虽然大学通常会支付人文、艺术和社会科学专业教授的工资，但医学研究领域的科学家需要自己给自己付工资。有时，他们通过临床工作来实现这一目标；其他人（以及为他们工作的每个人）的工资则来自外部的资助，其中一些来自私人基金，但主要还是来自政府拨款，也就是纳税人的钱。

即使你获得了资助，也不是所有的钱都用于你的研究。大学会按一定比例提成，作为大学的运营费用，这将占你的资助的 50% 到 65%，有时更多。

财务压力巨大，由此带来了另一种紧迫感：要**出研究成果**——越多越好，越快越好，虽然质量不一定很好；要**第一个**发表，而不是研究做得最缜密。

资金压力也会决定研究的性质。巨大的压力会促使你去做那些能够为你提供所需资金的研究——换句话说，去做那些**已经得到**关注和资金的研究。那不一定是突破所在，也不是最需要的地方。也就是说，争取资助可能会让非常好的想法完全被忽视。

但我总是那么固执。当面临要求我产出**更多更快**的研究成果的压力时，我只会更加坚定精心设计实验的决心。我必须让自己的工作结果具有真实性和完整性。

我发表论文的速度比别人慢。我不想让我的科学论文仓促完成。我不愿急于发表，以免科学文献被不确定的结果污染。重要的是，我的实验结果不仅清晰透彻，完全令人信服，而且可以被重复。

埃利奥特看到了这一点。他似乎很欣赏我的认真态度，而且从不催我走得比我设想的更快。他信任我，因为他也很正直。

至于去做容易获得资助的研究，嗯，我绝对不做。

我来到宾大时，医学院正在经历领导层的更迭。老院长刚刚退休，医学院的新院长兼医院系统的首席执行官是一位名叫比尔·凯利（Bill Kelley）的医生。凯利曾在杜克大学学习，在临床界被公认为少年得志者。来宾大之前，他在36岁那年就升任密歇根大学医学院院长，是全美最年轻的医学院院长。

我从研究生时代起就了解比尔·凯利了。我在匈牙利做的最早的实验之一就是研究一种罕见的遗传性疾病，即莱施-尼汉综合征。该病的症状包括强迫性自残行为（咬手指、撞头）。凯利证明了该病是遗传性的，是一种特定酶的缺陷所致。由于我们生物研究中心的RNA实验室拥有所有相关的参考分子，我被要求分析从具有这种行为的儿童身上采集的血液样本，从而确定他们的特定酶水平是否较低。所以，这么多年后，当得知比尔·凯利——**那个比尔·凯利！**——将加入宾大时，我欣喜若狂。

他对这个地方也有着宏伟的规划。

凯利带来了一支也曾在杜克大学学习过的团队。这个团队和凯利本人一样，都是**基因疗法**——通过修改DNA来预防或治疗疾病——的传播者。在凯利的领导下，宾大建立了一个前沿的遗传疾病中心，即全新的人类基因治疗研究所，并在医学院设立了一个新的系：分子和细胞工程系。凯利聘请了他在密歇根大学的前同事吉姆·威尔逊（Jim Wilson）担任人类基因治疗研究所所长。

传达的信息很明确：宾大的未来在于基因疗法。

当然，这也是资金所在。人类基因组计划刚刚启动，该计划将测定每一个人类基因及其序列。《福布斯》对生物技术工业界赞不绝口，关注到了其"重磅"产品和"无限增长潜力"。20 世纪 90 年代初，在互联网泡沫出现之前，基因疗法是下一件大事。

是的，基因疗法确实有潜力。在当时，我们已经看到了早期小规模的成功故事。事实上，相较于 mRNA，DNA 具有一些技术优势。DNA 的稳定性使其比 mRNA 更容易操纵。但正如我所见，它也有缺点。基因疗法涉及改变一个人的基因组，这种改变将持久存在。当被处理过的细胞分裂时，已经改变的遗传物质也将成为新细胞的一部分。

相形之下，mRNA 疗法不会对细胞产生持久的改变——事实上，它根本就不会接近一个人的基因。mRNA 会被身体快速分解（mRNA 所携带的指令产生的任何蛋白质也会如此），因此 mRNA 疗法所能产生的效果既是显著的（例如，将尿激酶吸引到手术部位以防止血栓），也是**暂时的**。它还是高效的！有了 mRNA，理论上，我们可以将正确的蛋白质传递到正确的位置，而根本不需要将DNA植入细胞核。

我并不是不相信基因疗法，我只是认为，基因疗法和mRNA疗法都有作用。我希望宾大对这两个研究方向持开放态度。

但威尔逊似乎对mRNA和我的研究毫无兴趣。他几乎没有朝我的这个方向看过一眼。即使偶尔看过来，他也好像视而不见。

早些时候，埃利奥特和我被召集与吉姆·威尔逊及其他人一起参加一个项目经费会议，目的是为我们的负责人即将向国立卫生研究院（NIH）提交的申请制定议程。如果我们能得到这笔经费，它将价值数百万美元。吉姆·威尔逊介绍了一些有关腺病毒的数据，腺病毒是一种潜在的基因载体（一种将基因带入细胞的方式）。我问了很多技术问题，他的回答变得越来越简短——最终变得极为简短，我开始怀疑我是否在问问题，或者只是发出了一些令人不悦的噪声。在这个会议上，我还试图呼吁将mRNA研究纳入资助范围。好吧，还没等我把话说完，威尔逊就转到了别的话题，感觉他就像在说，**每个人都知道你不能操纵RNA**。但与此同时，我，一位有能力操纵RNA并已证明RNA研究可行性的科学家，就在他面前。

新领导层还带来了其他方面的挑战。比尔·凯利的早期举措之一就是用他在杜克大学的另一位好朋友埃德·霍姆斯取代了医学系主任。霍姆斯接手之后，迅速解雇了心脏病科主任，也就是埃利奥特的老板，并开始在全国范围内寻找继任者。

霍姆斯的妻子朱迪·斯温恰好就是一位心脏病学家。令人玩味的是，她得到了这份工作。

我不想说朱迪和我完全不同。事实上，她看起来和我一样固执，一样有远大抱负。要我说的话，我的抱负是好奇心的一种表现形式。我是一名地地道道的科学家，最想了解的是世界如何运作。在对知识的追求中，我为自己和我的研究设计制定了严格的标准。通过日复一日地遵守这些标准，我成为一名非常优秀的科学家。但我了解到，要在宾大这样的研究机构取得成功，还需要一些与科学无关的技能。你需要会推销你自己和你的工作；你需要吸引资金；你需要人际交往的能力，这可以让你受邀在会议上发言，或者让人们渴望指导和支持你。你还需要知道如何去做那些我从来不感兴趣的事情（奉承别人，闲聊，在不同意时表示同意，即使你百分百确定自己是正确的）。你需要知道如何攀登政治阶梯，重视等级制，这种等级制往好了说完全无趣（往坏了说与卓越的科学研究对立）。我对这些技能不感兴趣，我不想玩政治游戏，也不认为我应该这样做。从来没有人教过我这些技能，坦白说，我对它们也不感兴趣。

有时，人们很欣赏我这一点。例如，琼·贝内特经常告诉我，她非常感激我的直率。琼是一位出色的科学家，头脑敏锐。但她告诉我，她从小就被教育要温顺随和，即使这意味着不为自己挺身而出。“你的直率令人**耳目一新**，卡蒂，”她一直说，“我们中的一些人需要做更多这样的事情。”

但我感觉朱迪·斯温持截然不同的态度。

朱迪任职宾大期间，《纽约时报》对她做了报道。该文开门见山地写道，她“坚定而果断地”处于男性主导的领域的顶端，并指出，“她就是这样规划的，而且永远不会接受任何更低的位置”。对我来说，这句话恰如其分地描述了朱迪。她拥有很多我不重视的技能。

她也让这些技能为她所用。当时，朱迪是同等规模和水平的医学院中唯一一位领导医学系心脏病科的女性。在男性领导了 85 年之后，她还将成为第一位领导美国临床研究学会的女性。这些成就本身即是一种突破。

但成功的道路不是有很多条吗？不应该是这样吗？

事实上，我从未感受到朱迪的支持，遑论尊重。开会时，她似乎总是在对埃利奥特说话，而不对我说话。甚至在我们讨论我的研究工作时，她也几乎从来不看我一眼。她很少问有关我的研究的问题，我感觉她认为这没什么价值。

与此同时，奇怪的事情不断发生。例如，朱迪也参加了与吉姆·威尔逊的早期经费会议，就是那个我提出了很多问题，并提议将 mRNA 作为国立卫生研究院拨款项目的一部分的会议。我记得自那之后，她要求我不要再参加这样的会议。

从那时起，情况变得更糟了。虽然我在埃利奥特的团队工作，但实际上我是在约翰逊楼一楼朱迪的实验室空间工作（埃利奥特的实验室在五楼）。有一次，我正要去取一些去离子水——经过滤芯去除离子的自来水。去离子水是标准的实验室用品，而且较为便宜，但一名学生拦住了我，建议我到五楼取去离子水，因为**这些**水是用**这个**实验室的资金购买的。我问了几个问题，这名学生承认有人指示他和其他学生阻止我使用这些水，因为我不是他们团队的成员。

这只是一件小事，但令人不舒服。

还有一次，朱迪建议我不要再用母语和匈牙利同事交谈，暗示我永远学不会说流利的英语。我记得她是用友好的声音说这些话的，仿佛她是在帮我。但她的语调中有些东西让我不安，但当时我无法确定那是什么。直到后来，我才回想起在匈牙利时曾站于我家门口的秘密警察的那种虚假友善。

是的，**那就是**我从她听上去愉快的语调中所感觉到的：一种警告。

还有一次，朱迪把我叫到她的办公室。在那里，她告诉我，“大家”在抱怨我，说我太难相处了。我记得她用了“**破坏性**”这个词。

“等一下，”我说，“这些人是谁？他们的具体抱怨是什么？”对于含糊的指责，我无能为力。我建议她把这些人叫到办公室，这样我们就可以讨论具体的行为和实际的关系。当朱迪拒绝向我提供更多信息时，我走了出去。我没有时间处理这些事情。

我并不是说我很容易相处，毕竟，从高中起，我就是这样一个人。那时我会辩论，有时甚至激烈地辩论，为什么我得到正确数学答案的方法比我同学的更好；我依旧是那个违抗愤怒的俄语老师“刻毒先生”命令的女孩。但我也不再是个孩子了，我已经是一名科学家——一名经验丰富的**优秀**科学家。

再说了，有多少男性被允许“难相处”？说回天普大学，当苏哈多尔尼克博士在实验室里尖叫、摔打东西或在办公室里扔东西时，大家面不改色。这种行为才是了不起的男人**做的**，不是吗？

当然，朱迪·斯温周围也有难相处的男性。她对待他们就像现在对待我这样吗？或者，她是否也做了历史上人们一贯对难相处的男性所做的事情：将他们的固执和不礼貌行为视为天才的证明？

对我来说，底线是：我做得很好，我不想假装成别人。我为什么非得要假装？

好吧，我想，可能有一个很好的理由去假装：如我所说，我有五年的时间向宾大证明自己的价值。如果我做到了，我就会从研究助理教授晋升为研究副教授。如果我没做到呢？我可能就有麻烦了。在宾大，没有人能担任研究助理教授超过五年。要么升职，要么一无所有。升职，或者出局。

至于做出晋升或离职决定的权力，它不属于我的顶头上司埃利奥特，而是属于心脏病科主任，即朱迪。我可以就此决定向朱迪的顶头上司提出申诉吗？好吧，那人是朱迪的丈夫埃德·霍姆斯。

我的命运掌握在朱迪手中，若想留下来，我可能应该忍耐并闭嘴。

无论是好是坏，这从来都不是我的本性。

当人们回顾我的职业生涯时，他们往往只会指出一些贡献，那些与后来的突破直接相关的贡献。但科学探究很少是线性的，尤其是在基础研究中。那些日子里，埃利奥特和我有各种各样的新发现。例如，我们了解到血管内壁的内皮细胞可以表达高水平的尿激酶受体，换句话说，这些细胞可能是研究我们想要了解的事物的好地方。

在另一项研究中，我们比较了不同类型的膀胱癌细胞中的尿激酶受体——一组偏良性，另一组偏恶性。我们了解到，恶性癌细胞所表达的尿激酶受体数量约为良性癌细胞的三倍。

我们还比较了健康冠状动脉组织和心脏病患者的尿激酶

受体数量。虽然没有看到总量上的差异，但我们确实注意到尿激酶受体的表达位置存在差异（在患病动脉中，它们更靠近血管内部）。我们记下所学到的知识，并思考这些发现如何成为更大的拼图的一部分。

我们也在各种期刊上发表文章，包括癌症期刊、血液学期刊、生物化学期刊。有时，我在不与埃利奥特联合署名的情况下发表文章。例如，琼和我共同撰写了一篇文章，该文发现了编码视网膜视杆细胞中的一个蛋白质的基因中的重复序列。我自己还发表了一篇文章，介绍了优化 PCR 技术的方法。

我所学到的东西一直在增加。这就是基础研究：当你倾尽全力地学习一切时，你无法预测知识会通往何处。

有时，在实验室里，我们会自助聚餐。我会带来几大盘匈牙利食物，是按我母亲常用的方法烹饪而成的。吃饭时，我会跟同事讲我的童年，或我早年在铁幕之后所做的研究。琼和我在我们共用的实验室里依然相处融洽。当工作进展不顺利时，我们互相鼓励。我们为彼此的胜利欢呼，也经常谈论各自的家庭。她帮我处理与朱迪·斯温的矛盾，我也尽力帮她。例如，当琼突然碰到照看孩子的问题时，我安排了一个匈牙利人在下午照看她的孩子。

我喜欢那里，就是这样。我并未拥有一切，却拥有我最看重的东西。

在家里，也是一样，我们并未拥有太多，但也不缺什么。苏珊读完小学后，继续茁壮成长。她有很多朋友，也有很多兴趣爱好。有时，她一读书就是几个小时。其他时候，她会在我们家后面的树林里玩，谁也不知道她在那里做了些什么，但她回来时总是脸颊通红，笑容灿烂。三年级时，她开始吹萨克斯管，并一直练习。起初，就是同样的三个音符，一遍又一遍地练习；然后，同样的**音阶**，一遍又一遍地练习。在家时，我几乎总是彻夜工作，虽然钦佩苏珊的勤奋和专注，但我承认有时我会转身喊道："好吧，我们现在**可以**停止练习，休息一会儿吗？"不过，她越勤于练习，听她练习时的痛苦就越少。

她还开始参加体育运动——五年级时打垒球，六年级时跑步。最终，她为每个赛季选择了一项运动。这是有实际原因的。这延长了她待在学校的时间，或多或少减轻了我和贝拉的压力。"照顾"苏珊的是她当时的体育教练。

苏珊不抱怨，几乎从不抱怨。在整个童年和青少年时期，她都高高兴兴地穿着拉斯洛和贝蒂的儿子们的旧毛衣。（幸运的是，那是20世纪90年代，超大号的着装很流行。）她不介意我们每年只出去吃一次大餐，也不介意在学校放假期间，我带她去实验室，让她整天坐在那儿读书。整个夏天，她依然独自一人去匈牙利，每次打电话回家时，听起来她都很快乐。她会跟我介绍我母亲养的那些鸡的最新情况，并告诉我她学会制作了哪些新食物。铁幕掀开后，她热切地跟我说现在可以在匈牙利商店找到一种美国糖果。“妈妈！”她惊呼，“现在你能在这里买到花生味的M&M了！”（那是她最喜欢的糖果，我偏爱古伯斯[1]。）

贝拉和我对待她的方式颇为不同。如果苏珊回家抱怨老师，我的本能反应是马上问苏珊可以做些什么改变。贝拉则使用另一种方法。他看上去很震惊，**绝对震惊**，然后会说一些荒诞不经的话：“为啥，这个老师是谁？他开什么车？我要去划破他的轮胎！我会用二尺寸宽四英寸长的木棍[2]揍他！”

当然，他总是在开玩笑，苏珊知道这一点。她爱开玩笑的慈父，以自己的幽默、诚实以及建造和修复东西的能力而自豪。他有可能会做出一些具有破坏性的或暴力的事情吗？想想都十分荒谬。“哦，爸爸，你会去吗？”她会大声喊道，双手紧握，宛若一位刚刚得知将以她的名义举办一场舞会的公主，“说到做到？”

他回答道：“我当然会去！为了我的女儿，做什么都可以！”那时，苏珊的心情已经变好了。

即使当贝拉开玩笑时，他也仍然在保护着他的女儿，远比我的保护来得强烈。我希望苏珊能够独立。事实上，老实

1　古伯斯（Goobers），一种巧克力包裹的花生糖的品牌名。

2　这是美国家庭装修中常用的木料。

说，不止于此：我需要她成为一个独立的孩子。我的职业生涯取决于苏珊的独立能力。

我喜欢宾大的另一点是：这所大学将世界上最伟大的科学人物请到校园里来做讲座。他们获得了科学界最重要的奖项：路易莎·格罗斯·霍维茨奖、拉斯克奖……乃至诺贝尔奖。我参加了很多讲座，同时在两个层面上专心聆听。我想了解他们研究的一切，他们知道些什么，他们是如何做出发现的。与此同时，我一直在倾听 mRNA 疗法的潜在应用。

有时，我会向演讲者提出很多问题，注意到这会导致其他听众在座位上不自在地移动。我能感觉到自己违反了某种礼仪，但我不在乎。我们来到这里，是为了社交还是为了培养科学家？

我记得其中一次讲座，一位科学界的大人物——我说的是一位科学传奇人物，一位真正的杰出人物——来到校园。我是如此兴奋，已经准备好倾听他所说的一切了。但他开始讲话后不久，我的心就沉了下去。从他所说的以及被他忽略的内容中，我清楚地看到：这位曾经走在该领域最前沿的科学巨擘，他的阅读没有跟上时代。听他的讲座，感觉就像打开了几十年前的时间胶囊。自从他取得突破以来的这些年里，新的分子被发现，新的作用机制被描述和阐明，新的实验室技术得以发展，扩展了我们所能知道的可能性。但他就在那里，显然被时间困住了。这不会是最后一次发生这种情况，每次发生时，我都在心里记住：**无论发生什么，我都不能停止阅读，绝对不能。如果无法跟上阅读进度，我不会去做讲座**。

有时，我自己也去做讲座。这些讲座的听众总是很少，通常只面向我们的研究团队，但我总是非常认真地做准备。我在宾大工作几年后，一位去天普大学工作的同事邀请我回那里做场讲座。讲座内容围绕一种名为核酶的RNA分子。埃利奥特和我以及其他几位科学家已经证明：通过脂转染剂，可以将核酶有效地递送到细胞中。

自从我被赶出去并受到驱逐威胁的那个可怕时刻以来，我再也没有回过天普大学。当我开始演讲时，我看着聚集在一起的一小群听众，他就在那里：罗伯特·苏哈多尔尼克，那个给我带来如此多痛苦的人，**那个老板**。他看着我，仔细地听着，在讲话的同时，我脑海中闪现出那天晚上的情形——他打电话向我宣布：我要么和他一起工作，要么回匈牙利老家。

那天晚上，挂断电话后，我对贝拉说，**感恩有那么难吗**？

这是一个重要的问题。

在《生活的压力》这本让我在高中时深受触动的书的结尾，谢耶仔细思考了人际关系中应对压力的两种相互排斥的反应：复仇和感恩。他指出，复仇是一种缓解压力的做法，是自身安全受到威胁时一种非常人性的反应。但他指出，复仇“毫无益处，只会伤害双方”。复仇只会带来更多的复仇，进入无限的循环。如果想要以**改善**而不是损毁生活的方式缓解压力，那么有一个更好的方法：人们可以心存感恩。

谢耶解释说，感恩也是会累积的。正如复仇一样，它会自我加强。但它通往完全不同的地方。感恩会放大成功人生所依赖的那些东西：内心的平和、安全感、满足感。

感恩有那么难吗？事实上，不难。没那么难。即使在结局糟糕的情况下，人们也能找到好的一面。人们总能找到办法来表达感谢。

站在天普大学讲台上的那天，苏哈多尔尼克注视着我，我深吸了一口气。然后，我告诉听众，是天普大学教授罗伯特·苏哈多尔尼克把我带到了美国。我说，他给了我一个开端，在他的实验室里工作，我学到了很多东西。正是因为苏哈多尔尼克，我才真正学会利用 RNA 的力量和可能性。正是因为他，我才了解了核苷类似物以及大自然对核碱基进行调整的巧妙方式。我说，如果没有苏哈多尔尼克教授的帮助，我现在所做的工作和将来要做的任何工作都无从谈起。

我说的这些话都是真心的。诚然，那天我还可以分享其他一些真实的内容。但当我说话时，发生了一些非常有趣的事情。我们的思想总是那么有趣。当我选择讲**这个**故事时，卡塔林·考里科首先想到的是感恩，这个故事不仅变得真诚，它还变成了**真相**。

我很感恩。

讲座结束后，苏哈多尔尼克笑容满面地向我走来。他拥抱了我，说为我感到骄傲，很高兴见到我。我礼貌地向他表示感谢，此刻我明白了一些新的事情：**人们会忘记**。他们忘记了当时的具体情况，忘记了他们所做的乱糟糟的事，或者这些事可能会如何影响其他人。如果我要求苏哈多尔尼克像我一样记住往事呢？如果我坚持要他为自己的行为道歉，或者悔恨呢？我确信唯一的结果就是：我会永远等待。我的某一部分将永远停留在1988年，受到一个**甚至已经不在那里**的人的威胁。我最终会像“刻毒先生”一样，满腹委屈，满心酸楚。

不，我不想那样。我已准备好继续前行，不是为了他，而是为了我。

在我受聘之初，埃利奥特打包票说，团队会为我的工作寻求资助。他擅长申请经费，而他的实验室也获得了大量资金，包括来自美国心脏协会、国立卫生研究院和私人投资者的资金。他乐观地认为，我的mRNA研究会吸引资助者，我也一样。

那些日子里，我一直在写申请材料。我会把材料带回家，彻夜修改。苏珊在做作业，贝拉则在安装新的厨房管道或搭建新的书架。当他们都已入睡时，我还在继续工作。我们小区的灯光会渐次熄灭，只有我桌上的灯还在亮着。

我仍在精进英语，所以这些研究计划书花了我很多时间。埃利奥特一直在帮忙：他审阅我的申请书，调整我的语法或帮我重整结构，让行文更有吸引力。他解释说，资助方想看到的是你向他们**推销**一个项目。你必须向他们展示足够多的数据，让他们愿意资助，但数据又不能太多，那会让他们觉得你已经完成了研究。他们想要看到抱负，但又不乏务实精神。这是一种微妙的平衡。埃利奥特明白这种平衡，他也让我明白了这一点。

但仍无济于事。

我每个月至少写一份经费申请书，这样的状态持续了两年。我向私人组织和政府机构以及宾大研究基金会提交了研究计划，但没有一次获得通过。拒绝我的总是同一个理由的不同变体：

> 我们已经完成了对研究计划的审阅，很遗憾无法为你的计划提供经费……
>
> 实用性有限……
>
> 关于该研究项目的实验方法是否有实用价值，存在疑问……
>
> 存在 mRNA 稳定性的问题……

我很遗憾我们不能……

我很遗憾我们不会……

我希望你能够找到其他资金……

我仔细阅读拒信，试图从中学习并有所改进，但拒信仍纷至沓来。由于在经费申请方面连连碰壁，我们开始接触私人投资者。1994 年，我在宾大工作了近五年后，埃利奥特和我前往新泽西州普林斯顿，在那里，我们向一家投资公司寻求支持。会议进行得很顺利——事实上，非常棒。一队穿着昂贵西装、打着丝质领带的男士认真地听我们讲，提出了很好的问题，并热情地与我们握手。他们说会给我们钱——我认为他们承诺了七万美元。埃利奥特和我回到费城，相信我的工作终于得到了资助。

然后……就没有下文了。我们再也没有收到这些投资者的消息。他们对我们之后的电话和电邮皆不予理会。据我所知，“鬼影”[1]这个词当时还不存在，但他们确实这么做了。他们消失不见了。（如今，我有时会想到那些投资者，我想知道他们是否在自责。很显然，那本来会是他们花过的最值得的七万美元。）

总之，我的 mRNA 项目从来没有得到过一分钱资助。正

1 鬼影（ghosting），意为突然断绝所有联系，人间蒸发。

如你想象得到的那样，这在宾大不太行得通。

那些年，似乎对每个人来说都很难。心脏病科的人员流动极为频繁——有些人可能会称之为大规模人才流失。事实上，没过多久，整个系就大变样了。

幸运的是，埃利奥特是少数留下来的人之一。在他的实验室里，我每天都在学习。我正在为知识体系做出贡献，正在探求一些我确信有用的东西……终有一天会对什么人有用，哪怕可能只是微小的用处，哪怕在我的有生之年不一定会发生。我很乐意在这里一直待下去。

1995 年 1 月，医生在我的乳房里发现了两个肿块，怀疑是肿瘤。医生试图进行活检，但肿块钙化过度。这是个坏消息，意味着我必须直接接受肿块切除手术。（幸运的是，肿块是良性的。）我和贝拉一起开车去手术室，手术结束后，我们回到家，我继续修改那些没有通过的经费申请书。

在我被确诊后不久，贝拉收到了一封信。到了更新他的证件的时候了，他可以在美国驻匈牙利大使馆获得绿卡。于是，他回到了匈牙利，住在我姐姐位于布达佩斯的家。我们都认为这将是一次短期旅行。但是，当贝拉从大使馆回到佐卡的公寓时，他沮丧地摇了摇头。“你当我的大姨姊已经挺久了，”他说，“那么，我有一个问题：你喜欢我吗？”

佐卡滑稽地看了他一眼。“当然……”她略显谨慎地说。

"好!"贝拉说,"你喜欢我,那真是太好了,因为看样子我要在这里待上好几个月了。"显然,获得绿卡的时间比预期要长得多。

距贝拉发现自己被困在布达佩斯没几天,埃利奥特把我叫到他的办公室。埃利奥特比平时更平静,看上去有点痛苦。沉默了好一会儿之后,埃利奥特摇了摇头,告诉我他很抱歉,但他收到了朱迪的通知。

我的时间到了。自从我受聘以来,五年过去了,我"非升即走"的时刻到了。从表面上看,很简单:我没有找到钱,没有研究经费,也没有私人资金。我对宾大这个机构的价值显然就是这样评定的:我什么也没有。朱迪主任传达的信息是:我不会被晋升为研究副教授。

我飞速思考着**或许**可以证明我的价值的所有其他方式:我做了很棒的实验,发表了论文,还有更多论文即将发表;我的同事们一次又一次地找到我,要我帮他们设计实验;与此同时,我正在稳步实现一个伟大的想法,那就是让 mRNA 有一天可以用于治疗。好吧,这项研究还没有在宾大获得太多关注,但它**确实是一个很好的想法**。

但和衡量标准比起来,这些并不重要。

"我很抱歉。"埃利奥特说。我可以看出,他是真诚的,他真的感到抱歉。但常春藤盟校这个研究机构比任何一名临床研究人员都重要得多,像我这样的人根本无路可走。我没有升职，所以是时候出局了。

但……如果我不照做会怎样？如果我……留下来呢？这就是我接下来问埃利奥特的问题。我必须离开吗？

正如我所说的那样，没有人在未获得晋升的情况下留任。对于一名被拒绝晋升但仍留任的前研究助理教授，甚至没有合适的头衔。从来没有人需要这样的头衔。我们正处于未知之地。

毫无疑问，将被降级。但问题还是那个，如果我留下来呢？

到了 2 月，我有了一个新头衔：高级研究员。贝拉仍在匈牙利，仍在办理签证相关手续。我们有时会通电话，当我把自己的新头衔告诉他时，他想了一会儿。“你是说宾大没有人获得过这个头衔？”

“没有，我想是没有。”

贝拉笑了起来，他的笑声总是让我觉得这个世界一切都还好。“那你就创造了历史！恭喜你！”

我本来想和贝拉多聊一会儿，我太想念他了。但在那个年代，长途电话费特别贵。我们从来都不会聊很久。周围的一切都在提示着他的缺席：房屋装修工程陷入停滞，工具几个月都没有动过。贝拉离开前在重新组装一辆报废的汽车，看到车库地板上散落着所有那些发动机零件，我几乎感到切肤的疼痛。

贝拉不在家的日子里，我尽力陪伴苏珊，平衡着作为一名全职科学家和一名单亲家长的需求。我做了能做的一切。我听她练习萨克斯管——她在学校加入了一个爵士乐队，开始演奏真正的曲子了。在经历了所有那些音阶练习之后，这是一种解脱。我在她结束篮球训练时去接她，为她的比赛欢呼。（有时我声音太大，她忍不住在中场瞪我一眼。）我辅导她做家庭作业。

但贝拉离我这么远，我比平时更清楚自己没有选择。

2 月，苏珊需要做一个社会研究项目，主题是南美洲。她要以游记的形式写一份报告——就好像她自己走遍了那片大陆，并报告一路的所见所闻。她请我帮她。

1995 年，街上还有旅行社门店，你可以走进去，拿到介绍不同目的地的小册子。等你确定自己想去哪里，旅行社就会为你规划整个行程。他们会制定日程表，预订酒店和机票。好吧，我哪儿也去不起。但我还是开车去了一家旅行社，拿了介绍南美目的地——智利、巴西、秘鲁——的小册子，以及店里所有关于这片大陆的资料。

那天晚上，我和苏珊坐在一起，她剪下照片并开始写报告。我们一起查看地图，找出她在这趟想象的旅程中可能会选择的路线，讨论她如何规划这个项目。那些日子，我要在很多会议上以海报的形式展示实验成果，所以我有喷胶和记号笔。我把这些东西拿出来，坐在她身边，苏珊着手一次一页地制作。

我们都以为这个项目最多只需要花几个小时。但当她穿上睡衣去刷牙时，她还有很多工作没做完。

“妈妈，我把这张漂亮的马丘比丘大图放在左边，把的的喀喀湖和利马放在右边，怎么样？”

“嗯……”我皱起眉头，看着地图，“看，马丘比丘就在另外两个目的地之间。你能把利马和马丘比丘放在一页上吗？”

几个小时过去了。当我处理图片并校对报告时，苏珊不停地写啊写。我们不停地看时间。如果马上完成的话，她还能睡七个小时。一分钟又一分钟过去了，我们调整着预期：也许她还能睡五个小时，四个半小时，三个半小时……

我早已习惯了从夜晚到早晨的静谧时刻，街区变得那么安静。苏珊第一次经历这样的时刻，她必定遗传了我不睡觉的能力，看起来一点也不累。相反，苏珊工作的时间越长，她似乎就越有决心让这个项目变得与众不同。我注意到她的决心、她的专注力，以及她专心致志时绷紧的下颚。

不知不觉间，第一道曙光已经出现在东方。到了上学的时间，苏珊还穿着睡衣，正在为她的项目收尾。我们拿上报告和几件上学穿的衣服，她在车里换好衣服。

我送她到学校，看着她朝大楼入口处走去。我好像是看到了一个新的苏珊，不再是那个曾经的孩子，而是即将长大成人的她。**她是如此坚定**，我很欣慰。

到了3月，贝拉仍然没有回来。我非常想念他，不知道自己该怎么办。我给当时的总统比尔·克林顿写信，我给第一夫人希拉里·克林顿写信。我给美国驻匈牙利大使馆、律师和移民办公室写信。我告诉他们，我的丈夫被困在海外，我们需要他。他们就不能做点什么来帮助他吗？

即使我收到了回复，它们也是千篇一律：**耐心一点，要走流程**。但我对别人的流程从来没有太多耐心。

1995年3月18日是贝拉的35岁生日，恰逢周六。我和苏珊收拾好我们的车，开到华盛顿特区，我们在白宫前举行了仅有我们二人参加的抗议活动。

老实说，这算不上是什么抗议，只有我和苏珊举着牌子（苏珊的牌子上面写着：**让我父亲回家！**），任何掌权者——更不用说比尔·克林顿——都不会看到。但这也是一次**正式**的抗议，我们获得了许可。我想让我的女儿看到，在美国，一个人可以做这件事——可以站在总统居住地的前面说："我不喜欢某件事。我呼吁你做一些不同的事情。"作为一个童年在匈牙利度过的人，这对我来说曾是不可想象的。

在白宫前，苏珊拿出了她的萨克斯管。她演奏了在爵士乐队中学到的曲目，比如，格洛丽亚·埃斯特凡的《扭转节拍》、迪士尼电影《风中奇缘》的主题曲《风的色彩》和《阿甘正传》的主题曲。几个参加班级旅行的孩子走近苏珊，想了解她在抗议什么。“我父亲被困在匈牙利了，”她告诉他们，“我想让他回家。”

又过了好几个月，贝拉最终获得了绿卡。他回来的时候正值夏季。（是他带来了阳光，还是阳光把他带回了我们身边？不管怎样，温暖又回来了。）拉斯洛·巴吉制作了一条巨大的横幅，上面写着“欢迎回家，贝拉”，我们把它挂在房前的两棵树之间。当贝拉最终踏上那条路时，他还是那么英俊，四肢舒展，一如我初次见到他的那个晚上。我们一起欢呼。

贝拉回来后不久，有一个欢乐的时刻。当时我们家碰巧有两把萨克斯管——苏珊的乐器是我们租来的，它们的租赁期限有一点重叠。当苏珊练习她的新萨克斯管时，贝拉拿起了旧萨克斯管，尝试吹奏几个音符。我差点儿就忘了初学萨克斯管的人吹起来有多糟糕。苏珊插手进来，想教他如何使用嘴唇、腮帮和手指，结果更糟了。“别再吵了！”我抱怨道。我记得，接下来，贝拉和苏珊满屋子追我，用全部力气吹着萨克斯管。我捂住耳朵，从一个房间跑到另一个房间，试图摆脱这可怕的刺耳声音，那时我在想的是，**我真高兴啊，我们一家人再次团聚了**。

实验室里的一些时刻，你永远不会忘记。在这些时刻，你走到了人类理解力的外缘。然后，你又迈出了一步，跨过了边界——突破——进入新的发现。

1996年12月，埃利奥特、我和实验室技术员爱丽丝站在一台点阵打印机旁边。快到圣诞节了，到处挂着节日彩灯。那年冬天，费城异常温暖。当我赶到贝蒂和拉斯洛家里吃平安夜晚餐时，感觉就像春天一样。

但我心里记挂着别的事。

在我面前，打印机启动了，打印出一行行的点。我们一次又一次地听到打印机发出虫鸣般的吱吱声，三秒钟一次，而后是打印机返回到下一行开头的叮当声。

我们做了一个重要的实验，这是多年工作的结晶。自从七年前我第一次加入埃利奥特的实验室以来，这个实验就是我们一直为之努力的事情。

我们正在测试是否可以通过递送编码mRNA来诱导细胞产生尿激酶受体。

我们从一组本身不产生尿激酶受体蛋白的细胞入手。我们将这些细胞分为两组：实验组和对照组。我们向实验组递送了编码尿激酶受体蛋白的、脂质包装的mRNA。而在对照组，我们则递送了一种不同类型的脂质包装的mRNA，它不编码尿激酶受体。

我们一直很严谨，正如我们对促成这一刻的所有研究一样。

我们给细胞时间以开始转译mRNA。然后，由于尿激酶受体无法用显微镜观察到，我们向两组细胞中添加了微量的已知与尿激酶受体特异性结合的放射性分子。爱丽丝是制备此类分子的大师。如果发生这种结合，其作用几乎就像锁和钥匙一样：尿激酶受体是锁，这些标记分子是钥匙。如果细胞产生了尿激酶受体，它们就会将这些放射性分子固定在适当的位置。

我们也给了这个过程足够长的时间。

接下来，爱丽丝开始“清洗”细胞——冲洗掉所有未与潜在尿激酶受体结合的放射性分子。她反复清洗细胞，以便我们对结果有绝对的把握。

如果有任何放射性分子残留，只有一个可能的原因：它们与尿激酶受体结合了。如果存在尿激酶受体呢？嗯，这意味着 mRNA 发挥了作用。

吱吱吱吱，叮当叮当。放射性分子是通过连接在打印机上的伽马计数器来测量的。我们靠向这台打印机，看着一次出现一行点。

吱吱吱吱，叮当叮当。无论结果如何，重要的一切都已经发生了。它要么有效，要么无效。无论结果如何，我们都会从中学到些什么。我提醒自己这一点：人始终要学习。

吱吱吱吱，叮当叮当。我与埃利奥特，然后又与爱丽丝四目相望。圣诞彩灯在闪烁，时亮时灭。那张纸上形成的是数字吗？是的。

吱吱吱吱，叮当叮当。渐渐地，数据开始在纸上形成。实验组有大量放射性物质。但对照组呢？一点也没有。

天哪（我们说了很多次：**天哪，天哪，天哪**）：结果是毫无疑问的。我们的实验细胞**真的在其表面产生了尿激酶受体**。我们成功地使用 mRNA 在细胞内制造出了特定的蛋白质，而且我们所使用的技术既简单又廉价。

这其中蕴含着巨大的临床潜力。

有一个著名的故事，可能是杜撰的，说的是阿基米德将自己浸入浴缸中，刹那间领悟了浮力的原理。他对自己取得的突破兴奋不已，便赤身裸体地跑过叙拉古的街道，大声呼喊："我发现了！"[1]

一些科学家将香槟储存在身边的冰箱中，一放就是几年乃至几十年，就是为了等待取得突破的那个时刻。

无论以什么标准衡量，这都是一项突破，一项重要的突破。

但埃利奥特、爱丽丝和我并没有喝香槟，也没有（穿着或不穿衣服）在费城的街道上奔跑，甚至没有跑步穿过我们实验室所在的约翰逊楼。

事实上，那一刻我做了我一直在做的事情：重返工作岗位。我想要使用不同的细胞系、不同数量的 mRNA 来尝试同样的实验。我的脑子里飞速运转着调整这个实验的一百万种方法，重新测试，一次又一次地重现结果。一如既往，我想

---

1 此处，"我发现了"原文为 Eureka，源自古希腊语。

确保这个结果是确切无疑的，只要采取相同的步骤，任何人都能够重复获得我们的结果。我还想看看，我们是否可以获得更好的结果，乃至更多的蛋白质。

但是，第一个知道其他人从未了解的事情（在此，就是知道如何用在实验室中制备的 mRNA 让细胞产生尿激酶受体，**看看你能让细胞做什么！**），这种感觉无与伦比。那一刻，一股反常的暖气流带正穿过这座兄弟之爱之城[1]，营造了一个异常温暖的冬季假日，我内心充满力量，有一种大获全胜的感觉。

埃利奥特是一个好人，也是一位优秀的科学家。但他还有另一项特长：拥有出色的商业头脑。

他为他做的一些与预防心脏阻塞相关的研究申请了专利，一家生物技术公司获得了他的专利许可，这家公司随后成功上市。首次公开募股（IPO）的过程很艰难，埃利奥特已证明他是这个团队中的一个可靠、睿智的成员。他协助主持了与风险投资家和制药公司高管举行的很多外部会议，负责从科学规划到投资者推介等各种事务。

在宾大内部，他也证明了自己的商业能力，协调着我们的实验室、化学实验室、血管外科医生和公司技术部门之间的工作。

---

1 兄弟之爱之城（City of Brotherly Love），费城的昵称。

埃利奥特很会与人相处。他可以独立思考，可以解释伟大的想法；他可以在不同的人之间无缝切换，从容应对律师和化学家、生物学家和高管、投资者和医生。很多雇主都愿意雇用像埃利奥特这样的人。

我想我应该预见到将会发生什么。

在我们的点阵时刻过去几个月后，埃利奥特收到了森托科（Centocor）心脏病学小组领导职位的工作邀约，森托科是一家主要以单克隆抗体而闻名遐迩的生物技术公司。

与人体产生的抗体一样，单克隆抗体可以中和病原体或有害分子，但它们可以在实验室中以标准化方式生产。它们是一种具有高度特异性的抗击疾病的方法，而且极其有效。

这份工作非常适合他。森托科正在开发一种名为ReoPro[1]的特殊单克隆抗体疗法，它有助于预防血栓。1997年，ReoPro获得联邦食品药品管理局（FDA）批准；消息公布当天，森托科的股价从每股2.56美元跃升至52美元。

对埃利奥特来说，这显然是一个极好的机会。

我想说的是，我理解埃利奥特**为何**会接受森托科的邀约。

我只是不清楚，他离开后我的处境会怎样。

---

1 ReoPro，血小板聚集抑制剂阿昔单抗（Abciximab）的商品名。

我喜欢观看苏珊参加的体育赛事。我喜欢比赛中的一切声音——运动鞋在体育馆地板上摩擦发出的吱吱声，激动人心的时刻看台上混乱的叫喊声，球棒恰到好处地击中垒球时发出的噼啪声，还有三振出局后队友给予的善意鼓励：**没关系，没关系，做得很好。**

除了关心孩子们的希望和心碎时刻，我喜欢和一群成年人在一场没有赌注的游戏中彻底迷失自己，但孩子们可能根本不会记得那一天。我喜欢所有那些“她能不能做到”的时刻，当一个年轻运动员的机会到来时，你不知道她是否有能力迎接这个挑战。很多时候，她没有。但偶尔，某个运动员会给你带来惊喜。每到这个时候，所有的家长和教练都会爆发出兴奋的吼叫。

坐在场边的我就是一个“那样”的妈妈：我的欢呼声太大了。我会跳起来，在场边大声喊叫，挥舞着手臂，就像某个发疯的航空交通管制员一样。我总是让苏珊感到尴尬，她要么完全不理会我，要么狠狠地瞪我一眼，以至于其他家长会扬起眉毛转向我。“哎哟，你惹她生气了！”他们会大笑着说。由于我总是用匈牙利语大喊大叫，他们不得不问我到底说了些什么。

身为运动员，苏珊……还行。她打球很有士气，也有一定的运动直觉，而且她喜欢成为球队的一员。我还可以看出，她内心的某些部分渴望获胜，但她似乎并不太自信。我可以看到她在那里犹豫不决，有点谨小慎微，似乎害怕犯错。当然，这只会让我喊得更大声。

还记得苏珊刚上高中的时候，在一场篮球比赛的整个上半场中，我一直用匈牙利语对她大喊大叫。她其实已经给我定了一条规矩：不准用匈牙利语大喊大叫（“这太丢人了，妈妈！”）。但我还是忍不住，正如我在她的比赛中一直表现的那样，一兴奋起来，我就会用最自然的母语来表达。在这场比赛中，苏珊一直在进攻，但你看不出来。她那时已经比我高了，身高 6.2 英尺[1]，但上半场她一直躲在防守球员的身后。再明显不过了，她不想让任何人把球传给她。我知道她对自己的控球技术没有信心，如果她投篮，很可能会投偏。我知道投不中是令人沮丧的，但我还知道一件事：如果她继续这样躲着，就永远不会进步。

“到前面来，不要躲！”我用匈牙利语喊道，“要有攻击性！你可以**做到**！”

我一直大喊大叫，直到中场休息才停下来。就在那时，苏珊的教练转过身来，指着看台上的我。“不管你妈妈说什么，”教练指示道，“**照做**吧。”

苏珊有个队友叫霍莉，她的母亲珍妮特也和我一样大声，我们常常在看台上坐在一起看球，制造了双倍的热烈效果。珍妮特有时会带着啦啦队的花球来看比赛。这些花球之

1　6.2 英尺约合 1.89 米。

于霍莉显然正如我的匈牙利语之于苏珊一样：**简直丢人**。

大约在苏珊宣布禁止我说匈牙利语的时候，霍莉也禁止珍妮特挥舞花球。此后，珍妮特把花球给了**我**，我把它们高高地摇过头顶。最终，女孩们干脆禁止我和珍妮特来看比赛。

尽管如此，如果可以的话，我还是会这样做：欢呼，挥舞花球，在每一个喧闹、尴尬的时刻。我认为拥有自己的啦啦队队长是很重要的。我认为，每个人都应该知道，**这里有一个相信我的人，这个人相信我可以做了不起的事情，并且永远不会停止支持我**。

当埃利奥特离开宾大前往森托科时，一位老朋友向我伸出了援手。

戴维，就是那名医学生，我曾经把他的实验结果扔进垃圾桶，并宣称那是“垃圾”，他早就完成了在埃利奥特实验室的短期工作。他回到医学院，获得医学博士学位，并完成了实习。现在，他是宾大医学院神经外科的住院医师。

多年来，我们一直保持联系，甚至继续一起发表一些论文。戴维仍会阅读我交给他的所有资料，也问了我一百万个问题。我发誓，有时我感觉戴维好像正试图将我大脑中的内容下载到他自己的大脑中。我怀疑他真会这么做，如果他能弄清楚怎么做。

“总有一天，凯特，”他总是叫我凯特，就好像我和他一样成长于新泽西州的樱桃山[1]，“我会知道你所知道的一切。”然后，他咧开嘴，露出灿烂的笑容。

我会摇着头回应。“但我还在学习啊。”我开玩笑道，“到你知道我现在知道的东西时，我知道得就更多了！”

戴维留在宾大完成住院实习期，打算在两年后加入临床系，这意味着他至少要做出一项牺牲。他希望成为一名血管神经外科医生——一种非常专业的医生，负责对大脑和脊柱的血管做手术，为中风和脑动脉瘤患者提供有可能挽救生命的治疗。显然，他是因父亲中风而与这项工作产生了强烈的连接。从其他方面来说，血管神经外科非常适合他：相关手术的强度很大，需要医生属于非常特殊的人格类型。血管神经外科医生要能够在最紧张、风险最高的情况下，快速做出明智的决定。他们必须灵活，在行动中思考。也许最重要的是，他们需要坚持不懈地学习和提高自己。

戴维现在已经证明了他能做到这一切。

不幸的是，宾大并不需要再来一位血管外科医生，而是需要一位脊柱外科医生，戴维似乎也挺高兴地接受了这份工作。他规划好了未来：他将把时间一半用于临床工作，一半用于基础研究……他想和我一起工作。

1　樱桃山（Cherry Hill），新泽西州的一个中高档社区，与费城隔河相望。

尽管我们不在同一个实验室或同一个系，但戴维仍然全力以赴地研究 mRNA 疗法。事实上，他有了一个新想法：也许 mRNA 可以用于预防脑血管痉挛，这是一种危险的大脑血管狭窄，可能在发现动脉瘤或中风之后出现。他解释说，脑血管痉挛可能致命，且极为常见，现在还没有有效的预防方法。

但一氧化氮会使血管扩张。如果你可以将一氧化氮递送到这些狭窄的血管中，你就可以抵消血管痉挛的影响。不幸的是，一氧化氮是一种气体，半衰期仅为几毫秒，因此无法注射。戴维假设我们可以创建一种 mRNA 疗法，编码一种产生一氧化氮的蛋白质，这是一种具有明确救生效果的潜在疗法。

到埃利奥特宣布离职时，戴维和我已经跨系工作了很长时间。这种合作并不鲜见。多年来，我在宾大一直被视为“那位疯狂的 mRNA 女士”。每次遇到医生或研究人员，我都会告诉他们我可以制备 mRNA，我可以操纵任何类型的 RNA，并问他们是否需要。

然而，不同寻常的是，戴维对这项工作有着坚定的信念。他不仅为我们的工作申请到了一笔小额资助（如果我没记错的话，约为 2.5 万美元），还在亚利桑那州的一个会议上发表了论文《绕过细胞核：作为基因疗法的 mRNA》。我想，可以公平地说，戴维不仅仅是 mRNA 的信徒，他还成了 mRNA 的传播者。

戴维知道，当埃利奥特宣布离开时，我在宾大便前途渺茫了。我没有任何经费，没有资金，也没有得到哪个拥有任何正式权力的人的尊重。宾大人类基因治疗研究所现已差不多全面投入运营，预算为2 500万美元；它与众多生物技术公司建立了联系，并计划进行与囊性纤维化、乳腺癌、肌营养不良症、脑癌和一种名为鸟氨酸氨甲酰转移酶（OTC）缺乏症的罕见遗传病相关的早期临床试验。所有的关注都集中在这些项目上。

埃利奥特的实验室有点像一个保护性力场，实际上是一个脂质包膜，保护我免受那些肯定会把我消磨殆尽的力量的影响。没有了埃利奥特，我在宾大的日子就屈指可数了。

戴维认真对待我的职业生涯所面临的威胁，一如他对待真正的脑部手术。“但这个地方不能失去你，凯特，”他愤怒地说，“**我**不能失去你。还有，你的绿卡现在怎么办？”

我向他保证，我会没事的，总会有办法。也许在另一所大学还有另一个实验室。毕竟，我已经有过在贝塞斯达的那段经历了，可以在某个地方找到另一张工作台。我没有说出自己惦记的另一件事：苏珊正在读高中，她想上宾大。我不知道她是否会被录取，但我确信，如果没有大学给教职员工的折扣，我们永远负担不起学费。

戴维仍然很愤怒，这种愤怒已经超出了我现在的处境。他父亲与许多在新领导层上任后离开宾大的心脏病学家关系密切。事实上，他父亲最好的朋友、戴维的教父马克·约瑟夫森（Mark Josephson）就是被解雇的心脏病科主任，朱迪·斯温取而代之。对戴维来说，我的遭遇是他已经见过太多次的情况的重演。

“凯特，”戴维坚持己见，“你是一位了不起的科学家，你拼命工作，你的意图都是好的，你有一个很棒的想法。所以，去他妈的政治，去他妈的比尔·凯利，去他妈的朱迪·斯温。如果心脏病科不再需要你，我会确保有人要你。”

戴维找到了神经外科系主任尤金·弗拉姆，戴维坚持说，他们系**绝对**需要一位分子生物学家，他们需要**我**。请注意，戴维当时只是一名实习医生，他正在做的这件事——告诉一位系主任如何为系里配备人员，建议改变人员结构并招聘，暗示如何安排工作流程、优先事项和资金——远远超出了通常的程序，他还不如去告诉费城 76 人队[1]的主教练第一轮选秀应该选谁。

但戴维信心十足。他很喜欢宾大，希望这个地方变得更伟大。他坚定地对尤金·弗拉姆说，雇用我正是让这个地方变得更伟大所需要的。戴维计划与我合作进行研究，肩并肩，无限期。只有我成为神经外科系的一员，我们才能做到。

1　费城 76 人队，费城的 NBA 职业篮球队，得名于 1776 年在费城签署的《独立宣言》。

戴维总是充满热情，他的能量具有感染力。他也知道如何提出有说服力的论点。显然，尤金·弗拉姆未能抵御戴维的游说。不久后，我成为神经外科系的全职成员。

我感激不尽，但戴维挥挥手，拒绝了我的感谢。“不要这样，凯特！”他坚持说，“我只是在为我自己考虑罢了。在接下来的人生中，我有了一个很棒的合作者。神经外科得到你的经验，宾大还将得到我们合作研究的成果。这不仅仅是双赢啊，这是**赢、赢、赢、赢、赢**。”

后来，当其他医生问他“你为什么要与**她**合作？”（他们就是这样问的：“你为什么要与**她**合作？”一次又一次，他被问到这个问题），戴维——那些大楼里的一位超级明星，坦白说，他可以选择与任何人合作——从来没有放过一次赞扬我的机会。“因为她很优秀”，他会说，或者，“因为她不仅仅是在追逐实验经费，她真的在尝试做一些事情”。又或，他只是简单地说：“因为她的这个想法行得通。我告诉你，我们会让它成功实现的。”

正如我所说的，拥有自己的啦啦队队长是很重要的。有人相信你，在前路艰难时也依然不会放弃为你加油，这很有用。

戴维和我好比一部警察兄弟电影中的不同角色——反差巨大。我内心有紧迫感，苛求细节，戴维则恣意奔放，充满活力。我很务实，就事论事。而戴维将他的激情尽数张扬于外，仿佛要将他所感受到的一切展示给别人。我的目光注视着长远的地平线，戴维则很热切，总是一头扎进每一个可能性。

有一次，戴维应邀在华盛顿特区的一个大型医学会议上展示有关 mRNA 的海报；他请了一天假，跳上一辆美国铁路公司的列车，把海报紧紧夹在腋下。他急切地赶到了会议中心，却发现……那里空空如也。一个人也没有。这座巨大的会议中心竟是空荡荡的。后来他发现了一位正在用吸尘器清理走廊的老人。戴维困惑地上前询问："这里有科学会议吗？"

那位老人耸耸肩。"今天没有。"

原来戴维提前一周到场了。像我这样仔细、较真的人，是绝对想象不出自己会做这样的事的！

但戴维的热情奔放也有好处，他无所畏惧。我们在寻找正确的脂质体配方来将 mRNA 传递到细胞时遇到了困难，戴维便果断地拿起电话，打给任何有可能提供帮助的研究人员。我听到他在电话里毫不犹豫地主动表示要去他们的实验室或家里，我很惊讶竟然有人能如此轻松地做到这一点。

尽管我们之间存在不少差异，但戴维和我还是有一些重要的共同点。其中之一，就是我们都拒绝自满。

有很多研究人员在学术医学研究体系中表现出色，他们与同事和睦相处，加入委员会，赢得了每一颗金星。按几乎所有标准来看，他们都是成功的，但他们**没有一点好奇心**！

他们有资助他们工作的经费，并且似乎很高兴靠做这些研究谋生。他们想要过上好日子，而且已经过上了，便心满意足。我想这并没有什么问题。

而戴维和我如饥似渴，我们想学习一切，仔细检查，穷尽每一种可能性，有所作为。无论是好是坏，我们不幸拥有汉斯·谢耶所说的“强烈而无法控制的好奇心”。我们一起追逐一个又一个目标，然后直奔下一个目标。有时，我向戴维抱怨，那些在理论上已然处于科学体系顶端的人竟失去了探索欲，戴维会试着设身处地。“医生的隧道视野[1]是被训练出来的，”他跟我说，“他们就是这样。”

“对，但是——”

“我告诉你，凯特，如果你想改变这种情况，你会气疯的。”

我会叹口气，然后我们回到那天我们正在试图解决的难题上。

我们到得很早，工作到很晚。当戴维离开实验室时，他会前往斯库尔基尔河，拿出和在我们的实验室中一样的热情去划桨。然后，他会回到实验室中继续工作，而我仍然在那里，盯着大量数据。

我们克隆了生成诱导型一氧化氮合酶（iNOS，一种能产

---

1 隧道视野（tunnel vision），一个人若身处隧道，便无法看到隧道以外的路径，在此指缺乏远见。

生一氧化氮的蛋白质）的基因，并用它来生成mRNA，日复一日。（戴维现在已经可以完美地制备mRNA样品了。在我此后的职业生涯里，我会拿每个人的工作与他的做比较。）我们在体外用诱导型一氧化氮合酶的mRNA处理培养的细胞，看看它们是否会产生一氧化氮。如果产生了，就代表我们已经正确地制备了mRNA。接下来，就该在动物身上进行测试了。我们将诱导型一氧化氮合酶的mRNA植入猪脑中，然后通过一个颅窗观察脑血管是否扩张，并将结果记录在磁带上。戴维认识芝加哥大学的一些杰出研究人员，他们研究过猴子的脑血管痉挛。我们带着装在冰桶里的诱导型一氧化氮合酶的mRNA，拜访了他们的实验室。（在此期间，他们的系统不工作，所以我们无法确定mRNA是否在动物身上起了作用。）戴维还与纽约州布法罗市东芝中风研究中心的约翰·杰曼（John German）建立了联系，我冒着暴风雪前往布法罗，在兔子身上测试我们的mRNA。在那里，关于如何在手术前做擦洗，我得到了具体的指示。指示非常详细，整个过程让我回想起了父亲在小新萨拉什开始工作之前洗漱的情景。当我向杰曼医生提到这次兔子手术让我想起了父亲的职业时，他的脸上露出了笑容。“说真的！”他惊呼道，“我父亲也是神经外科医生。还有我爷爷！”他告诉我，事实上，他的祖父威廉·杰曼在耶鲁大学协助建立了美国第一个神经外科系。

这种误解让我大笑。不是，我解释道，我父亲从事的是一种非常不一样的工作。遗憾的是，这个特定的测试还是无法证明诱导型一氧化氮合酶的 mRNA 有我们想要的效果。

戴维和我确实取得了一些成功。在动物体内测试诱导型一氧化氮合酶的 mRNA 之前，我们证明了它在体外培养细胞中可以转译为功能性蛋白质。但奇怪的是，在动物体内的影响很有限。我们根据工作成果发表了几篇论文。戴维和我发表的一项研究显示，mRNA 可以让大鼠的大脑表达荧光素酶。我们还共同发表了一项研究，表明磷酸盐缓冲液可产生高水平的 mRNA 蛋白质表达。但我们一致认为，我们需要更有效、更稳定、更**可重复**的结果。我们希望看到它不仅在体外（在从体内分离出来的细胞中），也在体内（在活体动物中）发挥作用。

幸运的是，我们都还年轻……或者至少还不算老。我们还有很多年时间来解决这个问题。

正如我之前所说的那样，戴维希望成为一名血管神经外科医生，但他在宾大未能如愿。他接受了做一名脊柱外科医生的现实，看起来很高兴。但当尤金·弗拉姆接受纽约一家新成立的神经学研究所的工作机会时，他邀请戴维一起去。戴维同意了。

那时，我在神经外科系工作才两年。

这是一次艰难的告别。“我会跟新来的系主任说你好话的。”戴维告诉我。新任神经外科系主任肖恩·格雷迪（Sean Grady）将从华盛顿大学加盟宾大。格雷迪有着出色的履历——就读于乔治城大学医学院，在弗吉尼亚大学做过住院实习医生。他的导师是神经外科领域的超级明星，曾经治疗过克里斯托弗·里夫[1]。格雷迪有着电视新闻主播的方下巴、蓝眼睛和匀称的脸庞。

我摇摇头。“没有人能像你一样制备RNA，”我告诉戴维，“其他人都会让我失望，我已经明白这一点了。”

戴维笑了，尽管他的眼圈红了。“看来这些年我确实学到了一些东西，不是吗？”

确实如此。

再次开口时，他的声音有些颤抖。“我一直以为我会在宾大度过余生。我以为你和我会用我们的mRNA疗法一起拯救世界，我真是这么想的。”戴维用手指捋了几次头发，“但也许我应该以不同的方式拯救世界。”

我想起了戴维的父亲，一次中风夺走了一切。这一让其家人不能释怀的事件是戴维的起源故事的一部分，正如我父亲的职业为屠夫和他因心脏病突然去世也是我的故事的一部

1 克里斯托弗·里夫（Christopher Reeve，1952—2004），美国影星，好莱坞大片《超人》中超人的扮演者，因从马上摔下来造成脊柱受伤，导致高位截瘫。

分一样。

戴维需要这样做。他当然做了。尽管如此，这个决定对他来说显然是一件痛苦的事。

当我第一次见到戴维时，我就知道他会得到充裕的机会。现在我想知道，生活中有很多选择，这本身会不会也是一种负担。如果有很多扇门向你敞开，而你这一生只能走进其中的几扇，你是否永远也摆脱不了这样的假设：如果我走进了另外几扇门呢？

最后，戴维笑了，他那充满感染力的畅快笑容是我在过去十年里再熟悉不过的。“你知道的，你永远无法真正摆脱我，凯特，”他说，“我会一直给你打电话。”

“我知道你会的，戴维。”然后，我补充道，“我会没事的。我为你感到高兴。”我还能说什么？在我最需要的时候，戴维是我的啦啦队队长。现在，轮到我为他的新生活加油了。

郑重声明，我说得没错：在那以后与我共事的人，他们之中没有人能像戴维那样出色地制备 mRNA。

第五章

苏珊的妈妈

世界正在快速变化。当我到达宾大时，科学图书馆仍然在使用卡片目录，想读科学期刊只能读纸质版。到了2002年，也就是我工作了十多年后，一切都发生了变化。科学出版物（包括过刊）实现了数字化；我可以在世界上的任何地方阅读它们，并将其保存到我的笔记本电脑中。但在1997年，也就是我转到神经外科的那一年，我仍然在图书馆中偏远的书架之间徘徊，拿起几本《细胞》的纸质版，以及数十种其他期刊，一页页翻阅。

每当看到一篇有趣的文章，无论是在家里还是在宾大，我总是会复印一份。这意味着我从未远离复印机，我甚至开始将宾大的一台复印机“视为己有”。大多数时候，的确只有我一个人在用。

有一天，我留意到一个新来者正在使用“我的”那台复印机：一个看上去很严肃、年龄不详的家伙。他有点谢顶，但没有皱纹，也没有双下巴。**比我年轻**，我想，**但也许不会年轻太多**。他穿着领尖有纽扣的衬衫，整齐地塞进没有褶皱的卡其裤里。鞋子舒适，做工精良。务实、不张扬的男性装束。他注意到我，郑重地微微点了点头，继续复印。

我在旁边等着，但我不喜欢这样。

他逐页复印，然后开始复印下一篇。这个闯入者到底是谁？他打算留下来吗？我以后是不是得经常这样等着？

在这种情况下，我做了我唯一能做的事：自我介绍。

他就是德鲁·韦斯曼（Drew Weissman），他的名字有一天将永远与我的名字联系在一起。德鲁不久前来到宾大，他之前在国立卫生研究院工作，是著名的托尼·福奇博士实验室的研究员。当时我还没有听说过福奇博士，但因为德鲁没做进一步解释，所以我明白“托尼”应该是个大人物。我问了更多问题。德鲁礼貌而简洁地一一回答。德鲁是医学及哲学博士、免疫学家和微生物学家。他刚刚在宾大建立了自己的实验室，虽然现在规模很小，但他有宏大的计划。他想找到针对传染病——流感、疱疹、艾滋病、疟疾——的新疫苗。他告诉我，他目前正在研究艾滋病疫苗。

那时，我与所有愿意倾听的人谈论 mRNA，无论他们在哪个系或其研究领域是什么。我承认，我有点像街头小贩，向任何可能有兴趣的人兜售我的好主意。**mRNA！在这里获取你的 mRNA！我有用于心脏手术的 mRNA！用于脑部手术的 mRNA！我将为你提供 mRNA，用于你可能需要的任何疗法！相信我，你在其他任何地方都找不到更好的 mRNA！**

在那一刻之前，我想的全都是 mRNA 的治疗潜力，对疫苗从来不感兴趣。现在，站在我不愿与人分享的复印机旁，我开始看到 mRNA 的全新前景。

你做疫苗需要 mRNA 吗？当然，我也可以提供！

在我向德鲁描述我的研究工作时，他严肃的表情发生了变化。这种反应很微妙，他的眼睛微微睁大。换成别人，这可能毫无意义。但低调如德鲁，这种肌肉的轻微收缩可能像是一声可以听见的倒抽气：我可以看出，我引起了他的注意。

事实证明，德鲁最近对他可能将抗原——一种能触发免疫反应的微小之物（如病毒、细菌或寄生虫）——递送到细胞中以进行疫苗开发的所有不同方式进行了评估。他确定他和他的实验室工作人员使用了所有可能的方法，但有一种除外：因为**他无法获得 mRNA**。

德鲁本人没有合成 RNA 的经验。现在纯属巧合，他站在一名 mRNA 研究人员旁边！回首往事，我感觉这样的机缘巧合真是让人难以置信。有时，即便是充满严谨性和纪律性的科学，也依赖平凡而古老的运气。

所有这一切都意味着，当我的第二位宾大医生合作者戴维前往纽约开始他的新生活时，我认识了我的第三位合作者，一名勤奋努力、经常霸占复印机的免疫学家，并与他着手做一些研究。

大自然充满了锁与钥匙般的伙伴关系，其中，两种截然不同的分子——例如酶及其作用的底物——刚好完美地结合在一起。当它们找到彼此时，它们的互补部分牢固地卡入到位，一系列非凡的事件随之展开。

在生物学中，这屡见不鲜：当锁遇到钥匙，大门就打开了。

我当时还无知无觉，但那天站在复印机前，我恰恰卡入了我自己的锁匙系统。德鲁和我非常不同，但我们都拥有对方所需的知识和技能。我是 RNA 科学家，对免疫学所知不多；他是免疫学家，没有什么 RNA 方面的经验。我们的携手将引发一系列事件，并将改变……一切。

苏珊也在改变。她开始考虑上大学的事情。

我仍然希望苏珊能上宾大。近十年来，我周围的人都坚定地认为没有比这更好的学习场所了。毕竟，宾大是常春藤盟校，是全国最好的大学之一。它是美国的塞格德大学，学费折扣力度也很大。在我看来，这条路似乎很清晰。

苏珊现在还没有被说服。她想去加利福尼亚上大学。加州大学洛杉矶分校给她寄来一些宣传册和一张停车证，她在厨房里挥舞着停车证。“但是你看，妈妈！”她惊呼道，“我已经有停车证了！我实际上已经是他们的学生了！”

不行，我说。去加利福尼亚的航班需要穿越整个美国，机票太贵了。不出意外的话，她的前途不是宾夕法尼亚大学就是宾夕法尼亚州立大学。两个都是不错的选择，但我知道我希望她选哪个。

苏珊和我第一次为学业问题争吵——关于家庭作业，她的考试准备得如何，她的成绩是否足够好。对了，还有学术能力评估测试（SAT）[1]！我买了每一本 SAT 备考书籍，在我们共处的为数不多的空闲时间里，我给她做了词汇练习。*Accede, berate, dearth, hackneyed, perfidious, restive, vindicate.*

词汇，就像我们关于 SAT 的争论一样，一直没完没了。

苏珊什么都愿意做，就是不愿为了考试而学习。SAT 以及我对此的期望，比之前或之后的生活中的任何事情都更能引起我们之间的摩擦。每天晚上，我都会问她："你为 SAT 学习了几个小时？"

"我读了一本书。"她回答道。这很好，但她没有回答我的问题。那本书能让她进宾大吗？我记得我高中时如何沉迷于学习——学习是多么重要。我不明白为什么她不愿意那样努力学习。

不过，贝拉总是让我别管她。"她做得很好，"他向我保证，"一切都很好。"

"还不够好！"我坚持说，"宾大是全国最难进的学校之一！"

当然，这些争吵不仅仅是为了一场考试。我希望苏珊拥有一切——不仅仅是宾大，不仅仅是出色的教育，还有她在一个可能对她全然冷漠的世界中所需要的热情和坚忍。我希望她用全身心去追求她想要的一切。我担心，在 SAT 上退缩

1 学术能力评估测试，美国大学入学考试，其成绩作为录取时的参考，不是唯一的录取标准。

意味着她也会在其他方面止步不前。于是我继续督促她，但她很抵触，我们都宣称对方太固执。

不过，有时我们会暂时忘掉所有关于成绩、标准化考试和大学申请的争论。晚饭后，我们三个人会出门打篮球。即使在那些时候，我也没有松懈，我知道有些家长在玩游戏时对孩子很宽容。他们假装打得比平时差一点。他们并不全力以赴，故意失败，这样孩子可能会取得一些胜利。我永远不会对苏珊这样。（令我放心的是，贝拉也不会这样。）

让她赢，会有什么好处？也许这会让苏珊在短期内感觉好一点，但从长远来看，对她有何助益呢？正如我所说的那样，我希望她拥有一切。根据我的经验，"一切"是一场长期的比赛。

在那些日子里，宾大似乎正在打一场短期的比赛。到1999年，宾大卫生系统和医学院陷入了危机。在过去的十年里，作为这两个机构的负责人，比尔·凯利押上了一些大胆的赌注。在十年的领导生涯中，他不仅创立了人类基因治疗研究所，而且购买了三家医院和数百家医师诊所，监督了新大楼的建设，翻新了超过一百万平方英尺的研究空间和临床场所，成立了十几个新的研究所，并招募了许多新人，包括每个系的负责人。

这些赌注并没有得到相应的回报。

在过去的三年里，卫生系统（及医学院）亏损了数亿美元。

这场危机蔓延到了整个大学。包括新宿舍在内的校园总体规划不得不被搁置。穆迪投资者服务公司下调了宾大的信用评级。

新任神经外科主任肖恩·格雷迪告诉我们所有人，他将严密关注预算问题和资源分配。

资源分配。这意味着谁可以获得实验室空间。

上任后不久，肖恩即找我严肃地谈了一番。他很有礼貌，听我描述了我的研究。他问了几个问题，告诉我这听起来很令人兴奋，但他的语气中并没有多少兴奋。他注意到我在一些知名（尽管规模较小）的期刊上发表过文章，但是他说，他面临巨大的预算压力，并且担心我缺乏资金。他问我是否知道一个精确的计算公式，即“每净平方英尺美元”比率，它可以根据研究人员的资金来计算他们有资格拥有的实验室空间。“从现在起，宾大将严格执行这一财务指导方针，”他告诫我，“所以，你需要开始优先考虑外部资金。”

当然，我说。好吧，随他去吧。但我可以告诉他更多关于我在 mRNA 方面所做的工作吗？

在研发疫苗时，德鲁希望以**树突状细胞**[1]为目标。在我

1 树突状细胞（dendritic cell），因其表面具有星状多形性或树枝状突起而得名，由加拿大免疫学家拉尔夫·M. 斯坦曼于 1973 年首先发现并命名。斯坦曼于 2011 年凭借“发现树突状细胞及其在后天免疫系统中的作用”获得诺贝尔生理学或医学奖。

们初次交谈时，我甚至不知道那是什么。我以为他在谈论某种类型的神经元，即神经系统的细胞，其形态包括名为轴突和树突的延伸。事实上，树突状细胞是晚近被发现的免疫细胞——一种“专职呈递抗原的细胞”。

免疫系统极其复杂。免疫反应遍及全身，涉及多个器官系统和多层保护。自从我上大学以来，我们对免疫的理解取得了惊人的进步，以至于仅仅20年后，我学到的很多东西就过时了。幸运的是，与德鲁一起工作就像学习免疫学速成课程一样。虽然德鲁很少无缘无故地说话（他妻子曾开玩笑说，他每天都有一个不能超过的字数限制），但他选择说的话总是用极其清晰的方式，将复杂的想法变得鲜活。

德鲁解释说，树突状细胞是疫苗的一个重要靶点，因为它们将**先天免疫反应**（对感染的一系列普遍的、立即的反应）与**适应性免疫反应**联系起来。

你的免疫系统之所以存在，是为了保护你免受危险**病原体**——包括数十亿入侵的细菌、病毒、真菌和攻击你的寄生虫——的伤害。免疫系统还可以帮助你应对外伤。免疫系统针对病原体的第一层防御是物理防御。你的皮肤形成了一道屏障，使很多潜在的入侵者无法通过。鼻子和呼吸道的黏膜会像捕蝇纸捕获苍蝇一样捕获入侵者。唾液、眼泪和汗液中的酶会溶解接触到的微生物。胃酸也有同样的作用。肺部的微小毛发状结构（名为纤毛）会在病原体立足未稳之时主动将其清除出你的系统。

但有时，有害的病原体会突破这些屏障。这时，**先天免疫系统**的细胞就会启动。感染后几分钟内，清道夫细胞就会包围并开始吞噬病原体。“天然杀伤细胞”（是的，它们确实就叫这个名字）会寻找并摧毁你体内那些有被入侵迹象的细胞。大量名为细胞因子的蛋白质开始发挥作用；其中一些（例如，我在匈牙利和苏哈多尔尼克实验室研究的干扰素）可以防止病毒复制。其他细胞因子招募新细胞参与免疫反应。（当不存在病原体时，在无菌组织损伤期间也会发生类似的反应。）

先天免疫系统的细胞和蛋白质就像前线警卫，它们都学习了一项单一任务。**无论入侵的具体病原体是什么**，它们都会做完全相同的事情。缺乏特异性的优点是速度快，你的先天免疫系统在感染后几乎立即启动。

但你还有另一层保护：**适应性免疫反应**。虽然先天系统是通用的，但适应性系统更像是一支训练有素的、精确的特种部队，针对**特定的病原体**。一种名为B细胞的适应性免疫细胞会产生抗体，每种抗体都具有中和入侵者所需的精确物理特征。T细胞也立即加入战斗。一些T细胞是高度专业化的杀伤细胞，可以识别并摧毁被病原体感染的细胞。其他T细胞会产生新的细胞因子，这有助于激活更多的免疫细胞。

适应性免疫系统的反应必须针对特定的病原体，因此需要几天的时间才能逐渐增强。一旦增强到足够的程度，它就会极其精确、异常强大且持久。适应性免疫系统不仅可以帮你**清除**这种感染，而且还可以**记住**它。一些名为记忆细胞的适应性免疫细胞可能会在你的余生中一直存在，在有需要时会立即采取行动。如果你再次遇到该病原体，记忆细胞会识别它，使你的适应性免疫系统能够更快地做出反应。

正如德鲁解释的那样，树突状细胞是理想的疫苗靶点，因为它们负责启动所有这些免疫反应。

你的身体里有约 5 000 万个树突状细胞，每一个都被彼此延伸的触角覆盖着，像树枝一样，可以伸展和缩回（树突状细胞由此得名：这些分支类似于树突）。当树突状细胞经过皮肤、肺部、胃和肠道时，它们会寻找病原体入侵的迹象。如果一个树突状细胞检测到病原体，就会将其分解成碎片。然后，它将这些碎片“呈现”在其表面上，犹如一名勇士用以敌人的残片制成的珠宝来装饰自己。与此同时，它会到达淋巴结，在那里向适应性免疫系统的细胞“展示”这些碎片。这个树突状细胞像是在宣告：**好好看看吧，这些是坏人，是你需要消灭的人。以下是具体消灭方法，现在就去找他们吧！**

所有疫苗的工作原理都是一样的：将特定抗原与名为佐剂的免疫激活剂一起安全地植入体内。有很多方法可以做到这一点，一些疫苗含有被弱化的活病毒，另一些疫苗使用死病毒或灭活病毒，还有一些疫苗使用重组蛋白，重组蛋白由病原体可以被识别但非传染性的蛋白组成。

但还有很多种病原体，开发针对它们的疫苗是极具挑战性的。

例如，导致艾滋病（获得性免疫缺陷综合征）的 HIV 就异常狡猾。一方面，HIV 劫持了人体的免疫系统，侵入 T 细胞并在其内部复制，而 T 细胞本身正是对抗病毒的细胞。此外，病毒每次复制时都会改变其基因组（核苷），因此 HIV 的变异几乎无穷无尽。另一方面，HIV 还用糖分子伪装自己，使自己难以被发现。最后，HIV 将**自己的遗传物质插入宿主的染色体中**，确保一旦嵌入就永远不会离开。

经过 40 年的研究，仍然没有人成功研制出有效对抗 HIV 的疫苗，这就是原因所在。

德鲁有一个想法，他认为我们也许能够利用 mRNA 来诱导树突状细胞产生 HIV 的主要结构蛋白——一种名为“gag”蛋白的东西——作为激活人体对病毒的防御能力的一种手段。[简单说明：这里的“gag”与“堵嘴”无关，它是“群体特异性抗原”（group-specific antigen）的缩写。]

这个过程将会这样展开：

1. 在实验室中，生成编码 HIV gag 蛋白的 mRNA。
2. 将此 mRNA 与佐剂一起递送至体内以刺激免疫反应。
3. 一旦该 mRNA 进入细胞，它将移动到“蛋白质工厂”，即核糖体。

4. 核糖体将开始根据 mRNA 编码的指令制造 gag 蛋白。**这些蛋白是孤立的，与 HIV 的其余部分不再有联系**，因此它们不会具有传染性。

5. 当细胞产生这些 gag 蛋白时，佐剂将提醒免疫系统识别该蛋白并启动免疫反应。

6. 免疫系统将使用普通的细胞过程清除 gag 蛋白。

7. 由于适应性免疫反应，身体将永远记住这些 gag 蛋白。如果有一天身体遇到了**真正的 HIV** 表面的 gag 蛋白，它将能够在病毒进入细胞之前将其中和，并快速消除任何受感染的细胞。

在某种程度上，这种 mRNA 疫苗的作用与其他疫苗是一样的：它将身体暴露于抗原（在本例中为 gag 蛋白）并刺激免疫系统，然后让身体发生反应。但 mRNA 疫苗不是递送抗原本身，而是提供**在细胞内制造抗原**的指令。

换句话说，身体**既**是抗原工厂，**又**对该抗原产生免疫反应。

这样的疫苗将是一项突破，还会带来实际的好处。大多数艾滋病病例发生在中低收入国家，其中，撒哈拉沙漠以南的非洲国家发病率最高，而这些国家获得平价疫苗的机会又最少。生产传统疫苗需要巨大的投入，但 mRNA 疫苗成本低廉且生产快速。

当我们站在那台著名的复印机旁边时，德鲁问我："你可以制备编码 gag 蛋白的 mRNA 吗？"

我笑了。我告诉他，**我可以制备任何类型的 mRNA，完全没问题**。

我们不久后就开始合作。德鲁给了我一个编码 gag 蛋白的质粒；我对其进行了部分克隆，并在我的神经外科实验室中制备了相关的 mRNA。我们先是将这种 mRNA 与脂转染剂形成"复合体"，然后将其植入细胞培养基中的树突状细胞。

从很多方面来看，结果都是有希望的。在将 mRNA 引入树突状细胞数小时后，我们可以看到 mRNA 已被转译；我们的细胞正在制造 gag 蛋白！这些细胞还显示出刺激免疫反应的迹象。这是一个重要的标志，表明 mRNA 是一种很好的候选疫苗。

但古怪的事情发生了。德鲁告诉我，树突状细胞**还**产生了大量的细胞炎症因子——远远超出我们的预期。"细胞被激活了，"他说，"它们**异常活跃**。"对于一个不喜欢夸张的人来说，这个短语——**异常活跃**——确实很能说明问题。

似乎 mRNA 本身的某些东西引起了炎症反应。

我的 mRNA 会引起炎症？

我开始思考这个问题。十年了，我一直计划使用 mRNA 作为治疗药物，去治疗中风和其他严重疾病，但如果 mRNA

会引起炎症呢？嗯，那会很糟糕。

非常非常糟糕。

1999年9月9日周四，一个名叫杰西·格尔辛格（Jesse Gelsinger）的18岁男孩在家乡亚利桑那州图森市登上了飞机。在前往费城的途中，他带了两件行李。一个包里装满了衣服，另一个包里装着他最喜欢的视频：职业摔跤比赛以及西尔维斯特·史泰龙和亚当·桑德勒主演的电影。杰西可以说是一个典型的青少年：他喜欢和朋友们一起出去玩，他在一家商店打零工，喜欢摩托车，还有一种冷嘲式的幽默感。他父亲和许多青少年的家长一样，有时希望他在学校里更积极一点。

杰西患有一种罕见的遗传病，即OTC缺乏症。约四万人中会有一名OTC缺乏症患者，这种疾病会影响患者膳食蛋白质的消化，使得氨气（蛋白质代谢的副产物）在血液中累积。如果不治疗，OTC缺乏症会导致患者昏迷、脑损伤，甚至死亡。它通常在出生后就会被发现，而早发病例中有一半会死亡。杰西在两岁时被确诊，被认为患有“较轻微”的OTC缺乏症，他通过低蛋白饮食和每天服用近50粒药来控制病情。

杰西来费城，是以患者身份来参与一项研究的，这项研究旨在评估基因疗法治疗OTC缺乏症的安全性。该研究由宾大人类基因治疗研究所组织开展。

杰西抵达费城四天后，研究人员给他提供了经过校正的OTC基因，这些基因通过数万亿个失活的腺病毒递送到他的细胞中。这些失活病毒有点像特洛伊木马：它们没有将腺病毒基因组带入杰西的细胞，而是仅携带了编码OTC的基因。

不幸的是，腺病毒造成杰西的免疫系统反应过度，他的免疫系统出现了**细胞因子风暴**（cytokine storm）——免疫系统蛋白如洪水般破坏性地泛滥——进而导致器官衰竭和急性呼吸窘迫。从图森市登机八天后，杰西去世了。

换句话说，炎症反应是最严重的反应之一。

杰西之死对基因治疗方法的震慑长达数十年，也震慑了宾大。到2000年1月，FDA已经停止了人类基因治疗研究所的所有人类研究。最终，宾大付了罚款，关闭了整个研究所。

所以，当德鲁告诉我，我们的mRNA引起了炎症免疫反应时，我十分警觉。如果mRNA引起免疫反应，它就永远不能被用于治疗。把mRNA用作疫苗也许还有可能，因为疫苗需要引起免疫反应，这或许只是一个校准用量的问题。但是，使用mRNA作为血栓破坏剂或血管痉挛松弛剂，或我想象过的任何其他疗法，这就不可能了。

十年来，我一直致力于治疗性mRNA的研究。我被忽视、贬低、降职，并受到驱逐出境的威胁。这些事情中没有一件比这个新的事实更让我心烦意乱：如果我们不能弄清楚如何阻止mRNA激活免疫系统，我的工作将毫无价值。

但为什么 mRNA 会引发免疫反应呢？这是德鲁和我搞不明白的问题。我们的细胞中充满了 mRNA。数十亿年来，每个活细胞都在不触发自身免疫系统的情况下产生了大量 mRNA。你体内的每个细胞现在都含有不计其数的 mRNA 分子。这可能令人惊讶，但也十分**平常**。

在实验室中，我们用与体内发现的完全相同的材料制备 mRNA：使用普通的分子砌块，即生命王国中普遍存在并完全相同的 A、C、G 和 U。

然而，数据是绝对清楚的：每次将 mRNA 引入细胞培养物中的树突状细胞时，我们都会看到炎症分子的分泌。到底发生了什么？

当一名优秀的科学家遇到一些凭借已知事实无法轻易解释的事情时，她 / 他只能做一件事：做更多的研究。

有时，需要做**很多很多**的研究。

你玩过桌游《线索》吗？这是一款谋杀悬疑游戏。每个玩家必须确定三件事：谁犯了罪，在哪里犯的罪，使用了什么凶器。玩家轮流提问，每次提出一个问题，为的是检验这起谋杀案可能如何展开的假设（“穆斯塔德上校，在图书馆里，拿着烛台”）。随着游戏的进展，通过排除法，犯罪图景逐渐清晰。

有人告诉我，这是一种合理的方式，可以向科学领域之外的人解释德鲁和我所面临的挑战。为了让我们的 mRNA 在治疗上有用，我们需要弄清楚，究竟是 mRNA 中的什么引起了炎症，是细胞的哪个部分，在通过什么作用机制做出反应。为此，我们只有一种可用的工具：以实验的形式，一次提出一个是或否的问题。

当然，《线索》只有 6 个嫌疑人、6 种武器和 9 个房间（总计 324 个可能的答案）。只要玩游戏的时间足够长，最终**一定会**有人解开谜团。与此相反，我们没有这样的确定性。我们面临的问题有着惊人的生物化学复杂性，而且整个过程都无法直接观察。我们的工具是有限的，可能性的宇宙却是未知的。我们没有这项工作的蓝图，也没有明显的切入点。和最冗长、最复杂的《线索》的玩家一样，我们一次只能问一个问题。

随着时间的推移，苏珊放弃了加州梦。她参观了宾大，与大学辅导员交谈，也考虑了我们非常现实的财务状况。随着时间的推移，她对宾大的兴趣与日俱增……越来越高。高中最后一年的 12 月，她向宾大提交了提前录取申请。

她是个很棒的孩子，成绩出色，递交的推荐信也都很有分量。但这并不能保证她一定会被录取。那几个月，我们屏息以待。在应该收到录取通知书的那天，她紧张到不能正常思考。（我得承认，我也不能。）在那个年代，大学录取通知书仍然通过美国邮政服务公司寄送，我们知道邮件要下午才会送到。为了分散我们俩的注意力，我带苏珊去了 309 号公路旁边的一家购物中心。

我们看遍了服装货架。她试穿了卫衣和牛仔裤，这些都是她根本不需要的东西。我评价道——**这件不错，是的，**或者**不值这个价**。我想我们俩在想着同样的事情：**就是今天，就是今天，就是今天**。

回到家后，我还没把车停进车位，苏珊就跳下了车，往屋里冲。我跟在后面，手里提着购物袋。进门后，我们看到贝拉坐在餐桌旁。

“我的信到了吗？”苏珊问。我站在门口一动不动，焦急得连包都忘了放下。

贝拉盯着苏珊，一脸茫然。“信？”他有点困惑地问道。桌上有一堆当天的邮件，没有哪个看起来像大学录取通知书。

苏珊的肩膀低垂了下来。我可以看到她正在理清一连串的思绪。宾大已经明确表示何时会寄出录取通知书，我们也确切地知道信寄过来需要多长时间，如果她到现在还没有收到信的话……那么……她肯定没有被录取。

天哪。我试着接受这个事实：**苏珊没有被录取**。

我开始考虑要对她说些什么鼓励的话，**在生活中，我们有时必须面对挫折……**

“哦，等一下。”贝拉说，似乎突然想起了什么，他的眼里闪着光，一如我很久以前在那个身无分文就偷偷溜出高中宿舍、走进塞格德迪斯科舞池的年轻人的脸上看到的光芒。贝拉的一边嘴角勾起一抹恶作剧的笑容。“你是说**这**封信吗？”

他掀起桌布的一角。就在那里：一个鼓鼓囊囊的信封。这只可能代表一件事：苏珊被录取了。

苏珊尖叫起来，从桌上抓起信封，把它撕开。我手里还拿着从车上带下来的购物袋，拍了拍贝拉的手臂。“噢，你呀！”我松了口气，几乎无法正常思考，“你怎么能这样！你怎么能这样对苏珊？这样对**我**！”

六个月后，苏珊高中毕业。这一天的开端很美好，但户外典礼开始后没多久，我们头顶上就响起了雷声。不一会儿，大雨倾盆而下，浇在我们身上。尽管学生们还没有拿到毕业证书，但学校还是让所有人都回家了。我们跑向汽车，四面八方都是闪电。回到家后，苏珊伤心地哭泣，因为她的高中毕业典礼被毁了。我尽力安慰她。“苏珊，”我说，“我保证，今天不是你人生的顶峰，你会做比参加高中毕业典礼更重要的事情。”（显然，她多少认可了这一点，因为几周后学校给她们补办毕业典礼，她都懒得参加了。）

那年秋天，苏珊入读宾大。她面带灿烂、无所畏惧的微笑向我们告别。此前的每年夏天，当我们把她送到机场，让她独自去匈牙利旅行时，她也是这样做的。根据我的计算，这些独自旅行——从她五岁起，每年夏天约十周——加起来，她与我们分开的时间至今总共约为两年半。所以，对我而言，她可以说是大三已经读完一半了。

“努力学习。”我们对她说，并相信她会这样做的。

德鲁是个内向的人，比我保守得多。但我们至少在某一方面是相似的：他始终在工作。有时，我会在凌晨3点给他发电子邮件。我知道他已经起来工作了，因为他会在4点之前回复。我们夜以继日地工作，邮件来来回回。我们都在科学文献中搜寻任何有可能为我们的工作提供信息的研究——任何可以缩小看似无限广阔的问题范围的微小事实。我阅读了此前**几十年**的文献。我们考虑了我们想问的问题和现有的材料，并围绕这些因素设计了实验。即使我们知道自己想要制备什么样的mRNA，我也仍然必须弄清楚如何在实验室中制备它。

我们做了实验，然后试图弄清楚是否可以相信它们向我们展示的结果。如果不确定，我们就会重新开始。我们测试，调整，再次测试。我们检查了大量数据。“研究”如此命名，是有原因的。你不只是在寻找，还要重复寻找。你搜索，然后再次搜索。[1]一次又一次。

1 “搜索”的英文是search，“再次搜索”是re-search，“研究”是research。

德鲁和我并肩从事这项研究——有时在他的实验室，有时在神经外科系的实验室。是的，我还在神经外科系工作；是的，我主要是与一位免疫学家一起工作。你对此感到困惑？没错，神经外科系的其他人也很困惑。

在我眼中，系与系之间的边界很武断。从管理角度来看，也许有道理，但从科学角度来看呢？没道理。万事万物相互作用，彼此渗透，在医学上尤其如此。心脏病发作可能会导致中风（事实上，戴维的父亲就发生了这种情况），但心力衰竭由像埃利奥特这样的心脏病学家治疗，中风则由像戴维这样的神经外科医生治疗。炎症是德鲁这样的免疫学家的研究课题，但慢性炎症会导致心脏和大脑出现问题，事实上，心脏和大脑的问题也会导致全身炎症。

身体就像世界一样，是一个**系统**；它并没有被划分为界限清晰的类别，我们也不可能在各个类别之间划出清晰的边界。

我是一名基础研究人员。基础研究的全部意义就是去往它引领你去的任何地方。我要去我的研究结果指明的方向。我太忙了，无暇操心自己在哪个系工作。德鲁和我正在拼命工作。

苏珊在宾大的第一年，似乎并不那么努力。她的成绩不理想；她唯一取得好成绩的课程是匈牙利语，她从小就能流利地说这门语言。

偶尔，她会到实验室看我。她跟我讲她报名参加的各种活动——曲棍球俱乐部、篮球俱乐部、电影放映俱乐部、与当地儿童一起工作的小组。这些活动看起来都不错，但苏珊谈起这些活动时，语调很平淡。它们用掉了她的时间，但并没有让她投入心力。这些活动似乎也不需要任何心力，显然，她既没有对它们上心，也没有对任何课程上心。她坦承，有时她甚至逃课。

她似乎迷失了。

无论苏珊正在经历什么，我都无法理解。我一生都在奋发努力——不由自主，着了魔似的。除了奋发努力，我不知道还能做什么。不理解苏珊正在经历什么，意味着我完全不知道该如何帮她。

贝拉和我做了我们认为可能有用的唯一一件事：我们提醒她，我们付学费不是为了让她混日子的。我们谈论了我们为她做出的牺牲，还有我们面临的所有困难。我们指出，我们给了她一个很好的机会，如果我们能努力，她也应该努力。

有很多方法可以让你与一个人变得亲近。有时它发生得很快，比如我和埃利奥特。我们两个人从一开始就拥有如此温暖、融洽的同事关系。其他时候，也许你们有一个错误的开端。我可能没有立即与戴维建立良好的关系，但不久后我们就像两个孩子一样对我们的工作充满渴望和兴奋之情。

但有时，你会以更微妙的方式走近一个人，过程如此缓慢，你甚至没有意识到它正在发生。

与德鲁合作多年之后，有一天我注意到他戴着一条手链。手链上有一个金属片，上面刻着一些文字。“上面刻的是什么？”我问。

“如果我失去知觉，这是人们需要的信息。”德鲁回答道。我困惑地盯着他看，他补充说：“我患有1型糖尿病。”他告诉我，他从五岁起就患有这种病。

一直以来，德鲁都患有1型糖尿病？ 1型糖尿病是一种需要做大量护理的慢性病——血糖下降时必须服用糖，食用碳水化合物或血糖飙升时必须注射胰岛素。它需要持续监测，即便如此，它也仍有可能导致严重的低血糖发作，很快演变为潜在的紧急情况。

这并不是说糖尿病会影响我们的工作关系。只是，我竟然不**知道**。

但这就是我们的相处之道。德鲁和我可能会询问彼此的家人的情况或提及孩子们在做什么，但谈话很少涉及我们个人。他和我谈论细胞，谈论RNA，讨论信号受体、细胞因子和克隆技术。我们一起**工作**。但事实证明，你也可以通过这种方式和一个人走近。

当我们谈论科学时，我们到底在谈论什么？当然，我们可能会使用许多专业术语，如**配体结合**、**表位呈递**和**转译因子**。但我们传达的意义总是比我们使用的术语更宏大，更广泛。我们真正谈论的是**我们认为世界可能如何运作**。设计实验其实是在探究，“如果我们假设的一切都是错误的呢”，以及“接下来我们应该学些什么”。

当你们终于开始拼凑出世界的图景时——**真正开始做出发现时**——你们会分享大多数人从未与其他人共同经历过的东西：**敬畏**。生物学优雅而神秘，你不会日复一日、年复一年地沉浸在这个美丽的谜团里，而不建立起真正的信任、连接和尊重。

在宾大第一学年结束后的那个夏天，苏珊承认自己怀念身为一支运动队的一员的时光，一支**真正的**运动队，也就是说，所有队员为彼此奉献，去实现一个更大的目标。苏珊还怀念一件事：运动队的结构迫使她掌握良好的时间管理技能。她现在明白了，团体运动总是能让她进入专心致志的状态。

她渴望代表宾大打比赛。但宾大参加的是一级联赛[1]：它的校队招募的是运动员，或者至少在高中时赢得过“最佳精神

1 一级联赛，美国大学体育赛事的分级，一级联赛是最高级别。

奖”[1]以上奖项的运动员。苏珊思前想后，认为自己也许可以努努力，去参加田径运动。虽然她并不是特别喜欢跑步，但她的腿很长，而田径队有时会招募替补队员。

夏末，贝拉和我送苏珊去读大学二年级——她目前住在方庭里，我从实验室望出去，可以看到她的宿舍。不久后，她去参加了一次田径公开赛。他们宣布每个人都要跑六英里为越野队加油。苏珊叹了口气，她实在不想跑。

“不了，谢谢。”她说，她的大学田径生涯就这样结束了。

然而，宾大还有另一项运动正在招募替补队员，毫无经验的人也可尝试，而且无须跑长跑。这就是**赛艇**。

“赛艇？”我问。戴维曾是一名赛艇运动员。我一直认为这是一项精英运动，不适合我们这样的移民家庭。毕竟，这项运动需要用到**赛艇**。

“宣传册上写明任何人都可以尝试！”苏珊说，“妈妈，**我**就是任何人！”然后她笑了，更严肃地对待这件事。赛艇队真正想要的是高个子的女孩。苏珊是高个子，身高为六英尺二英寸。因此，就在接下来的那周，苏珊深吸了一口气，前去参加女子赛艇队的公开会议。

当她走进健身房的那一刻，一名女队员就指着她说：“以你的体型，你会成为一名**出色的**赛艇运动员！”其他队员也

---

1 最佳精神奖（Most Spirited Award），美国中小学生体育比赛中的“鼓励奖”，不代表运动成绩。

纷纷大声表示赞同。苏珊打电话跟我讲了这个故事，我可以从她的声音中听到前一年她所怀念的一切。

“妈妈，他们都那么友好，那么鼓舞人心！”她说，“我想我真的有可能做得很好。”

好吧，我告诉她，只要她的学习成绩不受影响。

时日漫长。几周变成了几个月，最终变成了几年。德鲁和我做了数量惊人的实验。最重要的是，我们分离出了不同类型的 RNA，并测试了把它们添加到树突状细胞中是否都会引起炎症。

哺乳动物 mRNA 产生了**轻微的**炎症反应。

哺乳动物也有被隔离在名为线粒体的细胞器内的 RNA。线粒体就像细胞的微型发电厂：它们产生细胞进行生化反应所需的能量。当线粒体 RNA 去除隔离时，就会引发**强烈的**炎症反应。

大多数细菌 RNA 会产生强烈的炎症反应。但细菌转移 RNA（tRNA）——一种非常小的 RNA，它们协助将 mRNA 的代码转译成蛋白质——引起的反应非常**低**。

最令我们兴奋的是：哺乳动物 tRNA **不会引起任何炎症**。

啊哈！所以，让某些 RNA 根本不引起炎症**也**是有可能的！

我们一遍又一遍地检查结果：

高度炎症：

√ 线粒体 RNA

√ 细菌总 RNA

√ 我们的体外 mRNA

炎症较少或非炎症性：

√ 哺乳动物 mRNA

√ 细菌 tRNA

√ 哺乳动物 tRNA

前一组有哪些后一组没有的共同点？

事实上，确实有。

你可能还记得我在罗伯特·苏哈多尔尼克的实验室里所做的工作，大自然中充满了对碱基 A、C、G 和 U 的微小结构修饰。这些差异使得分子能够正常发挥作用，有时甚至带来益处。

但修饰是真实存在的，它们也存在于一些 RNA 中。

当我们考虑这些核苷修饰是否存在时，事情开始变得有趣：

RNA 核苷修饰		
	很少 / 没有	许多
高度炎症	线粒体 RNA 细菌总 RNA 我们的体外 mRNA	
炎症较少或非炎症性		哺乳动物 mRNA 细菌 tRNA 哺乳动物 tRNA

啊哈！现在，也许我们终于发现了一些门道。

也许，是 RNA 缺乏修饰导致了炎症！也许，以某种方式，先天免疫系统——被认为是完全无差别的——可以区分**具有**这些结构修饰的 RNA 分子和**没有**这些结构修饰的 RNA 分子。

也许，不知何故，缺乏修饰会引起免疫细胞的警觉。

因此，我们有了一个很好的工作假设[1]：**mRNA 中的核苷修饰是躲避免疫反应的关键。**我们确定知道这一点吗？当然还不确定。这只是一个假设，不排除其他可能性。

我们需要检验我们的假设。

为此，我们需要制备两种形式的 mRNA——一种带有**修饰的**核苷，另一种带有**未修饰的**核苷，然后我们会比较炎症反应。这是一个好计划，但也面临着一个巨大的挑战：从来没有人制备过这种修饰 mRNA，我完全不知道该怎么办。

苏珊因赛艇而神魂颠倒。她喜欢早起，从安静的校园前往斯库尔基尔河。她喜欢将赛艇放入平静的水中，然后在湖面上划动，自由地驶过内陆世界的岸边。她喜欢依靠自己的肌肉来推动赛艇，与队友协调一致。她喜欢从划桨中感受到的力量：当他们所有人的努力同时汇聚，突然间，赛艇的前

1 工作假设（working hypothesis），一种暂时接受的、作为进一步的持续研究之基础的假设，研究人员希望由此产生站得住脚的理论，即便这一假设最终失效。

进速度会超出她的想象。

“魔法。”她就是这样一次又一次向我和贝拉描述这项运动，“这是魔法。”她要说的是这一切：团队合作，友情，水的气味、声音和景象，以及她的自我发现。

小时候，我在学校里感觉自己很平凡，远不及其他人聪明。但我投入学习后发现，动脑是提高能力的一种方式。苏珊现在发现了类似的事情：她可能是从一名赛艇新手起步的，但通过为这项运动倾尽全力，她有机会变得优秀，非常非常优秀。

苏珊一直是个好胜的孩子，但直到那时她还缺乏发挥潜力的技能。现在，她终于找到了释放内在竞争力的方法。在每次训练中，队友们都在划船机上相互较量；在接受训练的头几个月里，她兴奋地看着自己的排名上升。她的身体还在适应，但已经能在某些瞬间达到惊人的速度了。（她并没有完全摆脱长跑，有时赛艇队成员必须在计时的情况下跑长跑。但她太喜欢赛艇运动了，所以并不介意。）

10月，贝拉和我在斯库尔基尔河畔的看台上就座，观看海军日赛艇赛——这是我们第一次观看苏珊的赛艇比赛。我们坐在船库附近，正是我们从匈牙利抵达费城的那天晚上看到的，灯火通明宛若童话里的村庄的船库。在那第一个晚上，一切都是那么陌生，这些船库是我们难以理解的景观之一。现在我们成了风景的一部分，这是**我们**现在的生活，**我们的**

女儿在河边，穿着宾大的运动服。

那是一个壮丽的秋日，温暖而明亮。各所大学的代表队从四面八方赶来参加比赛，空气中洋溢着活力。赛艇运动员们，无论男女，都和天气一样美好。赛艇运动会用到你身体的每一块肌肉，这项运动让你不得休息。所以，这些赛艇运动员都形象健康——四肢修长，肌肉发达，犹如一群超级名模直接从广告牌上走了下来，来到现实世界。

苏珊一直对自己的身高略感尴尬，但在这群人中，她如鱼得水。我可以看到，她现在站得更笔直，动作更自信，仿佛她有生以来第一次舒展了四肢。

看着她在水中前行，是多么令人兴奋啊！

我以前从来没怎么关注过赛艇运动。在那之前，我从来没注意到桨手是向后运动的。这意味着他们在划桨时看不到自己要去哪里。艇上唯一能看到终点线的人是一名小舵手，她面向桨手，指导她们的行动，并掌握方向。因为苏珊看不到终点线，所以她也不知道自己与终点线的关系，她无法校准距离，无法确信自己是不是已经快到了，也无法调整自己的节奏，为最后冲刺留有余地。每一次划桨，她都必须倾尽全力。

这让我想起了我做的实验，我从来不知道突破是否会到来，或者需要多长时间。我只是必须相信，如果全力以赴，努力工作最终会让我有所成就。

苏珊的助理教练很快意识到，苏珊的竞争力本身也带来了某种风险。他明智地观察到，她有时会因为非常害怕犯错而有所保留。“考验一下自己，”他鼓励苏珊，“你可能会失败，但没关系。真正了解自己能力的唯一方法就是放下对失败的恐惧。”

他似乎说出了苏珊最需要听到的建议：**不要害怕失败**。苏珊按照他的教导去做，结果是惊人的。他甚至把她拉到一边说：“苏珊，你真的有机会参加奥运会。”当苏珊告诉我这件事时，我想起她高中时参加篮球比赛的情形，她会尽可能避免让队友传球给她。“奥运会？”我问道，“真的吗？苏西，那太棒了！”

即使她没有在这项运动中表现出如此大的潜力，我也会鼓励她继续参与。她一加入赛艇队，就被列入学院的院长名录[1]，从此一帆风顺。

神经外科系主任肖恩对我越来越没耐心了。每年至少一次，他会跟我坐下来一起评审我的工作，而每次评审总是以同样的方式进行。我们先讨论我的研究，我会简要描述德鲁和我正在设法弄清楚的事情，我们可能已经快搞清楚为什么 mRNA 会引起炎症反应了。肖恩会面无表情地听着，说

1　院长名录，美国大学里的优秀学生名录。

一些泛泛的鼓励之语，比如，“是的，这看起来非常重要，卡蒂”。

然后，他话锋一转，从我的研究转向宾大评估我的指标：发表论文的记录（还行，不算特别出色），被引用量（有一些，但和系里其他人比有差距），以及资金（仍然没有）。

“卡蒂，”肖恩解释说，“我们系面临压力。如果我们不能提高每净平方英尺美元……”

每净平方英尺美元。德鲁和我正处于突破的边缘，肖恩却在谈论每净平方英尺美元。“这个系运行得很好。”我反驳道。这是事实，该系的其他成员为我们所有人带来了充足的资金。其中一名神经外科医生正在研究创伤性脑损伤，这是新闻热点问题。他每年都给系里带来数百万美元的资金。

“卡蒂，”肖恩继续施压，“大学不只看每个系，他们也关注研究人员个人层面上的东西。如果你是《自然》等出版物的主要作者，我也许可以为你争取一下。”《自然》每月拥有数百万读者，是学术出版领域的圣杯，它被广泛阅读和引用。

“但是，你并**没有**在《自然》上发表文章，”肖恩接着说，“而且你**也**没得到资助。因此，除非有什么改变，否则事情不太好办。”

不过，此时我已经不再理会他了，我的思绪回到了对我来说最重要的挑战上：怎样才能制备修饰 mRNA？

大二结束后的那个夏天，苏珊加入了船库街上的维斯珀赛艇俱乐部。她为此要投入大量时间和精力，这对整个大家庭来说也是一个改变。从五岁起，苏珊的每个夏天都是在匈牙利度过的。今年，她必须将小新萨拉什之行安排在新学年开始前的几周。

那年夏天，她每天晚上回家都会兴奋地谈论自己的训练和在船库体会到的巨大能量。她一边说话，一边狼吞虎咽地吃掉一大盘食物，以补充她在水上运动中消耗的能量。然后，她瘫在床上，一直睡到凌晨，及时起床，再一次投入运动。苏珊划到全身疼痛，手指起疱流血。有时，她会在我面前举起双手。“妈妈，你看！”她一边说，一边伸出被磨烂的手掌，“你看我有多拼命。”光是看着她受伤的手，我都感到心痛。

大三时，苏珊和赛艇队的朋友们住在校外的一栋房子里。我很少见到她，但她总是打电话回家，告诉我和贝拉她要去参加哪场比赛以及比赛进行得如何。当我有机会观看比赛时，人们总是以同样的方式介绍我：把我作为苏珊·弗朗西亚的妈妈。

> 这是苏珊·弗朗西亚的妈妈。
>
> 你见过苏珊·弗朗西亚的妈妈吗？
>
> 哦，你是苏珊·弗朗西亚的妈妈！

即使她没有告诉我她在队里的排名，她的队友对我——

苏珊·弗朗西亚的妈妈！——的反应也清楚地表明：苏珊现在是队中最好的桨手之一。

有一次，她去了新泽西州普林斯顿的一个日间训练营，她称之为“选拔训练营”。我不知道这是什么，但那天晚上打电话回来时，她兴奋不已。美国国家赛艇队的教练也在场。训练结束后，他把她拉到一边，问她是不是美国公民。事实上，她是；大二结束后的那个夏天，她在7月4日举行的仪式上成为公民。“他问我这个问题，是因为他认为我有能力进入美国国家队！”她惊呼道。

大三结束后，我们开车送她回到普林斯顿，她在那里的精英预科训练营中度过了夏天，与全国最好的高校赛艇运动员一起训练。那里的每个人都拥有宏大的目标和充沛的精力。夏末，她参加了在安大略省圣凯瑟琳斯举行的加拿大亨利皇家赛艇赛，这是一项历史悠久的系列赛，赛道位于一条古老的运河之上。那次，她赢得了一堆奖牌。当苏珊回到费城并描述这场比赛时，我任由自己想象：她的道路可能会完全按照她现在所希望的那样展开。

“好吧，如果你真的参加了奥运会，”我若有所思地说，“以后再回来参加加拿大亨利皇家赛艇赛，不是很有趣吗？到时候，你将大获全胜！”

苏珊直视着我的眼睛。“妈妈，”她说，“奥运会结束后，我不会回来。奥运会是最高成就。当我到达那里时，我就到达了顶峰。”

说这些话时，她的声音里有某种东西：一种直接，一种信念，一种确定性。此外，她还用了一个词——“当”。那时我明白了：这对苏珊来说已经不再是假设，也不仅仅是梦想。苏珊是认真的，她为参加奥运会做好了规划。

德鲁和我计划测试含有修饰核苷的 mRNA 是不是不会引起炎症，但首先我必须弄清楚如何**制备**修饰 mRNA！

在自然界中，所有 RNA 最初都是由四种基本核苷组成的。一旦 RNA 生成，特定的核苷就会被酶修饰。在 2004 年，这些（RNA 核苷修饰）酶中的大多数甚至还不为人所知！就连那些已经被发现和表征的，要搞清它们的具体功能也面临不可能的技术挑战。所以，这条路是死胡同。

另一种选择是购买已经被修饰的核苷，尝试使用它们来制备 mRNA。但从哪里可以买到这样的分子呢？我求助于老同事雅诺什·路德维希，他当时正在德国的一家核酶公司工作。按照他的建议，我购买了十种不同的修饰核苷酸模块——这些就是当时可能找到的全部了。

其中有五个不被 RNA 聚合酶（合成 mRNA 所必需的酶）所接受。就这样，我们的可能性被切掉了一半。幸运的是，另外五个可以被接受，这意味着我可以制备五种不同的修饰 mRNA。

完成了修饰 mRNA 的合成后，我们就可以开始将每个品种与其未修饰的版本进行比较。这些修饰会降低 mRNA 的炎症吗？

这些实验令人兴奋，令人难以置信。尽管如此，我们还是无法想象它们有一天会产生怎样的影响，不仅仅是对我们自己的生活，更是对世界。

正如我所解释的那样，科学探究是一个永远不会停止变化的拼图，每一个新的组件卡入到位，都会改变拼图本身，将拼图拓展到一个全新的领域。我怀疑它会这样继续拓展下去，直到这个拼图涵盖宇宙本身。

当你仔细观察任何一个拼图时，你会注意到，它本身又是一个拼图，由数千个其他发现组成，每一个发现都是由你之前的科学家完成的。（进一步放大这些发现中的任何一个，你都会发现它们也是一个拼图。就这样不断发现，发现之后再发现，一直回溯到古人的时代。）在科学界，我们经常会听到这样一句话：**我们站在巨人的肩膀上**。这绝对是真的。

在德鲁和我开始研究 mRNA 的近十年里，科学家们做出了一个关于免疫系统的重要发现。树突状细胞和先天免疫系统的其他细胞含有“监视”蛋白，名为 Toll 样受体（Toll Like Receptors，缩写 TLRs）。这些微型“看门狗”会扫视周围环境，发现潜在的危险。因为 Toll 样受体是先天免疫系统的一部分，所以它们不能检测特定抗原。但这些微小的哨兵能识别与危险相关的分子模式。

一个 Toll 样受体可以被视为一名保安的分子等价物，这名保安经过训练，可以识别卡通图片上的窃贼的一些明显特征：他可能戴着黑色帽子和黑色面具，并且 / 或者穿着条纹衬衫。他可能一手拿着手电筒，一手拿着一袋赃物。他可能脸上有胡楂儿，踮着脚走路。实际的入侵者可能与这种刻板的描述不符，但如果保安发现一件条纹衬衫和一个手电筒，她知道要去拉响警报。

未修饰的 mRNA 对 Toll 样受体来说是不是存在危险的信号？

在做实验比较修饰和未修饰的 mRNA 时，我们将注意力集中在这些 Toll 样受体上。这样一来，情况就变得再清晰不过了：未修饰的 mRNA 激活了几种类型的 Toll 样受体。但尿苷修饰 mRNA（其中 U 核苷被修饰了）没有激活。

这意味着**通过修饰尿苷，我们可以避免迄今为止与合成 mRNA 相关的炎症**。这就是我们最终需要的信息，全世界都需要的信息！由此，可以开始研发安全的 mRNA 疗法。

我发现了！

又一次，我们没有庆祝，冰箱里没有香槟。当我们审核数据时，德鲁坐直了一点，他的眼睛稍微睁大了一点，就像那天我告诉他我可以制备 mRNA 时一样。我记得自己低声说：“它不具有免疫原性。”（**免疫原性**是生物学家的用语，意为“引发免疫反应”。）我说了好几次，好像唯有重复说才能确认这一点：“它不具有免疫原性，它确实不具有免疫原性。”

这是一个令人惊奇的消息，但我们很快就意识到，我们的发现远不止于此。

苏珊读大四了。此时，她已被宾大犯罪学硕士项目录取，毕业时将同时获得学士和硕士学位。她还决心在四年内毕业。

她不断地学习。她划桨，上课；她划桨，学习；她划桨，写论文；她睡觉，吃饭，然后继续划桨。

有时，她也会思考未来：也许会入职联邦调查局，也许有一天会去加利福尼亚。

但她把心思主要放在了 2008 年，放在了她有机会参加的第一届奥运会上。

德鲁和我已经有了一个重大发现：通过用尿苷的修饰版本替换尿苷，我们可以让我们的 mRNA 逃避免疫系统的检测。但这种修饰后的 mRNA 转译蛋白质的效率如何呢？这个问题又引发了一系列全新的实验。

RNA 中被修饰最多的核苷名为假尿苷。半个多世纪以来，科学家们已知道假尿苷存在于多种 RNA（包括 tRNA）中。它存在于你体内的每个细胞中，并且是自然发生的。含有假尿苷的 RNA 与尿苷具有相同的碱基（尿嘧啶），但含有假尿苷的 RNA 比尿苷更稳定，结构也更刚性。虽然结构差别很细微，但产生的效果是如此之大！

在用不同种类的修饰尿苷测试 mRNA 时，我们注意到一些令人震惊的事情：含有假尿苷的 mRNA 的转译效率更高，因此**产生的蛋白质多了十倍**。

用假尿苷替换尿苷，使我们的修饰 mRNA 具有双重益处。它不仅可以防止我们的 mRNA 引起危险的免疫反应，还可以转译出更多的蛋白质！

我从事这项工作已有三十年了。一天又一天，一次又一次的实验，从一个实验室到另一个实验室。终于，终于，一切都在这里：

我们有办法在实验室中制备 mRNA。

我们可以将该 mRNA 递送到细胞中。

我们可以保护我们的 mRNA 不被降解。

通过将假尿苷植入 mRNA 中，我们可以防止它引起炎症反应，还可以转译出**大量**蛋白质。

我非常高兴，因为这是一项具有范式转换[1]意义的发现，可能开创药物和疫苗研发的新时代。全世界都会对此感兴趣，

---

1 范式转换（paradigm-shifting），一门科学学科的基本概念和实验实践所发生的根本性改变，这一概念最早由美国科学史家和哲学家托马斯·库恩于 1962 年在其极具影响力的著作《科学革命的结构》中提出。

每本期刊、每家生物技术公司、每个研究机构都会关注，我们对此很确信。

德鲁和我首先将我们的研究结果提交给了《自然》——这是一本顶级期刊，肖恩曾提到，在《自然》上发表论文可以让宾大不再找我的麻烦。《自然》的提交标准规定论文应是**以前未曾发表的研究成果，具有突出的科学重要性，并且能够引起跨学科的科学家的兴趣**。德鲁和我所做的研究完全符合这些要求。

我们在 24 小时内就收到了回复，《自然》的编辑直接拒绝了我们的论文，称其仅仅是“渐增贡献”。那是我第一次听到这个词——渐增（incremental）。但在查了字典后，我惊呆了。他们认为这是一个“小”贡献，并不重要。《自然》的编辑难道不明白这个词的含义吗？在宾大，在我周围，随处可见“渐增”研究。我们刚刚发给他们的是一项突破。

好吧。也许一本更聚焦免疫系统的期刊会理解这篇论文的重要性。我们接下来将其发送给了《免疫》（*Immunity*），这是一家聚焦免疫学发现的知名期刊。在这里，我们的论文进入了同行评审阶段，在此期间，三位科学家仔细审核了我们的工作。但一开始，我们的论文并没有通过。经过一番反复和一些附加实验，最终《免疫》同意发表。终于，全世界都知道我们做了什么！

论文发表的前一天晚上，德鲁以他特有的严肃态度跟我说："卡蒂，准备好。从明天起，你的电话就会响个不停。"他告诉我，我们会受邀做讲座，向其他科学家和记者解释我们的工作。全世界的人都将注意到我们的研究。

我点点头，好的。这么多年过去了，我已经做好准备了。

电话并没有响起。论文发表当天，此后的一天，此后的一周，或此后的一个月，都没有响。在发表后的几年里，我仅两次受邀去谈我们的突破，都是在2006年。第一次是在日本举办的札幌癌症研讨会，第二次是在纽约洛克菲勒大学举行的寡核苷酸治疗学会第二届年会。

洛克菲勒大学是一个非常有趣的地方。由于不设本科课程，洛克菲勒在科学家以外的人群中并不广为人知。但它是一个杰出的科研机构，深受生物医药科学家的尊重。学校不设系，也没有系主任，任何类型的行政等级制度都很精简。学校鼓励教师进行跨学科合作，无论他们的研究方向是什么。这是一个行之有效的模式：在洛克菲勒大学一百年的历史中，它雇用了数十位诺贝尔奖得主、数十位拉斯克奖得主、132名美国国家科学院院士以及许多其他奖项的获得者。[事实上，这些获奖者中有一位是亚历山大·托马斯（Alexander Tomasz），他是耶诺·托马斯的哥哥，而我曾与耶诺在生物研究中心共事；匈牙利人无处不在！]

我喜欢参观洛克菲勒大学——它坐落在曼哈顿，位于东河岸边的上东区，但感觉像是一个独立的存在。我喜欢那里的一切都关乎**科学、科学、科学**，就像生物研究中心那样。在我发表演讲后，一位正在那里访问的科学家走近我，她要问我一个工作上的问题。我点点头，准备回答她提出的所有技术问题，任何她可能想知道的关于实验设计的问题，或者她对修饰 mRNA 合成的复杂性或免疫系统反应的疑问。

“你的主管是谁？”她问。

我直视着她。“我自己。”我说。该死的宾大的组织架构图，这是我最诚实的答案。

然后，我就回家了，很长一段时间，日子很平静。在我们期待得到关注和喝彩的地方，只有一片寂静。这一突破性的发现遭到了集体性的忽略。好吧，我们的突破显然未能突破任何人。

德鲁和我继续工作。我们发表了更多论文，找到了纯化合成 mRNA 的新方法。我们还于 2006 年成立了一家公司，取名为 RNARx。公司的愿景是利用治疗性 mRNA 开发新药。我们决定，我们的第一个产品将专注于贫血症，即红细胞短缺。我们将开发编码促红细胞生成素（erythropoietin）的 mRNA，促红细胞生成素是一种帮助身体产生红细胞的激素蛋白质。

我们申请了国立卫生研究院的小企业资助，并得到了 10 万美元的启动资金，如果我们在小鼠实验上取得成功，国立卫生研究院将追加80万美元。这并不是我们启动业务所需的全部资金，但这将是一个开端。我们联系了投资人，想申请额外的资金，总是得到否定的回复。

我想，也许这和我们的演讲有关系。毕竟，德鲁和我是科学家，我们没有推销的经验。随后，宾大沃顿商学院——排名第一的商学院——举办了一场年度竞赛。MBA课程的学生会查阅向技术办公室提交的专利，每个小组要选择一项知识产权资产并围绕它制订商业计划，获胜的商业计划将获得资金。

两名MBA学生选择了我们的核苷修饰mRNA专利。我们告诉他们，如果获得资金，我们将乐于让他们参与运营RNARx的业务。但他们也运气不佳，他们的提案在第一轮比赛中就被淘汰了。

就连埃利奥特也对我们说不。多年来，他和我一直保持着密切联系，我知道他相信mRNA疗法，并对德鲁和我所做的事情印象深刻。但当我们问他是否愿意担任我们的新公司的首席执行官时，他看起来就跟他告知我不会升职那天一样痛苦。“我可以做你们的无薪顾问，”他向我保证，“但我现在有一份好工作，而且不愿意承担这样的风险。卡蒂，很抱歉，我不能担任首席执行官。”

好吧，我可能注定要过默默无闻的生活，但苏珊一心追求伟大。

从宾大毕业后，她回到普林斯顿，参加了第二年夏天的精英预科训练营。那是2004年6月，一个奥运之夏，美国队也在普林斯顿进行最后几个月的艰苦训练。每个人，包括苏珊，都在帮他们做准备。

苏珊在赛艇上，那是一艘日复一日地挑战奥运代表队的赛艇。她被分配到女子八人组。（八名桨手全部背向赛艇在水中前进的方向，加上一名面向前方的舵手。）每天早上，苏珊都会穿上不同国家的运动服。每天，奥运教练都会给她们下达指令："接下来，我们要进行12次250米冲刺；前五个冲刺要努力，第六次冲刺你们要拼尽全力，不要回头看！"

正如苏珊料想的那样，奥运代表队一次次击败她所在的队。但有时在第六次冲刺中，她的赛艇会获胜。这对她来说一定感觉很梦幻：在大学参加赛艇运动仅仅三个赛季后，**她就击败了真正的奥运会运动员**。

那年夏天，苏珊观看了奥运会，跟她比赛了几个月的美国队在雅典赢得银牌。那时，教练们已经在展望下一届奥运会了。夏末，教练们邀请苏珊加入赛艇队，备战2008年在北京举行的奥运会。被选中的运动员的人数是参赛人数的三倍，还有四年的时间，但苏珊可以感觉到自己越来越接近了。

夏末，她再次参加了加拿大亨利皇家赛艇赛。今年，她所在的赛艇队主导了每场比赛。

在接下来的四年里，她将与30名女性竞争，从奥运会赛艇队令人梦寐以求的8个名额中争得一席。每天，苏珊都会在我上班时打电话来，迫不及待地告诉我她在那天早上的比赛中的表现。对她来说，每场训练赛都像是真正的奥运会。划得好时，她很高兴。划得不好时，她感到绝望。事实上，我害怕接她的电话，不确定这一次在另一端等着我的会是什么，但我总是会准备好一些宽心话。

“还不够好，还不够，”她不断地说，“我想成为世界上最好的赛艇运动员。”

在创立RNARx之前，德鲁和我已经为我们的非炎症修饰mRNA申请了专利。

这样说实际上并不完全准确。在宾大这样的研究机构，**大学**拥有其教职人员申请的知识产权专利。因此，事实上，宾大获得了我们的修饰RNA的专利。根据合同条款，德鲁和我可以获得专利收益的一部分，但宾大将决定如何许可我们的专利。

显然，为了让RNARx生存下来，我们需要获得自己的知识产权的许可。我们与宾大就合同条款进行了反复讨论和协商，还聘请了一名律师为我们**讨价还价**。

尽管如此，我还是努力保持乐观。

在神经外科系，肖恩继续就缺乏资金的问题向我施压。

“卡蒂，我只是在试着解释现实情况，”在我们的多次会面中，他有一次谈道，“宾大对实验室空间有每净平方英尺美元的成本要求，而你远没有达到。过去，我会告诉我的上司你正处在资金的间隔阶段，但现在——”

“囊性纤维化。”我脱口而出。

他停了下来，“不好意思，你在说啥？”

“我们或许能够利用 mRNA 来恢复囊性纤维化患者的健康肺功能。”见他没有回应，我敦促他道，“想想看，肖恩！囊性纤维化是由一种名为 CFTR[1] 的蛋白质的缺失或缺陷引起的。因此，如果我们能够制造编码 CFTR 的 mRNA，并将其传递给患者进行治疗，他们的细胞就可以制造出他们正好需要的蛋白质。这会对人们有所**帮助**！它甚至可以以吸入器的形式起作用。你知道这有多重要吗？”

肖恩开始用他耐心的“让我们先结束这次会议”的语气。“卡蒂，这个系的**每个人**都在做重要的研究。比如说，道格关于脑震荡对认知影响的研究，这正在产生很大的影响，而且他的工作也得到了资助。我压根不能用系里的其他资源来抵消那些未达到目标的人的工作……”

又是**每净平方英尺美元**。似乎这才是最重要的事情，我

1 CFTR，Cystic Fibrosis Transmembrane Conductance Regulator（囊性纤维化跨膜电导调节因子）的缩写。

们运行的系统才是最重要的，必须予以维护的东西。事实上，我几乎没有给这个系带来任何薪酬成本。我的薪水不高，与身边的神经外科医生的收入相比，这份薪水简直可笑。我现在已经五十多岁了，所有的实验仍然亲力亲为。我没有技术员，没有博士后。自从被朱迪·斯温降级以来，这些年里，我一直参加教职员工会议，而我却不是一名教职员工！

此刻，在我面前，肖恩还在说话。不是关于科学，不是关于 mRNA 可能帮助世界的所有方式，而是一如既往，关于预算、资金。

“……我希望你能和我一起找到解决方案，”肖恩说，“因为，如果不这样的话——”

“肖恩，”我说，“我要回去工作了。”

2008 年夏天，苏珊打电话给家里，宣布了一个天大的新闻。经过数周的艰苦选拔，美国国家队的教练邀请她去他的办公室，让她坐下，与她握手，并说道：“欢迎加入奥运代表队。”

2008 年 8 月初，我与贝拉在匈牙利与姐姐会合，三人一起飞往中国。我以前从未去过北京，这次去的时机真是太好了！这座城市活力四射。中国经济向外国投资者开放还不到三十年，因此这一盛事感觉像是整个国家的亮相派对。每个人都在庆祝，即使是那些没有正式角色的人。当地人拥上街头，挥舞旗帜，为任何看起来可能像是运动员的人加油鼓劲。出租车司机为此专门学习了英语短语。全然陌生的人走到我们面前，递给我们礼物。一次又一次，人们走近我、贝拉和佐卡，询问是否可以与我们合影。

“很高，”当我们站在镜头前微笑时，他们有时会用英语说，“非常高。”或者，如果他们不会说英语，他们会举起手比画，似乎要伸手够到我们的头顶。“我的女儿是一名运动员。”我解释道。他们能否听懂并不重要，我只是迫不及待地想告诉大家：**我之所以来到这里，是因为我们的苏西参加了北京奥运会，我们美丽而坚定的女儿是一名奥林匹克运动员。**

苏珊告诉我们，必须击败的对手是罗马尼亚队，她们在过去三届奥运会上连获女子八人组的金牌。佐卡想要找到一座教堂，这样她就可以点燃蜡烛祈祷，为美国队带来好运——她在苏珊的许多世界杯和世界锦标赛比赛中都这样做过。但在北京，教堂并不多，很多街道限制通行。我们仨穿过这座城市，去寻找教堂。我们在行走时，悉心体会周围的一切：所有高耸入云的塔吊，所有那些正在建设的摩天大楼，推土机推倒了旧建筑，为超现代建筑腾出空间。一切变得太快了，我们知道，如果我们以后再回到北京，那将是一个完全不同的城市。尽管如此，我们还是找不到一座可以放佐卡的蜡烛的教堂。

那天晚上，苏珊从奥运村打来电话，我们告诉她这番搜寻毫无结果。“谢谢你们，”苏珊回答道，“但我认为我们不需要那支蜡烛。”

她们会赢的，我想，**她认为她们会赢的**。

国家体育场（鸟巢）举行开幕式的当晚，天气酷热。那天晚上的湿度接近 100%。体育场外的人行道上挤满了渴望近距离观看庆典的当地人，尽管他们无法进去。开幕式精彩纷呈。我一生中从未见过这样的盛况，而且确信自己以后也不会看到：15 000 名身着传统服装的表演者，以如此有序的精度击鼓和移动，仿佛他们不再是个体，而是一台完美校准过的仪器或某种巨大的新有机体的一部分。

我们坐在九万人中，座位上挤满了来自世界各地的人们，汗水顺着皮肤流淌，我想，**我之所以来到这里，是因为苏珊参加了奥运会，我是苏珊·弗朗西亚的妈妈，她参加了奥运会**。

至于苏珊的比赛，所有其他参赛队都被拉开了距离。

最后一场比赛结束时，当美国队以领先其他队近乎赛艇全长的距离冲过终点线时，我松了口气，差点就倒下了。贝拉、佐卡和我离开座位，跳来跳去，尖叫到声音嘶哑。我们看到苏珊仍然待在赛艇上，她疲惫地举起双臂，兴高采烈地庆祝胜利，那时，我们都哭了。当看到队员们按照赛艇运动传统高兴地把舵手——活力四射、身强力壮的玛丽·惠普尔（Mary Whipple）——扔进水里时，我们仍然在哭泣。在颁奖典礼期间及典礼结束后，当苏珊和她的队友们将那些美丽的金牌放在唇边时，我们又哭了。

我是**苏珊·弗朗西亚的妈妈**，我的孩子将金牌带回了家。

赛艇运动和科学的另一个相似之处是：你必须不断地回到原点，重新开始——一个新的目标，一个新的实验，一个证明自己的新机会，一组新的未知数。

即使赢得了金牌，苏珊在回到美国后也只是另一名争夺**下一届**奥运会八个参赛名额的赛艇运动员。你不会因为曾经登上世界之巅而获得额外的资历。对苏珊来说，北京奥运会之后唯一重要的问题是她能否协助奥运代表队把2012年的金牌也带回来。这带来了一系列新的挑战。

2008年之前，当其他赛艇运动员在比赛中击败苏珊时，这是意料之中的。但现在，她对自己有了新的期望。如果输掉了一场比赛，她必须战胜自我怀疑：**为什么他们会击败我？为什么我不能像以前一样了？如果我已经过了巅峰状态，该怎么办？**

她不仅要与自我怀疑做斗争，还要克服伤病。赛艇运动对身体来说是残酷的。她的椎间盘突出，肋骨多处应力性骨折。到了2011年，疼痛变得非常严重，坐着，开车，甚至从桌子上拿起盘子都让她疼痛难忍。苏珊贴上热敷袋和止痛贴，继续训练。我告诉她要小心，不要跟身体过不去，要明智一点。我提醒她，她也许不必坚持下去，因为她已是奥运金牌得主，并已四次斩获世界冠军。苏珊用饱含挑衅的语气回应：“你和爸爸应该去买伦敦奥运会的门票。”

哦，苏珊，我想，**你真固执，和我一样**。

与此同时，我也面临自己的问题、疑惑和不足为外人道的痛苦。

与宾大协商数年后，德鲁和我仍然没有成功地获得基于我们的发现的专利许可。与此同时，宾大已开始与另一家公司协商专利许可。

2010 年，也就是这些对话进行数年后，我接到了（位于威斯康星州麦迪逊市的）实验室供应公司 Epicentre 首席执行官的电话。该公司销售生物技术试剂、酶、试剂盒和其他基因测序产品。首席执行官希望我们把专利授权给他们，让他们使用修饰 mRNA 在实验室中生成干细胞。我解释说我无法授权，因为我们的 RNARx 公司实际上并不拥有该专利。

这位高管表示：“无论他们做什么，请务必让他们不要向任何人授予独家许可。”为获得使用核苷修饰 mRNA 生成干细胞的许可权，他出价 30 万美元。

我很激动。有了这个价值 30 万美元的许可，德鲁和我终于可以获得维持公司运转所需的资金了。我们将有钱购买我们这家初创公司的场地、设备、细胞培养物和试剂，以及公司真正正式启动所需的一切！我打电话给宾大技术转让办公室，告诉他们应该回来找我们并达成交易，我们从威斯康星州的一家公司那里得到了一个很好的报价。我向他们提供了Epicentre公司的信息，以便他们能够进行尽职调查。

接下来，据我所知，宾大以30万美元的价格向Epicentre公司签发了独家许可。（包括RNARx在内的）其他任何公司都不能在不向Epicentre（那时已更名为Cellscript）支付分许可费的情况下使用我们的专利。终有一天，对那家公司来说，这将是一笔巨大的意外之财！

与此同时，RNARx创立四年了。此时，我们已经用完了国立卫生研究院的小企业资助，但还没有找到任何投资者。我们没有专利，没有实验室空间，也没有前景，而且距离拥有产品并不比四年前更近。

我们也不是唯一一家从事修饰mRNA业务的公司。几个月前，哈佛大学和麻省理工学院的一些研究人员在马萨诸塞州坎布里奇市创立了一家全新的初创公司。他们的重点领域正是修饰mRNA疗法。那家当时还不为人所知的公司给自己取了一个名字，它是修饰RNA[1]的一个变体：ModeRNA（莫德纳）。事实上，资助莫德纳的风险投资公司的副总裁最近到宾大拜访了我们，询问我们的专利情况。

我叹了口气，解释说我不拥有专利。

1 修饰RNA的英文名称为Modified RNA。

与此同时，在系里，肖恩仍在对财务基准和我缺乏资金的情况表示不满。我反过来开始请求肖恩恢复我的教职。但当肖恩最终向教师事务办公室提交资格证明，要求恢复我的教职时，宾大拒绝了。

我自己到教师事务办公室申诉。那里的一名行政人员告诉我，如果有人在教职轨上被宾大降职，宾大就不会再给她晋升机会。当我追问原因时，我被告知，我“不具备教授的素质”。

我考虑了一下，问道：“那么，你如何定义‘教授的素质’？”

对此，行政人员摇了摇头。“我不知道，”她淡淡地说，“但结论是，你不具备教授的素质。”

我抬起头，继续前进，就像苏珊每天所做的那样。

苏珊的第二次奥运会选拔赛来得比第一次更艰难。或者说，也许她只是不记得上一次有多难，正如一个女人在分娩结束时就忘记了分娩之痛一样。选拔期间的一个晚上，苏珊给我打电话时沮丧至极。她的身体崩溃了，精神也崩溃了。

我做了我唯一知道该如何做的事：给她唱歌，唱那首我在她小时候给她唱过的歌，也是我自己需要听的歌：

但这光彩只会属于你
假如是你亲手开采。

我知道你会发觉这很值得……

我知道这很难，我试着说，但你赢得的一切都会变得更加甜蜜，因为你付出了最大的努力。

让疼痛见鬼去吧，苏珊第二次入选了奥运代表队。

一场比赛历时六分钟，转瞬即逝。如此之快，看起来几乎轻而易举。观众看不到的是之前的所有岁月——那些岁月里的所有周、月、日、小时和秒。训练、痛苦、水疱、怀疑。

旁观者看不到的是磨炼，还有一个人在磨炼中所投入的激情和动力。

苏珊为赛艇运动倾尽全力，并获得了两次回报。这是第二次，我看着我的孩子代表美利坚合众国，背对着她看不见的终点线划桨。这一次，我站在多尼湖畔，旁边是英国白金汉郡伊顿公学风景如画的校园。这是第二次，我看到她所在的赛艇率先冲过那条终点线。

我是苏珊·弗朗西亚的妈妈，我看到她赢得奥运会金牌……两次。

2013 年 5 月，我来到神经外科系的实验室，在走廊里看到了我的物品。那儿有我的转椅、我的活页夹、我的电热板、我的海报、我的试管盒。

发生了什么?

在实验室里，神经外科实验室的技术人员正把我的东西塞进一个个盒子里。她还带来了一个巨大的垃圾桶，正往里面扔东西，**我的**东西。

“你在干什么?”我问。我的实验记录纸、一盒旧移液管，她都扔进去了。

“我们需要这个地方，”她很直接地说，“肖恩吩咐我们必须腾出这个空间。”她伸手去拿一摞化验托盘。

“别碰那些东西。”我厉声说道。

她仅仅迟疑了一下，还是拿起了化验托盘。

“我说了，别碰那些东西!”

“卡蒂，”她说，顺手把化验托盘扔进垃圾桶，“恐怕你得和肖恩谈谈。”

肖恩在他的办公室里等我，“卡蒂”，他说。在我听来，他的声音就像一名愤怒的家长正试图控制脾气，就像在跟一个孩子说话一样。“我们已经讨论过这一点了。你有大量时间来提高你的数字。已经**17年**了。”他解释说，他将雇用几名新的教师，他们有资金。系统就是这样运作的。

但这是我的实验室，是我的一切。

“别担心，”肖恩试图让我放心，“我给你找到了新的地方。”他说我可以使用动物房附近的一个小房间做研究。这个空间很糟糕，对于正常做RNA研究来说太小了。

在走廊里，我看到大家开始翻看我的物品，就当它们都是垃圾一样。

“我很抱歉，卡蒂，”肖恩说，“但我已经做了我能做的一切。”

“肖恩。”我生气地低声说道。这就是他对我说话的方式，似乎他是知晓所有答案的人，似乎**我**是那个不明白的人。难道他不知道有一天 mRNA 会有多大用处吗？难道他真的看不到吗？“**有一天**，那个实验室**将成为一座博物馆！**”

肖恩面不改色。“嗯，也许会，卡蒂。”他说，“但现在，我要遵循政策，把它交给其他人。”

正是这句关于**政策**的台词让我觉得受够了。正是这句话，也许还有他脸上冷漠的表情。似乎这一切根本不重要。我站在那儿，心想，**我坚持不下去了，不能再待下去了**。

第六章

改变了的世界

2022 年

舞台的灯光很刺眼。我站在聚光灯下时，台下掌声雷动。礼堂里挤满了人，但我还是看不清他们的面孔。无论何时，如果我从侧面幽暗的过道走上舞台，我的眼睛都需要一点时间来适应。

就在刚才，多次获得格莱美奖的音乐天才乔恩·巴蒂斯特就坐在我现在站立的地方。他穿着一套修身的电蓝色西装，凭借一曲《不要停止》点燃全场。

不要停止梦想，不要停止相信……倾尽全力吧，不要停止。

在此之前，苹果公司首席执行官蒂姆·库克也在这个舞台上。稍后，联邦参议员兼总统气候问题特使约翰·克里也将站在这群观众面前。接下来，明迪·卡琳[1]会发表演讲，还有加比·吉福兹[2]、比尔·盖茨、德韦恩·韦德[3]和其他许多名人。但现在，轮到我了。

我试着弄清楚自己的方位。这是位于纽约市哥伦布环岛

1 明迪·卡琳（Mindy Kaling），生于 1979 年，美国演员、编剧和制片人。

2 加比·吉福兹（Gabby Giffords），生于 1970 年，美国控枪活动家。2007 年至 2012 年任联邦众议员，因遇刺致脑部受伤而退休。

3 德韦恩·韦德（Dwyane Wade），生于 1982 年，美国著名职业篮球明星。

附近的林肯中心的弗雷德里克·P.罗斯厅，这个时尚的剧场四周镶着装饰板，由一连串发光的红色钻石灯组成的半圆形跨越了穹顶。从我在舞台上的位置来看，剧场就像一张灿烂的笑脸。在我的身后，有一块巨大的投影屏幕：《时代》100人峰会。字比我人还大。

舞台附近，一位身着黑衣的摄影师沿着过道蜿蜒前行，用一个巨大的镜头对着我，它大到如同一台捕捉木星图像的望远镜。我深吸一口气，看了一眼提词器，然后望向观众席。是的，现在我的眼睛逐渐适应了。我终于能看清观众的面孔了。有些人抬头对着我微笑，另一些人则谨慎地隐藏在面具之后。

在这个大厅里，等待我发言的是地球上最有影响力的一些人。

我开始演讲："我是一名屠夫的女儿……"

时至今日，在这个世界上，在我的生活中，已经发生了太多改变。

2013年，我从宾大退休，保留了兼任头衔，还可以使用图书馆。我准备好去做一些不一样的事，并开始关注生物技术工业界。

在那时，一些事情已经发生了根本性的变化。马萨诸塞州的初创公司莫德纳的融资人已就我和德鲁无权许可的专利的问题与我接洽，这家公司筹集了近三亿美元的早期资金。（这只是一个开端；到2018年，他们公司上市发行了价值近20亿美元的股票，这离他们推出第一个产品还有好几年呢。）

起初，我想知道是否可以在莫德纳找到一份工作，我也考虑过世界其他地方的私人公司。令我惊讶的是，这些公司都很乐意与我交流，他们了解mRNA，也读过我发表的文章。一生中第一次，我不需要努力说服人们相信mRNA的潜力。与我交谈的人——生物技术公司和制药公司的负责人——看到了这种潜力，他们理解。他们几乎和我一样兴奋。

这些年来，我在“mRNA信徒俱乐部”里认识的人屈指可数。坦白说，几乎没有人愿意加入这个俱乐部。现在我才发现，原来这个俱乐部已经在世界各地都有分会了！

在所有潜在雇主中，最吸引我的是一家较小的、安静的公司，即百欧恩泰（BioNTech），位于德国美因茨。百欧恩泰的联合创始人是一对夫妻，即医学科学家乌古尔·沙欣[1]和厄兹勒姆·图雷西（Özlem Türeci）。

乌古尔出生于土耳其，靠近叙利亚边境。三岁那年，他和家人一起移民到德国，他父亲在福特汽车厂找到了一份工作。厄兹勒姆来自伊斯坦布尔，父亲是外科医生，母亲是生物学家。两个家庭都是通过“客工计划”来到德国的。乌古

1 乌古尔·沙欣（Uğur Şahin），生于1965年，中文名为吴沙忻，土耳其裔德国医生、肿瘤学家和免疫学家。

尔和厄兹勒姆都成了医生，他们在德国的一间癌症病房工作时相识。二人都对癌症患者缺乏良好的治疗方法这一点感到失望。他们一致认为，现有的疗法不够精准，也不够**快**。

二人都相信免疫疗法——一种利用人体自身免疫系统来对抗癌症的疗法——有很好的前景。他们创立百欧恩泰的目的是将这些药物快速送到患者的床边。他们打算用于免疫治疗的平台是 mRNA。

2013 年 7 月，当我前往卢塞恩[1]参加苏珊的一场比赛时，我姐姐开车送我和贝拉前往美因茨，在那里，我给百欧恩泰的员工做讲座，介绍我的研究。讲座结束后，乌古尔和我共进午餐，向我解释了他们的工作背后的设想。

两个个体可能患上相同**类型**的癌症，但实际上他们的肿瘤可能只有 3% 是相似的。可是，直到最近，对于高度个体化的肿瘤的治疗还停留于通用型的治疗方法：放疗、手术和化疗。这种方法不仅疗效通常无法满足患者的需求，而且还破坏了患者的健康细胞。相形之下，基于 mRNA 的免疫疗法则有可能为患者提供**对抗个体化肿瘤所需的精准的蛋白质**。

我们聊了很长时间。乌古尔问了许多很好的问题，清楚地解释了百欧恩泰的工作，并富有洞察力地将实验室研究与患者需求联系起来。他对 mRNA 科学的理解是无可挑剔的。

1　卢塞恩（Lucerne），瑞士中部的一个旅游城市。

我立刻就喜欢上了乌古尔。他低调而谦逊，在谈到公司的使命时，他会露出灿烂而温柔的笑容。和我一样，他似乎并没有将工作和人生的其他部分清楚地区分开来。他一直以来就是这样投身于事业：他的生活和他的工作，不可分离。我还很欣赏的一点是，他的动力来自他可以帮助的患者，而不是被他吸引来的投资人。事实上，百欧恩泰运营已有五年，居然还没有网站。（好吧，它有官网，但数年来一直显示“正在建设中”。）百欧恩泰没做过任何新闻发布，一直以隐秘的模式运营，希望在做出任何宣称之前绝对确定已拥有正确的科学依据。这种公司文化和我对自己发表学术论文的要求是一致的。

乌古尔给了我一份工作——一份很好的工作：副总裁。我告诉他，只有在可以继续研究核苷修饰 mRNA 的情况下，我才会考虑这份邀约，他同意了。但贝拉和我要再次搬到另一个国家，再次开始新的生活吗？

“当然，你必须这样做，”当我们讨论这个问题时，贝拉说道，“这对你来说是一个很好的机会。但……”说到这里，贝拉犹豫了一下，“我不确定我们现在是否应该彻底改变我们的生活”。我明白他在说什么。几十年来，他看着我从一个实验室跳到另一个实验室，总是没有任何保障。

“如果我们卖掉房子，搬到德国，”他继续说道，“但没有成功，那会怎样？我们就必须回到美国，再一次从头开始。”

我想到抵达美国的第一个夜晚，一切都是陌生的，就连飞满萤火虫的夜晚也是如此。我想到我们共同建造的家，目光所及的一切都有贝拉留下的指纹，真的有。**这里是贝拉一块一块铺好的木地板，有他安装的窗户，有他从无到有制作的架子，安装的橱柜，在重建的横梁上安装的石膏板。这是他为爱所付出的劳动，是苏珊长大的家，是我们庆祝节日和微小胜利的地方。这里是欢迎我回家，给我安慰的地方，特别是在我最困难的日子里。**

“你说得对，”我说，“我知道你的想法是对的。”

我们决定，贝拉留在美国，我一个人去德国并在那里租一套小公寓。我将在百欧恩泰工作一两年。我说：“等到第一位患者接受了核苷修饰 mRNA 的治疗，我就回家。”

美因茨坐落于莱茵河畔，是一座美丽的城市。宏伟的大教堂、半圆木结构的房屋和鹅卵石街道，展现着它两千多年的历史。我在那里租了一套简朴的公寓，里面几乎什么都没有——没有装饰品，没有艺术品，没有任何东西让它感觉像个家。我已经 58 岁了，我的卧室空空荡荡，天花板上垂下一个灯泡，床架上有一张床垫。我的家，那个重要的地方，在大西洋的另一边。

清晨，5 点左右，我就醒了。我会沿着莱茵河跑一个小时，然后去上班。傍晚，我回到空荡荡的公寓。晚上，我有时和母亲在电话里聊会儿天，她会跟我讲世界上发生的一些事。她知道我不关心时事，所以认为自己有义务主动告诉我德国总理安格拉·默克尔那天所做的一切：**她在联合国发表了关于气候变化的重要演讲，她和奥巴马在七国集团峰会举行之前会面，她因为欢迎难民而承受着很大的压力，但她坚持自己的立场**。“她是一位科学家，你知道吗，卡蒂。”我母亲会补充说，“一位物理学家。”

虽然母亲的健康每况愈下，但她一如既往地敏锐。跟她交谈时，我有时会责备她：**妈妈，你的饮食必须更健康。妈妈，你在锻炼吗？每天提高心率是很重要的**。我能从自己的声音中听到与我小时候生病时她的声音里相同的东西：从担忧转变为焦急的责备。

每隔几个月，我就会回美国看望贝拉。我会在那里待大约两周，远程工作。然后，我会飞回空荡荡的公寓，继续工作。

苏珊从赛艇运动中退役，并在2014年入选赛艇名人堂。她做了一些教练、公开演讲和模特方面的工作。她最终就读加州大学洛杉矶分校，注册了MBA课程，并于2018年从安德森管理学院毕业。2019年7月，苏珊打电话跟我说，她遇到了心上人。瑞安从事建筑业，是一家商业总承包商的项目经理。

“很好，”我说，“至少他知道如何建造。”这一点总是能打动我。

9月，就在苏珊和瑞安开始约会两个月后，他们坐了一夜飞机，来到德国。他们一大早就到了我的寓所门口。苏珊后来告诉我，这次旅行是他们的第七次约会。打开门后，我看了一眼这个瑞安——他身材高大，是个英俊的大男孩，看上去和苏珊一样兴高采烈。我张开双臂拥抱了他，接下来退后一步，看着他的眼睛，问了一个问题："你想喝一杯野格酒[1]吗？"

瑞安收起惊讶之情，对我微笑，流露出他那标志性的南方人的魅力（我对此后知后觉）。"当然！"他说。

进屋之后，我倒了三杯酒，我们一饮而尽。这感觉像是在庆祝，因为我已经看出，这个小伙子会留下来的。

我喜欢在生物技术工业界工作。有一些事情是如此令人耳目一新。我们正在做的事情，我们讨论问题的方式，都是**如此**以诚相见。我们是一家企业，我们的目标是创造基于卓越科学研究的产品。我们需要用投资者的资金来开展研究，希望通过销售源于我们工作成果的产品来赚更多的钱。这很简单直接。

资金在学术研究中也很重要，但很多人假装这不重要。他们试图用一些象征声望的符号来掩盖金钱的影响：发表论文的

1 野格酒，一种知名的德国酒精饮料。

记录、被引用量、委员会、研究员职位、母校和"影响力"。

工业界是很现实的：科学要么有效，要么无效。如果科学是好的，如果数据支持一种方法而不是另一种，这就是最重要的。无论你说话是否带口音，是否上过常春藤盟校，或者你是否擅长交际，这些都不重要。

百欧恩泰的员工来自65个不同的国家。并不是所有人都会讲德语，但我们所有人都讲科学。

有生以来，我第一次不用再亲自做每一个实验。我领导着一个基础科学团队，我们一起做实验来改进我们的mRNA及其配方。百欧恩泰在mRNA癌症免疫疗法方面取得了稳步进展。我们还开始研究针对各种传染病的mRNA疫苗，这也意味着我必须与德鲁继续合作。百欧恩泰开始资助德鲁在宾大的实验室，使他能够在开发一系列新疫苗方面取得切实进展，其中包括开启我们发现之旅的HIV疫苗。虽然我们在进行临床试验，并拥有自己的产品，但我们还是与其他更大的公司建立了合作伙伴关系。其中一项合作于2018年宣布：我们与制药巨头辉瑞合作开发基于mRNA的流感疫苗。我们已经开始做研究了。

我喜欢在百欧恩泰工作，非常喜欢。

并不是一切都很顺利。2016年，我被诊断出腮腺（产生唾液的腺体）癌变。苏珊从加利福尼亚赶过来，陪在我身边。和我一样，她很难听懂德国医生在说什么。我们盯着显示器，试图弄懂他们推荐的治疗方案。我接受了多次手术，第二次手术让我在好几个月里无法闭上一只眼睛，半边脸瘫痪。

我母亲于2018年底因肾衰竭去世，享年89岁。2019年1月的一天，阳光明媚，我们站在一块覆盖着美丽的新雪的墓地里，将她的骨灰安葬在34年前我父亲安息的地方。

并不是一切都很顺利。

但好事也有很多。我喜欢美因茨，也喜欢工作的地方，因为我正在参与一项重要的工作。苏珊和贝拉分别住在加利福尼亚和费城，快乐而健康。与此前相比，我们很顺利，出奇地顺利。

然后，2020年1月的一天，也就是我加入百欧恩泰六年后，乌古尔在《柳叶刀》上读到了一篇论文，讲的是在另一个完全不同的大陆上发生的事情：一种新的呼吸道病毒正在中国武汉传播。

我不需要告诉你接下来发生了什么。如果你曾生活在2020年年初，你就有自己的记忆。也许你还记得，新闻报道一开始看起来很遥远——**历史发生在其他地方，发生在其他人身上**。然后，有一天，也许你对一份报告有所耳闻，你怀疑这件事是否会发生在**这里**，发生在**你**身上。也许有一篇特别报道让你胃部一阵痉挛，就像某部世界末日电影的情节从银幕上跳进了现实。

也许你去了商店，发现自己对买什么以及买多少做出了非同寻常的战略决策。（也许你就是那些囤聚卫生纸和清洁用品的人之一。也许你考虑过囤货，然后选择不囤。或者，也许你和很多人一样，在到达商店时发现所有商品都不见了，货架空了。）

你几乎肯定记得你所在的学校或工作场所关闭了——他们向你保证，只是暂时关闭，为时几周。或者，也许你身处一线，就职于医院、药房、交通系统、杂货店，你们不能关门。（如果这是你当时的处境，我要衷心地感谢你。）

但你肯定记得世界正在发生变化，我不必再告诉你这些。

这是一种冠状病毒，一种被“皇冠状”的尖刺包围着的球形病毒，这些尖刺有助于病毒进入细胞。想象一下，有一个聚苯乙烯泡沫塑料球，其外部扎满了高尔夫球座。球座就是刺突蛋白，而球本身则包含病毒的遗传信息。和所有病毒一样，这种病毒劫持了人体的细胞，巧妙地将细胞机器改造成一个可以复制病毒自身的病毒工厂。

冠状病毒在20世纪60年代首次被发现。大多数时候，它们引起的疾病都很轻微：普通感冒或胃肠道问题。冠状病毒可能会让你卧床几天，但不太可能致命。但我们有过两次险些发生的致命疫情：2002年至2003年，SARS-CoV（当时人们将其简称为“SARS”，意为“严重急性呼吸系统综合征”）引起了 8 000 多例感染，其中大部分发生在亚洲。SARS 虽然感染人数不多，但毒性极大，感染者的死亡率高达 10%。就连那些在感染中幸存下来的人，也病得很重。但反过来，也正是这种毒性使病毒的传播受到了限制。当被感染（并且具有传染性）时，人们已经病得太重而无法外出。

2012 年的中东呼吸综合征相关冠状病毒（MERS）感染者也病得很重。事实上，MERS 感染者的死亡率接近 35%，比天花还要高！幸运的是，MERS 不太容易在人群中传播，因此确诊病例总数相对较低，约为 2 500 例。

这种新型冠状病毒——后来被称为 SARS-CoV-2 或 COVID-19（2019 年冠状病毒病的英文缩写）病毒——传播非常迅速，而且后果可能很严重。有时它会让人们病得很重，需要住院治疗。有时它会让患者生病，但并不危险。有些人死于感染，而另一些人则表现出轻微症状或没有症状。

许多人在得知 COVID-19 可能较轻，而且感染后可能完全没有症状后，感到如释重负。**即使我感染了 COVID-19 病毒，它也可能不会伤害我**。但当科学家和公共卫生官员听到“无症状”时，他们**更加**担心了。毕竟，如果人们不知道自己具有传染性，就没有什么可以阻止他们传播病毒。

COVID-19 的死亡率（1% 到 3%）比 SARS 或 MERS 低，但这并不能让人放心；全球人口的 1% 仍然是数千万，COVID-19 病毒正在世界范围内迅速传播。由于这是一种新型病毒，**人们对它没有免疫力**。

我们需要一款疫苗，而且要快。

在此之前，有史以来最快的腮腺炎疫苗是在 20 世纪 60 年代研发出来的，花了四年时间。但到了 2020 年初，全世界停摆，整个经济陷入困境，一线工作人员每天都会接触到这种危险的病毒，即使是那些有幸待在家里的人，也被限制与亲人见面。

四年时间，我们等不了。

速度一直是 mRNA 疗法和疫苗的前景之一：如果我们知道抗原的基因序列，我们就可以制造编码该抗原的 mRNA，并非常非常快地将其放入脂质递送载体中。乌古尔和厄兹勒姆做出了一个勇敢的决定：百欧恩泰的资源将百分之百地用于研发疫苗，来预防这种新病毒的感染。

他们押上了一切。

2020 年 1 月初，中国病毒学家张永振教授公开发表了 SARS-CoV-2 的基因序列。它的长度有近三万个“字母”，是一连串的 A、C、G 和 T，一共编码了 29 个蛋白质。这些蛋白质的协同作用使病毒能够逃避宿主的免疫系统，进入细胞，破坏正常的细胞功能，劫持细胞，并开始大量的，有时甚至是致命的自我复制。

在乌古尔读到《柳叶刀》上的那篇论文的几周后，百欧恩泰与辉瑞达成了口头协议，合作研发一款 COVID-19 疫苗。两家公司全力以赴，真诚地推进该项目，仿佛细节都已经解决了一样——这种几乎前所未有的企业信任度说明了当时的紧迫性。和每个疫苗开发商一样，我们只关注病毒的一种蛋白质：刺突蛋白。由于刺突蛋白位于病毒的表面，抗体会与其结合，并迅速中和病毒。两家公司最终推上市场的疫苗技术平台是修饰 mRNA，其中尿苷被 N1- 甲基假尿苷取代。

贝拉的生日是 3 月 18 日。我总是会在那之前飞回家，2020 年也计划这样做。他将满 60 岁了。几个月前，我就预订了汉莎航空的机票，于 3 月 13 日周五从德国出发。抵达的那天，美国边境正式对非必要旅行关闭。在接下来的十个月里，我只能在家里办公，指导我在另一个大陆上的团队。

本书不可能充分再现 2020 年那几个月紧锣密鼓的场景。全本讲述疫苗开发的书都已写成了，包括乌古尔和厄兹勒姆合著的一本，以及辉瑞公司首席执行官阿尔伯特·波拉（Albert Bourla）撰写的一本。[1]

---

1 这两本书分别是 *The Vaccine: Inside the Race to Conquer the COVID-19 Pandemic* 和 *Moonshot: Inside Pfizer's Nine-Month Race to Make the Impossible Possible*。

我要说的是：这是一项令人叹为观止的工程，需要勇气、专业知识、决断力和严谨性。我不仅在最高领导层（阿尔伯特、乌古尔和厄兹勒姆）身上看到了这些特质，而且在参与该项目的每个人——员工、承包商、供应商和其他专业人员——身上都看到了。

如果说以前我对工业界印象深刻，那么2020年我对它叹服不已。那一年，我们百欧恩泰与辉瑞共同取得的成就堪称奇迹。这不仅仅是使用新技术平台创造新疫苗的问题，这种疫苗需要新的工业机械和设备、大规模冷冻设备、新的运输标准、全新的全球供应链。一切都或多或少需要立即到位，不能有瓶颈或空当。无论成本如何，无论需要什么，辉瑞的答案总是同一个："好，让我们行动起来。"

所有这一切所需的组织工作令人难以想象，投资惊人。辉瑞公司生产了数十亿剂疫苗，不可思议的是，生产线上的第一剂疫苗与第十亿剂疫苗是一样的，直到最后一个分子都是一样的。每当药房、医院或社区中心的工作人员打开一剂新疫苗，无论是在曼哈顿、慕尼黑还是曼西，他们都可以放心，这是完全相同的产品。

这是我一生为之努力的工作，远远超越了我个人，进入了广阔的世界。我想说，这感觉有点像看着自己的孩子第一次上学，但这几乎不能体现这一切发生的规模和速度。也许，这更像是看着你的孩子，在世界上最好的教练和队友的支持下，划过奥运比赛的终点线，在全世界的注视下赢得金牌。

苏珊和瑞安于2020年7月订婚。他们把婚礼日期定于当年10月，地点是他们在弗吉尼亚州夏洛茨维尔相遇的地方。这是一个多么令人高兴的消息，但我没时间庆祝，没时间帮他们规划，没时间考虑插花、礼服、邀请函或摄影这些事。当苏珊打电话告诉我细节时，我只是敷衍地说“嗯嗯，嗯嗯”，然后将话题转向我读到的最新论文。我一心扑在工作上。我计算过，如果一个小时不阅读，我就会错过11篇关于这种病毒及其引起的疾病的有价值的论文。我能**感觉到**那些论文从身边溜走，能感觉到自己落伍了。进入10月，我几乎没有考虑过婚礼，甚至没有明白它即将到来。

自从2019年圣诞节以来，我就没有见过苏珊。当我走进彩排晚宴现场时——这是一个小范围的晚宴，仅限直系亲属和最亲密的朋友参加——一看到她，我几乎吃了一惊。

她就在那里，我的苏西。她靠着墙，手里拿着一袋打开的M&M花生巧克力豆。她正在和同为奥运代表队成员的一位伴娘交谈。苏珊的金发向后梳着。她身着及地的连衣裙，赛艇运动员的手臂仍然那么修长，肌肉发达，她的脸被加利福尼亚的阳光晒成了金色。

我的女儿，热烈又美丽。明天是她的婚礼。我略略驻足，就这样看着她。苏珊把一颗巧克力豆放进嘴里，微笑着继续说话。她还没有看到我。

但我意识到，有些东西不一样了。

我立刻冲向苏珊，还没来得及打招呼，话就脱口而出。“你的预产期是什么时候？”我问。

也许是她的脸型或衣服合身度发生了一些变化，也许是因为她手里的 M&M 巧克力豆。但母亲总是知道的。

我知道。

烟雨，秋叶，绽放的红玫瑰，一辆马车；在由奥运代表队成员组成的伴娘团中，有一位穿着牛仔靴。贝拉开始发表祝酒辞："如果你们对疫苗有任何疑问，卡蒂今晚可以回答……"一个庆祝爱的队列，一组赤脚的电动滑步[1]，贝拉在花丛里起舞。我的外孙，一个已经不再是秘密的新生命，安全地蜷伏在层层白色蕾丝后面。

苏珊和瑞安全程笑容满面，他们辉煌的人生就在前方。

苏珊的婚礼过去 28 天后，辉瑞和百欧恩泰的临床试验结果出来了。全球 153 个试验点共有 43 448 名参与者，平均分为两组。一组接受了疫苗，另一组接受了安慰剂。这项研究是双盲的，这意味着接受注射的人和进行注射的人都不知道疫苗

1 电动滑步（Electirc Slide），一种从 20 世纪 70 年代末开始流行的队列舞。

或生理盐水安慰剂是否已注射给任何特定个体。当任何研究参与者出现发热、喉咙痛等症状时，他们都会返回诊所接受检测，以确定是否感染了 COVID-19 病毒。数据已收集。现在是时候看看疫苗是否有效：接种疫苗的人感染的可能性是否较小。

一般情况下，疫苗和新药会按顺序进行测试：首先是临床前工作，即生产特定产品之前的基础研究。幸运的是，这项工作的大部分已完成，不仅限于百欧恩泰和辉瑞公司为研发流感 mRNA 疫苗所做的工作，而且包括此前数十年的工作——对 RNA 的整体研究，对 mRNA 的具体研究，对脂质体的研究，对制剂的研究。

临床前研究完成后，产品进入临床试验，包括三个阶段。每个阶段，测试对象的数量都会增加……成本也是如此。一期临床是安全评估，它要回答的问题是：**这种疫苗或疗法安全吗？在多少剂量下？**这个阶段包括健康志愿者，并测试几种不同的剂量。二期临床要回答的问题是：**它有效吗？**就疫苗而言，问题变成，**它是否会引起有效的免疫反应**？到了三期临床阶段，产品将在更广泛的人群中进行测试——试验参与者越多样化，结果就越能说明问题，越可靠。在这个阶段，我们关注的是产品的有效性以及在前期试验中可能遗漏的任何问题。

COVID-19 疫苗经历了同样的临床试验阶段，采用了安全性、研究方法以及参与者数量和多样性方面的最佳实践。但我们同时开展一期临床和二期临床试验，这样能够更快地获得结果。就在这些研究正在进行之际，辉瑞已经生产了数百万剂疫苗，并放置在超低温仓库中等待。

如果试验表明疫苗有效，这些疫苗几乎可以立即向公众正式推出。

许多同事都表示在数据出炉前很紧张，但我并不焦虑。相反，我觉得我已经**知道了**。

2020 年 11 月 8 日，那天是周日。我和贝拉在家平静地庆祝了苏珊的生日。晚上，电话响了，来电者是乌古尔。他告诉我，他刚刚从阿尔伯特·波拉那里得知，疫苗有效。事实上，结果是明确的：我们的修饰 mRNA 疫苗对当时流行的病毒株有 95% 的功效。

挂断电话后，我转向贝拉，感觉很平静。

“它有效。”我简单地说。

然后，职业生涯中第一次，在听到好消息后，我没有立即返回工作岗位。相反，我用我所知道的最佳方式来庆祝：打开电影院里卖的那种大盒古伯斯巧克力，把它吃得一干二净。

对我的报道来得很快，很超现实。一开始，我只是在一般的新闻报道中被简单提及——我是众多研究人员中的一分子，参与了长达数十年的非凡研究，最终获得了有史以来研制最快的疫苗。

11 月 10 日，就在辉瑞和百欧恩泰疫苗三期试验结果公布的第二天，STAT[1] 发表了一篇题为《mRNA 的故事：一个曾被否定的想法如何在 COVID-19 疫苗竞赛中成为领先技术》的文章。一周后，《卫报》专门刊登了一篇对我的报道——《COVID-19 疫苗技术先驱："我从不怀疑它会成功"》。我的形象出现在文章的顶部，那是我与贝拉、苏珊在伦敦奥运会上的合影。我们仨都穿着红白蓝相间的衣服。此后，《纽约邮报》《每日电讯报》分别做了报道，即《这位科学家数十年的 mRNA 研究促成两种 COVID-19 疫苗的诞生》《"救赎"：一位科学家对 mRNA 坚定不移的信念给世界带来了 COVID-19 疫苗》。12 月，我接受了有线电视新闻网（CNN）的采访，当时的主持人克里斯·科莫（Chris Cuomo）介绍我是一名科学家，"但我完全没能力跟你解释她所从事的研究"，然后我的影像就会出现在观众面前。在之前的十个月里，我就是这样坐在这个房间里，借助 Zoom 在线上工作的。我尽力回答科莫的问题，同时在心里想，**天哪，这真奇怪**。

我一点也不了解媒体。

2020 年圣诞节前夕，距离德鲁和我第一次在复印机边相遇 20 多年后，我们一起接种了百欧恩泰和辉瑞的 mRNA COVID-19 疫苗。那时，莫德纳的 mRNA 疫苗（与百欧恩泰

1　STAT，一家致力于传播健康、医学和生命科学方面的权威新闻的媒体。

和辉瑞的疫苗一样，是基于我们发明的修饰尿苷而开发的）已获得紧急使用授权并有供应。我们在宾大接种了疫苗。在走廊上，医护人员也排着间隔六英尺的队伍等待接种疫苗。一位宾大的同事喊道："他们就是疫苗的发明者！"随之而来的是一阵欢呼声，我的视线模糊了。

不过，这种说法并不完全正确。确实，我们取得了突破，而且这一突破在大流行中发挥了作用，但还有很多人也是应当获得欢呼的。在我们之前有一长串的科学家，他们的工作使我们自己的研究成为可能：那些瞥见了细胞继而发现细胞核的人；那些发现了 DNA、RNA 和脆弱的信使 X 的人；那些在试管中识别，并阐明复杂的转录过程的人；那些发明了脂质体制剂，帮助 mRNA 进入细胞的其他研究人员；那些发现了我们工作所需的所有技术的人。

还有那些医疗专业人员和一线工作人员——医生和护士、技术人员和清洁人员，在疫苗问世前的那一年里，他们每天上班，照顾被感染的患者。他们冒着生命危险拯救他人。

应获得欢呼的还有百欧恩泰、辉瑞以及与我们签约的公司的所有人：工程师、技术人员和仓库工人，他们在我不曾想象过的事情——制造、机械、运输和配送——上拥有专业知识，使我们能够在不到一年的时间里制造和交付疫苗。当然，还有数以万计的试验参与者，他们每个人都自愿在前所未有的恐惧时期测试利用相对较新的平台研发的新疫苗。

现在，我周围还有一些应获得欢呼的人，是他们使这次疫苗接种活动成为可能。像他们这样的志愿者来自这个国家和世界各地的每个社区。有人已退休，有人把休息日奉献给这项工作，有人在漫长的工作日结束后出现在疫苗诊所，通宵达旦地工作，尽可能地保护更多的人。他们站在雨雪中指挥交通，检查身份证件。他们打开针剂瓶，填充注射器，在疫苗卡上记录详细信息，安慰那些害怕针头的人。他们将一根接一根的疫苗针注射到一条又一条手臂上，从数十、数百到数千，再到数百万乃至数亿。

有太多的人无法统计，太多的牺牲无法承受。当那根装满修饰 mRNA 的针刺入我的皮下时，我哭了。这一切都如此令人谦卑。最重要的是，我很荣幸能成为其中的一部分。

我开始接到记者的电话和世界各地的领导人的邀请。美国全国公共广播电台、法国 24 台、《法国世界报》、《波士顿环球报》、《洛杉矶时报》、《匈牙利自由报》都对我进行了专题报道。《福布斯》将我评为 2020 年最鼓舞人心的移民之一。有关我的研究工作的故事传遍了世界各地：德国、越南、墨西哥、中国、土耳其、巴西。

吉娜·科拉塔在《纽约时报》上写了一篇关于我的报道。报纸上刊登了**我**的照片：我穿着黑色羊毛外套站在车道上，身后是光秃秃的树木，地上积着白雪。这篇报道随后在《纽约时报》的播客《每日新闻》上播放。突然间，我感觉好像有人深入到了我原先平静、默默无闻的生活中，把它翻了个底朝天，如同翻转一只袜子或一条牛仔裤那样快。

2020 年 12 月，我在推特上有 20 个关注者。我注册这个社交媒体十年了，是为了关注苏珊的更新；我的关注者大多是苏珊的朋友。不久后，这个数字迅速增加到 45 000 多人（截至撰写本书时）。我开始收到那些生活因疫苗而受益的人们的信息、信件和卡片。

> 终于又在疗养院见到了我丈夫……
>
> 我母亲……
>
> 隔离……
>
> 我一直很孤独……
>
> 好害怕……
>
> 好样的礼物……
>
> 看到了我的孩子们……
>
> 终于抱起了刚出生的外孙……

抱起了刚出生的外孙，是的，我也应该这样做。

亚历山大·贝尔出生于 2021 年 2 月，他手指修长，脸圆圆的，一双大眼睛仿佛在欣赏世界。苏珊和他在一起很自然。

我跟苏珊和瑞安一起待了两周，做了许多匈牙利食物，并在漫长的夜晚摇着贝尔入睡。这是一种新型的通宵工作，我享受着每一分钟。

我开始获得奖项，通常是与德鲁或乌古尔、厄兹勒姆一起。有时，我们四人共同获奖。我走遍世界去领奖，惊叹于自己获得了乔纳斯·索尔克、詹姆斯·沃森、弗朗西斯·克里克、珍·古道尔[1]、路易·巴斯德[2]、尼古拉·特斯拉[3]，乃至圣捷尔吉·阿尔伯特这样的人获得过的荣誉。圣捷尔吉就是匈牙利的那位杰出人物，我中学生物课所在的班级曾给他寄过一封信，信封上只写了他的名字和“美国”。在我们的拉斯克奖[4]颁奖礼上，另一位获奖者是戴维·巴尔的摩。当我在匈牙利的生物研究中心开始工作时，他的里程碑式的病毒专著让我着迷。能当面告诉他，他的书如何影响了我，真是一件令人高兴的事！

我获得了杜克大学、耶鲁大学、特拉维夫大学以及我的母校塞格德大学（哦，塞格德，你永远在我心上）的荣誉学位。在耶鲁大学，我遇到了我心目中的英雄之一琼·施泰

---

1 珍·古道尔（Jane Goodall），生于 1934 年，英国动物学家，黑猩猩研究权威。

2 路易·巴斯德（Louis Pasteur，1822—1895），法国微生物学家、化学家，狂犬病疫苗发明人。

3 尼古拉·特斯拉（Nikola Tesla，1856—1943），美国电气工程师、机械工程师和发明家，交流发电机发明人，特斯拉电动车以他的名字命名。

4 拉斯克奖（Lasker Award），始于 1946 年，美国最具声望的生物医学奖项，被誉为“诺贝尔奖风向标”。

茨（Joan Steitz），她在 RNA 领域做出了开创性的工作。在特拉维夫大学，我与共同荣誉学位获得者乔迪·坎托（Jodi Kantor）和科里·巴格曼（Cori Bargmann）一起闲逛，乔迪·坎托是曝光哈维·韦恩斯坦丑闻的记者之一，科里·巴格曼是洛克菲勒大学一位杰出的神经生物学家，她的研究增进了我们对基因和环境的相互作用如何影响行为的理解。我们三人谈论了科学界的女性、世界上的女性——我们所取得的进步和依然面临的挑战，以及我们获得成功所需的所有东西（儿童保育、导师、负担得起的教育）。

德鲁和我登上了《时代》周刊的封面，并被评为《时代》周刊 2021 年度英雄。我是《魅力》杂志的年度女性，该杂志的摄影团队带着一车化妆品和许多衣服来我家拍照。他们让我穿着黑色连衣裙旋转，还让我套上醒目的黄色毛衣，戴着有色眼镜摆姿势。感觉这一切根本就不是我的风格，但我还是度过了一个有意思的下午。

我还去了更多的地方：布鲁塞尔、曼谷与河内。在河内，我遇到了大学时期的越南同学。我与安吉拉·默克尔在她家共进晚餐。我与比利时国王菲利普共进晚餐。我见到了日本德仁天皇和他妻子雅子皇后。我每隔一天醒来，就置身于一个新的城市、一个新的国家，乃至一个新的大陆。苏珊和我一起参加了许多这样的活动。她是一个很棒的旅行伙伴，总是为我准备好一瓶水。无论我们走到哪里，她现在被称为“卡塔林·考里科的女儿”，正如她站在世界舞台上时我是“苏珊·弗朗西亚的妈妈”。

我回到了匈牙利，在那里见到了我的高中老师阿尔伯特·托特。见到他，我很高兴。托特先生此时已经 80 多岁了，刚从严重的 COVID-19 中恢复过来，那是在疫苗问世之前。他仍然而且一直那么聪明。我成为塞格德市的荣誉市民，招待会在塞格德市政厅举行，贝拉和我就是在那里结婚的。我的许多大学时期的朋友都回来参加这次活动，感觉像是同学聚会。活动结束后，我们一群人回到了老朋友拉斯洛·萨巴多斯的家，读大学时，他和我们一起经历了很多铁路冒险。在南美工作多年后，拉斯洛回到了生物研究中心。

我的同学现在遍布世界各地，工作出色。在忙碌的世界旅行中，能坐下来和老朋友们交谈，我感到非常放松。

这段时间，有很多老朋友来找我。接种疫苗后不久，一天早上，我回到费城的家中，刚刚在划船机上完成锻炼，这时我听到门铃响了。令我高兴的是，我的朋友兼同事琼·贝内特就站在我家门口！她也穿着健身服，一如既往地支持我，充满热情。“卡蒂，我**必须**来看你！”她惊呼道，“我必须让你知道我是多么钦佩你，并且为能在你身边工作这么长时间而感到自豪。”那时，琼获得了巨大的荣誉，因为她开发了第一个经 FDA 批准的人类基因疗法，用于治疗一种罕见的失明。后来，我和她一起获得了耶鲁大学的荣誉博士学位。

虽然没有直接见面，但我经常和雅诺什交谈，我曾在生物研究中心与他共事。有一次，我们聊天的时候，我想起了以前的日子。“你还记得吗？”我若有所思地说，“我们以前在实验室洗玻璃器皿时玩那种傻傻的‘奇数或偶数’游戏。”

“我没时间回忆这些事，卡蒂，”他回答道，“我还有很多工作要做。”

世界可能已经变了，但我很高兴看到雅诺什没有变。

在布达佩斯，艺术家们为我的脸画了一幅220平方英尺的壁画，用色大胆，题为《匈牙利人将书写未来》。我们和我姐姐一起观赏了这幅壁画，多么希望我母亲或父亲能看到它。我希望我能告诉父母，我父亲在几十年前就完全准确地预言了这一切：我是一个探索者。我一生都在寻找，一路上我发现了一个东西，结果证明它对人们很重要。

不过，我开始担心，我的阅读恐怕很难跟上进展。我想起了多年前听过的那位专家的讲座，还记得当那位偶像开始讲话时，我何其失望，心下明白他没有阅读最新文献。

我不希望这种事发生在我身上，永远不希望。但我怎样才能跟得上进展呢？

这么多年来，我只开过一次香槟。一个需要极为辛苦的长途旅行才能前往的颁奖礼取消了，这让我有额外的几天时间喘口气并阅读几篇文章。

最重要的是，这感觉像是一件值得庆祝的事。

更多的信件，更多的信息：

> 感谢您所做的工作……
>
> 见到了我最好的朋友……
>
> 终于拥抱了我姐姐……
>
> 再次牵手……
>
> 感谢所有科学家……

但有时我收到的电子邮件和信息并不那么友好。人们读到了一些有关疫苗的事情，感到害怕：**疫苗会改变你的DNA，疫苗会让你得COVID-19，疫苗生产得太快了，疫苗会使人不育，疫苗会改变月经周期。**

人们所写的许多事情都是不真实的。疫苗当然不会改变你的DNA，根本不可能，这是mRNA的优势。不过，偶尔我也会看到一些基于一点点事实的谎言，例如，任何引起免疫激活的东西都**可以**暂时改变月经周期。一百年前，当第一批疫苗被投入使用时，这种现象就被观察到并公布了。但这些变化是暂时性的，是免疫系统发挥作用的迹象。这并不危险，过不了多久，一切都会恢复正常。

我那时没有，现在也没有责怪那些心怀恐惧的人。这些疫苗背后的科学原理很复杂，而人们常常害怕自己不理解的东西。不幸的是，一些本应更了解情况的人却在积极宣扬恐惧，使用半真半假的事实或彻头彻尾的谎言。有时，他们这样做是为了说服心怀恐惧的人购买某种东西，通常是他们声称可以“保护”人们免受病毒感染的产品。但有时，他们这样做是出于其他原因，我可能永远无法理解的原因。

但部分错误可能在于我们这些了解科学但未能充分解释它的人。写这本书时，如果我搜索“假尿苷”，谷歌的算法会把我指向有关该术语的最常见问题之一：**假尿苷有毒吗**？我想，这个问题之所以出现，是因为许多人曾经用谷歌搜索过信息，他们试图了解有关的疫苗。

我在网上找不到一个简单、正确的答案：不，假尿苷没有毒性。**它已经存在于你身体的每个细胞中。你的身体将其视为朋友，而不是敌人。**

在人们所了解的知识与需要了解的知识之间，存在着巨大的鸿沟，以至于人们无法充分了解能拯救生命的疫苗和药物。目前，这一鸿沟敞开着，很容易被利用。我们必须以某种方式闭合这一鸿沟。

因此，当问题出现时，我尽我所能。我回复了数百条信息，现在可能有数千条了。我向人们指出了一些研究和数据，这些研究和数据解释了为什么他们无须害怕。我这么做，不是因为我加入了“疫苗团队”，这不是一场足球比赛。我这么做，是因为我是一名科学家。我花了数年时间仔细检查数据，对自己的数据的检查超过其他任何人的数据，并希望人们能理解这些数据到底说明了什么。

一年过去了，又一年过去了。我穿过机场，入住酒店，发表演讲，接受采访，并为那些我从未想象过有一天会获得的奖项摆拍。还有一件事，又一件事，现在以一种新的方式出现。在普林斯顿，我参观了爱因斯坦曾工作过的高等研究院。在那里，我遇到了全球空间风投基金首席执行官利蒂希亚·加里奥特·德·卡约。她穿着一件印有几位女科学家的肖像的裙子，上面有玛丽·居里、罗莎琳德·富兰克林、凯瑟琳·约翰逊[1]、玛丽亚姆·米尔扎哈尼[2]，还有我。

我了解到，塞格德大学的匈牙利研究人员如萨纳·海纳（Zsuzsanna Heiner）和克罗斯蒂安·萨尔内茨基（Krisztián Sárneczky）于2002年发现的一颗小行星以我的名字命名为（166028）Karikókatalin。这颗小行星在火星和木星之间绕

1 凯瑟琳·约翰逊（Katherine Johnson，1918—2020），非裔美国数学家，对航空航天事业贡献卓著。

2 玛丽亚姆·米尔扎哈尼（Maryam Mirzakhani，1977—2017），伊朗裔美国数学家、菲尔兹奖获得者。

太阳运行，每绕一圈需要 3.7 年。

我还很荣幸地得知，弗吉尼亚州的一对医生夫妇用我的名字命名了他们的第二个孩子。（你好，年轻的温莎·卡塔林：我知道你很活泼。这很棒。）

我听说，更多的家庭团聚，更多的活动重新举行，更多的拥抱、握手和面对面的微笑。2021 年 1 月，住在纽约州普拉茨堡梅多布鲁克医疗疗养院的人接种疫苗一周后，那里暴发了 COVID-19 病毒感染。疗养院内有 70 人检测呈阳性。多亏了疫苗，每个人都活了下来。那年 9 月，疗养院举办了卡塔林·考里科感谢日。他们给我发来了人们穿着印有我照片的 T 恤的照片，还附上了母亲节活动的照片，那时人们在一年多后第一次亲眼见到亲人。

我看着人们在阳光下灿烂的笑脸，心想：**不会有什么奖项比这更有意义了，永远不会。**

2020 年 10 月，在疫苗推出前，我购买了风信子春球茎来水培，放在阴凉的地方。等它们长到两英寸高时，我把它们拿出来，放在宾夕法尼亚州家中的窗台上。和所有花卉一样，球茎绽放出缤纷色彩与花朵。

有时，我静静地坐着看它们，想起我母亲的花园，我外祖母在市场上卖的花，还有匈牙利艺术家兼植物学家薇拉·乔波迪书中的插图，她的作品让年幼的我着迷。

我将永远是那个站在匈牙利平原上的女孩，用探寻和惊奇的眼光看着所有的生命在她周围绚丽绽放。

在英国剑桥，当我做完霍金教授奖演讲后，一名年轻的科学家向我走来，她来自罗马尼亚。她听了我讲述的成长经历，在土坯房里的简朴生活，一家四口挤在一个房间里。"我也曾住在那样的房子里，"她说，她的双眼盈满泪水，"我也曾过着那样的生活。"

这不是我第一次听到这样的事情。当最初那些关于我的文章发表时——当我把钱缝进一只泰迪熊并偷偷带出国的经历公之于众时——我收到了移民同胞的信件和电邮。

信上说，**我也这么干过**。

我也偷偷带了钱。

我也离开了我所知道的唯一的家，来到一个我还不了解的新国家。

愿移民不断到来，愿他们有更多追求，去任何他们心之所向的地方，获得他们应得的机会。愿他们开拓，并在这个过程中重塑我们的世界。

所有这些对我的关注，我并不需要，也非我所求。在职业生涯的早期，我就决定不看重外界的认可，而只重视工作本身——做好我的工作，并相信它会带来的结果，即使它在我身后很久才有所成就。现在，刹那间，这一切都发生了：如此多的关注和感激，多到一种让我感到不真实的程度。

这样的事情是怎么发生的呢？

这是怎么发生的？

站在林肯中心《时代》100人峰会的舞台上，强烈的灯光让我很难看清观众，这一刻我脑海里浮现的问题是："我是如何从一个没有自来水的、家里仅有一个房间那样的简朴生活中走出来，与世界上最有影响力的人一起站在纽约的这个舞台上的？这当然不是我的初衷。"

不，这不是我的初衷。更重要的是，它很可能会有不同的走向。

我通常不会沉迷于"如果"，但是，它们就在那里。如果匈牙利政府或我在小新萨拉什认识的老师不愿意培养一个骨瘦如柴且倔强的屠夫之女，会如何？如果我那位烟不离手的俄语老师"刻毒先生"设法阻止了我读大学，会如何？如果罗伯特·苏哈多尔尼克成功地将我驱逐出境，会如何？如果我没有遇见埃利奥特，会如何？如果戴维没有插手拯救我的职业生涯，会如何？如果科学期刊早几年就可以在网上查阅，这样我就永远不可能在复印机边碰到德鲁，结果又会如何呢？

如果，如果，如果？

这些"如果"甚至可以延展到那些当时并不觉得幸运的

事情上。如果我在匈牙利永远不会失去资金，会如何？如果苏哈多尔尼克是那种我愿意永远为之工作的人，会如何？如果戴维和埃利奥特从未换新工作而把我留在原地，会如何？现在的世界会有所不同吗？

我相信我的工作会让这个世界有所改变，但要做到这一点，必须有很多因素凑在一起才行。这里面有太多的运气成分，所以我想知道：还有多少人没有碰到这样的运气？现在有谁就差这一点运气？我们正在错过什么？

结束《时代》100 人峰会的演讲后，我在后台见到了苏珊。我们一起赶往市中心的熨斗区[1]，去参加罗斯奖研讨会。德鲁在那里，还有更多的摄影师。

活动组织者带领我们穿过一个招待会，人们正在讨论国立卫生研究院 R01 科研基金，说着“冷泉港实验室[2]现在怎么样？”“是的，我的论文现在正在重新提交”之类的话。德鲁和我走到外面的屋顶露台。在那里，我们接受了一些关于我们从事的研究工作的视频采访，与此同时，各种交通工具发出的声音从下面的街道传上来。

1 熨斗区（Flatiron），曼哈顿下城的一个街区，因三角形的熨斗大楼而得名。

2 冷泉港实验室，一个享誉全球的非营利性生物医药科学研究与教育中心，成立于 1890 年，对当代的生物医学研究和教育有着至关重要的影响。20 世纪 40 年代以来，从这里走出了八位诺贝尔奖得主。

进入室内，我们领奖并谈论我们一起做的研究。许多观众拍照留念，他们中的大多数人我都不认识。但有一个人我认得：一个笑容灿烂的人，有着多年前的赛艇运动员的不屈不挠的能量。他的两鬓已染上点点灰白，但毫无疑问就是他：戴维，我的朋友和同事，他曾拯救了我的职业生涯。

戴维本人的职业生涯相当辉煌。他现在是这个国家里少数能做脑血管搭桥手术的神经外科医生之一，他拯救了无数人的生命，获得了国际声誉。他也是一位能让医院面貌一新的艺术家。在他的助力下，上东区一所原本毫无生气的社区医院经过改革，发展成一个大型手术中心。事实上，你可能也认识戴维，他可以说是一位明星了。他是奈飞系列纪录片《纽约医生日记》及其衍生剧《急诊先锋：纽约》中的四位明星医生之一。

戴维和我拥抱，我们已经分别了太久太久。

第二天早上，我参加了珀尔·梅斯特·格林加德奖[1]的颁奖典礼。埃利奥特实验室的技术员和朋友艾丽丝·郭前来向我表示祝贺，我们取得突破时，她就在点阵打印机旁边。在那里，我们聆听了科学作家达瓦·索贝尔（Dava Sobel）的讲述，尽管她多年来一直在撰写有关科学界女性的文章，但她还

---

1 珀尔·梅斯特·格林加德奖，一个表彰生物学领域的杰出女科学家的奖项。诺贝尔奖得主保罗·格林加德及其妻子、雕塑家乌苏拉·冯·雷丁斯瓦德为纪念保罗的母亲于2004年设立。

是低估了19世纪在哈佛大学天文台工作的女科学家们。“我一直轻视她们，把她们视为哈佛历史上可爱但平凡的一段插曲。”她说。午餐时，我们所有人都在思考：要在科学界实现平等，还有多少工作要做。

当天晚上，苏珊和我参加了《时代》100人峰会晚宴。我们走在红毯上，一群狗仔队忙着抢拍。大多数情况下，这些摄影师想抓拍到名人的照片，比如安德鲁·加菲尔德[1]、赞达亚[2]、玛丽·J. 布莱姬[3]。但当苏珊注意到《走进好莱坞》的一名记者正在扫视人群时，她走了过去。“我有一个非常重要的人介绍给你采访……卡塔林·考里科博士，她是一位非常著名的科学家，正在拯救生命！”

“当然！”女记者爽朗地回应，拿出了麦克风。苏珊把我推到前面，我就开始滔滔不绝，再次谈起mRNA。

《时代》100人峰会晚宴结束后的第二天早上，我和苏珊前往洛克菲勒大学校园参加另外的一系列活动。当然，洛克菲勒大学是2006年德鲁和我在《免疫》上发表具有里程碑

1 安德鲁·加菲尔德（Andrew Garfield），生于1983年，好莱坞影星，主演《社交网络》等。

2 赞达亚（Zendaya），生于1996年，美国歌影双栖明星，主演《舞动青春》《沙丘》等。

3 玛丽·J. 布莱姬（Mary J. Blige），生于1971年，美国歌手，九次获得格莱美奖。

意义的论文之后邀请我演讲的两家机构之一。

今天，他们将授予我荣誉学位。

这一天以在庭院举行的招待会开始。正值盛夏，太阳火辣辣的。我环顾四周，想找一个阴凉的地方站着。在那个阴凉的角落里，我看见一名身着深色西装的男子。他戴着眼镜，但我仍然能看清他的眼神。那是善良的眼神、温暖的眼神；那是一个好邻居、好公民、好同事的眼神。

我在任何地方都能认出他的眼神。

“埃利奥特！”我走过去，这是抵达纽约以来，我第三次与又一位亲爱的老朋友拥抱。

另一篇介绍我的文章题为《考里科问题》，当我第一次读到这个标题时，我笑了。**啊，他们还用我的名字命名了一个问题。**

这篇由好科学计划（Good Science Project）执行主任斯图尔特·巴克（Stuart Buck）撰写并发表在 STAT 上的文章提出了一些重要的问题。巴克发现，现在回过头去看，很容易明白我工作的价值。但是，我们如何才能找到**现在**，今天，正在做着重要工作却不被外界知晓的人呢？我们如何帮助这些研究工作获得资助？巴克说，我不会是 1985 年唯一一个拥有具备潜力的想法的人。

对，这才是关键。当然不止我一个。

mRNA 分子只是暂时存在，以传递信息。我希望这本讲述我与 mRNA 的故事的书也能传达一两条信息。

我的第一条信息是：我们可以做得更好。我相信我们可以改善学术研究机构的科学研究方式。一方面，我们应该在**声望**标志（职称、发表记录、被引用量、拨款、委员会任命、礼仪、**每净平方英尺美元**）和高质量科学本身之间设定更清晰的区别。我们常常将二者混为一谈，就好像它们是同一回事一样。但一个人并不因为发表的文章**更多**或者**第一个**发表就一定是更好的科学家。也许她之所以不愿马上发表，是因为她想确认自己的数据。与之类似，被引用量可能与论文的价值关系不大，而与外部事件的关系更大。当德鲁和我在《免疫》上发表具有里程碑意义的论文时，几乎没有引起任何关注。直到一场大流行发生之后，世界才明白我们所做的事情以及它的重要性。

我们还可以扩大衡量科学家的标准。大多数机构首先通过资助经费来定义科学家的价值。但大多数资助都要求研究人员非常详细地规划他们将做什么工作，他们可能会做出什么发现。而我认为，科学最好的方面在于提出问题，探究新事物，无论这将把你带到何方。它要求你走进未知——未知才是重点！

最后，我们还应该更坦率地讨论金钱对学术研究人员的影响及其意涵。金钱在大学环境中很重要，就像在工业界中很重要一样。但根据我的经验，学术界非常独特，会因此忽略一个好想法。

另一条信息是：COVID-19 疫苗为 mRNA 的实际应用打开了大门，但这并不是终点。科学家们正在研究 mRNA 在治疗多种癌症、囊性纤维化和罕见代谢性疾病，在开发针对一些最令人烦恼的传染病的疫苗方面的潜力。我认为，接下来的十年，我们将看到新的 mRNA 疗法和疫苗的爆炸式增长。

我会比任何人都更密切关注。

在获得洛克菲勒大学的荣誉学位后，我前往一栋俯瞰东河的玻璃建筑，享用丰盛的晚餐。

在我左手的桌子边，苏珊用匈牙利语与我多年来认识的一些杰出的匈牙利研究人员聊天——纽约大学的一位神经科学家，以及哥伦比亚大学的一个天体物理学夫妻团队，他们的研究内容包括引力波和其他方面。桌子下方，苏珊以手抚肚。我将拥有第二个外孙了。

在我右边，戴维和埃利奥特正在开玩笑并回忆往事。他们在一起就像两个孩子——他们身体靠在一起，头靠着头，笑着回忆过去的时光。晚餐结束前，他们开始头脑风暴，讨论潜在的新 mRNA 疗法。他们至少是半认真地在谈论创办一家公司。我不知道这是否会发生，但我对他们有信心。

贝拉此时正待在费城的家中，对华丽的玻璃和木质展示柜做最后的修饰，当然，这些展示柜是他亲手制作的。当我回到家时，柜子会被点亮，每个架子上都放满了我从未料到自己会获得的奖项。

我坐在这里，听着叉子碰在瓷盘上的声音，听着我所挚爱和敬佩的人交谈，我的祖国和我的移居国家的语言交织在周围的空气中。

这个，我想，我从来没有梦想过。

清晨，我会早早醒来。4点，一辆车会在酒店外等候，送我去机场。将会有更多的旅行、更多的酒店、更多的讲座。我会去巴黎、毕尔巴鄂[1]、布达佩斯，然后再去巴黎，然后是更遥远的目的地。

我人生的这个阶段不会永远持续下去。我已经能感受到某种召唤，让我回归更平静的生活——那时，我又可以坐下来阅读科学文章。我读到的东西会引发新的问题，而这些问题将引向新的实验。

但眼下，我想再多享受一点这样的时刻。我想记住我们都还年轻，刚刚起步的感觉。我还要想象所有刚刚起步的年轻科学家——他们的研究工作我很快就会读到，有一天他们将取得现在我们谁都无法想象的突破。

还有太多的东西有待发现。

1　毕尔巴鄂（Bilbao），西班牙港口城市。

尾声

我在这本书的开头写了一封给老师们的信——我自己的老师以及许多我未曾谋面的老师。

我说，老师们正在播撒种子。

最后，我想对科学家——当前的、未来的、潜在的科学家——以及任何其他渴望为人类进步做出贡献的人说几句话，特别想对那些可能不适应现状的人说几句话。也许，你看起来不像你的教科书上的科学家；也许，你仍在学习一门新语言或者说话还带有很重的口音；也许，你从小到大从不认识任何一位科学家，或者你就读于一所没有人听说过的学校，或者你不明白那些似乎左右着权力殿堂中所发生之事的无形规则。我特别希望你们能记住我的话。

塞格德街头，平凡的一天，当我从一家诊所步行回家时，感觉病得很厉害，却突然灵光一现：没有人会对我尚未做出的贡献感到遗憾；没有人会敲我的门，请求我继续工作；如果我停下来，或者，如果我每一次都少做一点努力，而不是发挥出我的全部潜力，那么这种损失是不会有人注意到的。

错过了某一个重要贡献的世界看起来很正常，因为现状就是这么定义的。

我不知道那天的顿悟从何而起，但它陪伴我度过了默默无闻的岁月。在那些岁月中，我收到的几乎每条信息，无论是隐晦的还是直白的，似乎都在说着同一件事：**这份工作不适合你，卡蒂。**

是那天的顿悟让我坚持前行，让我在可能就此放弃的时候，保持倔强。

也许，你永远不会经历这样突如其来的顿悟，所以我就是现在能告诉你这一点的人：**不要停下来。**

你未来的贡献可能仍然只是个假设，但请务必把它看成是真实的，这很重要。即使你看不到它将产生的影响，它也仍然很重要。这不是我们任何人能够控制的部分，你只需要继续做你的下一件事，下一件事，然后做再下一件事。

我能确信的是：每一粒种子都会孕育出新的生命，这个生命反过来又会产生新的种子，而新的种子又会产生更多的种子和生命，循环往复。

我想说的是，你必须相信你内心的东西，呵护你在那里找到的东西，即便是——尤其是——在没有其他人在意的时候。

我想说的是，继续前行，持续成长，向着光的方向前行。

你就是潜力，你就是种子。

致谢

我感谢父母对我的教导，他们说，努力工作是一种生活方式；感谢我的好姐姐，她不断地为我加油，让我始终保持积极的态度；我特别要感谢我丈夫，一直相信我和“我的科学”；还要感谢我女儿，她鼓励我走过所有的起起伏伏。无法想象在没有家人无条件的爱和支持的情况下，我会坚持下去。

感谢所有鼓励我将我的故事落于纸面的人。特别感谢阿里·本杰明（Ali Benjamin）为本书的写作提供的极大帮助，感谢马杜利卡·西克卡（Madhulika Sikka）的精心编辑。我也感谢我的朋友、同学和同事做出的丰富和诚挚的贡献。我要感谢以下人士对本书的宝贵贡献：我的高中同学伊洛娜·舒伊科什（Ilona Súlykos）；我的高中生物学老师阿尔伯特·托特和他的儿子萨巴·托特（Csaba Tóth）；我在塞格德大学生物学系的同学苏珊·康茨和拉斯洛·萨巴多斯；我在宾夕法尼亚大学的同事琼·贝内特、埃利奥特·巴纳森、戴维·兰格、肖恩·格雷迪和诺伯特·帕迪；我在天普大学的同事罗伯特·索博尔，以及我们家的朋友伊丽莎白·巴吉。感谢莫莉·格里克（Mollie Glick）和创新精英文化经纪公司（Creative Artists Agency）给予我的鼓励。